Dr. Walter Baur

Sanierungen

Wege aus Unternehmenskrisen

Zweite Auflage

1. Auflage 1978
2. Auflage 1979

© Betriebswirtschaftlicher Verlag Dr. Th. Gabler KG, Wiesbaden, 1978
Umschlaggestaltung: Horst Koblitz, Wiesbaden
Satz: Gabler Verlag, Wiesbaden
Druck und Buchbinderei: Lengericher Handelsdruckerei, Lengerich/Westf.
ISBN 3 409 96511 4

Vorwort

Es kommt höchst selten vor, daß ein Unternehmer über die Praktiken bei Sanierungsmaßnahmen berichtet. Obwohl immer häufiger auftretende Strukturveränderungen und weltweite Konjunkturschwankungen zu Unternehmenskrisen führen, werden Sanierungsmaßnahmen noch immer als etwas Unanständiges betrachtet. Darüber spricht man höchstens hinter vorgehaltener Hand.

Dr. Baur nannte die Dinge auf dem 8. Europäischen Management Symposium in Davos 1978 beim Namen. Vor über 100 Zuhörern berichtete er von seinen eigenen Maßnahmen in und mit „kranken Unternehmen" und diskutierte mit Teilnehmern zwei Tage lang über deren persönliche Erfahrungen in vergleichbaren Unternehmen.

Im vorliegenden Buch sind die Ergebnisse dieses Vortrags und insbesondere des Meinungsaustausches beschrieben. Dennoch ist es kein nüchternes Protokoll, sondern eine spannende Lektüre. Fragen, über die Außenstehende bisher höchstens Vermutungen anstellen konnten, werden erörtert: Mit welchen Rechten und Möglichkeiten kommt der erfahrene „Sanierer" in das „kranke Unternehmen"? Beginnt er sofort mit Entlassungen oder versucht er, das vorhandene knowhow der Mitarbeiter zu nutzen? Arbeitet er im Team oder macht er alles alleine? Wie einigt er sich mit den Gläubigern, Banken und Lieferanten? Welche konkreten Maßnahmen ergreift er bei der Durchforstung der einzelnen Bereiche wie Produktion, Vertrieb sowie des Managements insgesamt? Viele Praktiker werden es begrüßen, daß Dr. Baur seine Erfahrungsmomente zusätzlich in einer checklist geordnet und zusammengefaßt hat. Zum Schluß zeigt uns der Autor, daß Sanierungen reines Management sind und deshalb in der Überführung aus der Krise in die Wachstumsphase enden müssen.

Dies alles ist nicht mehr nur praxisnah, sondern Praxis, geschrieben für Führungskräfte in der Wirtschaft, die derartige Krisen verhindern wollen oder die die verantwortungsvolle Aufgabe angeboten bekommen, selbst ein angeschlagenes Unternehmen zu retten.

Dr. Siegfried Sterner

Für die wertvolle Mitarbeit danke ich
Herrn Diplom-Volkswirt Woischny und Frau Birgit Boenisch
sowie meiner Frau Heidi,
die viele Stunden ihrer Freizeit für dieses Buch opferten.

Inhaltsverzeichnis

1

Was bedeutet eine Sanierung?

Am 15. Dezember 1975, 15.00 Uhr, läuft im Rahmen der Vorstandssitzung einer AG die Diskussion über die Ergebnisse der Planungsrechnung für das kommende Jahr wie folgt ab:

Der Finanzdirektor, ein Mann Ende vierzig, der sich über alle wesentlichen Stellen des Finanzbereiches hochgedient hatte, trägt vor: „Während wir für das vergangene Jahr die Planung mit Raffinessen und allen Klimmzügen so zurechtschustern konnten, daß ein ausgeglichenes Ergebnis in der Plan-Gewinn- und -Verlustrechnung erschien, gelang mir dies für die Vorschau des kommenden Jahres nicht mehr. Ich habe alle Kollegen angesprochen, aber meine Bemühungen, die von ihnen geplanten Kosten zu senken oder ihre Investitionswünsche zu reduzieren, waren ohne Erfolg. Immer kam die Antwort, „wir haben schon alles gestrichen, was möglich war".

Nun meldet sich der Vorstand für Technik scharf und anklagend zu Wort: „Ich habe in den letzten 3 Jahren meine Kosten immer so reduzieren müssen, daß ich keine zukunftsorientierten Projekte durchführen konnte. Im nächsten Jahr muß ich endlich wieder Geld für Produktverbesserungen und für Neuentwicklungen erhalten. Wenn wir diese Ausgaben in meinem Budget streichen, bitte ich im Protokoll aufzunehmen, daß ich nicht mehr für die Güte und die Konkurrenzfähigkeit unserer Produkte garantieren kann."

Der Vorstandsvorsitzende übernimmt nun das Wort: „Wir müssen unter allen Umständen versuchen, wieder ein ausgeglichenes Ergebnis zu erzielen, da wir sowieso, wie in den vergangenen Jahren, die Ausschüttung von der Substanz bezahlen müssen. Die in der Vorschau genannten 2 Prozent Umsatzsteigerung zum Plan dieses Jahres sind mir sowieso zu gering. Dieser Prozentsatz ist ja weniger als die Inflationsrate."

Der Vertriebschef, ein gewandter Mittvierziger, meldet sich zu Wort: „Wir konnten bereits im laufenden Jahr wegen einer Schrumpfung des Marktes die hochgeschraubten Absatzzahlen nicht erfüllen. Ich war gegen die mir aufgezwungene Anhebung in der Planung. Im Protokoll von damals ist das nachlesbar. Heute fordert man von mir wieder eine unrealistische Steigerung der Umsatzplanung. Ich bitte, ins Protokoll zu nehmen, daß ich dagegen bin."

Die weitere Diskussion ging bis in die Nachtstunden und brachte im wesentlichen folgendes Ergebnis: Um zu einem ausgeglichenen Ergebnis zu gelangen, wurde die Umsatzplanung um + 15 Prozent angehoben. Das zur Steigerung der geplanten Absatz- und Produktionsmenge erforderliche direkte Personal wurde genehmigt. Die Ausgaben für Produktverbesserungen und Neuentwicklungen im technischen Bereich wurden um 50 Prozent gestrichen.

Nach dem endgültigen Jahresabschluß im April des folgenden Jahres zeigte sich, daß das Unternehmen im Jahr 1975 nicht wie geplant ein ausgeglichenes Ergebnis, sondern einen beachtlichen Verlust erwirtschaftet hatte. Die ersten drei Monate des Jahres 1976 wichen ebenfalls von der Planung ab und brachten ein negatives Ergebnis.

Worin lag es nun wirklich begründet, daß dieses Unternehmen in eine solche Lage geriet?

Waren nicht – oberflächlich betrachtet – alle Entscheidungen getroffen, um das Ergebnis ausgeglichen zu gestalten? Oder waren die eigentlichen Ursachen doch anders gelagert als vom Vorstand angenommen?

Ein weiteres Beispiel: In einem mittleren, patriarchalisch geführten Industriebetrieb ging das Jahr 1977 mit einem Verlust für das Unternehmen zu Ende. Der Inhaber setzte eine Krisenkonferenz für die Leiter der Bereiche Vertrieb, Finanzen, Einkauf und Technik an. Die in dieser Sitzung durchgeführte Grobanalyse der Situation des Unternehmens ergab für die einzelnen Ressorts folgendes Bild:

Vertrieb: Obwohl der Außendienst erheblich verstärkt wurde, konnte der Umsatz zum Vorjahr nur um 5 Prozent gesteigert werden und das auch nur durch die Erfüllung vieler Sonderwünsche der Kunden.

Produktion: Die bereitgestellte Kapazität lag 25 Prozent höher als im Jahr zuvor. Resultierend aus den vielen Sonderwünschen des Vertriebes gab es hohe Umrüstzeiten, so daß die Effizienz nur um 10 Prozent anstieg.

Einkauf: Abgeschlossene Rahmenaufträge konnten durch die ständigen Umdispositionen nicht erfüllt werden. Das Materiallager wies bei verschiedenen Zukaufteilen überdurchschnittliche Bestände aus. Bonis kamen nicht zum Tragen. Die schleppende Bezahlung der Rechnungen wirkte sich auf die rechtzeitige Belieferung aus.

Finanzen: Anfang des II. Quartals konnte nicht mehr skontiert werden. Seit Mitte des Jahres wurden bei fast allen Lieferanten die Zahlungsziele überschritten. In den letzten Monaten konnten die Rechnungen frühestens nach der zweiten Mahnung beglichen werden. Die Kapitalbindung in den überhöhten Material- und Fertigwarenlägern schwächte zusätzlich die Liquidität. Die Banken verlangten immer häufiger Angaben über den Verlauf der Geschäfte und weitere Sicherheiten.

Eine Woche nach dieser Konferenz erteilte der Chef des Unternehmens für das kommende Jahr schriftlich folgende Anweisungen:

– Der Produktionsplan wird in Priorität nach den vorhandenen Rohmaterialbeständen ausgerichtet.
– Das darüber hinaus einzukaufende Material wird in der Qualität abgesenkt.

- Jahres-Rahmenaufträge werden nicht mehr abgeschlossen. Alle Bestellungen sind dem jeweils anfallenden Bedarf anzugleichen.
- In der Entwicklung und Produktionskontrolle sind 20 Prozent der geplanten Kosten einzusparen.
- Der Planumsatz wird um 15 Prozent angehoben.
- Der Vertrieb muß für einen schnellen Abbau des Fertigwarenlagers sorgen.
- Der Werbeetat wird gestrichen.
- Mit allen Lieferanten sind längere Zahlungsziele anzustreben.
- Der Chef erwartet, daß alle Mitarbeiter diese Anweisungen konsequent durchführen.

Warum stand wohl auch diese Firma Ende des Jahres vor einem Vergleich? Wurde der Unternehmung aufgrund äußerlicher Krankheitssymptome eine Therapie verordnet, die den Keim der Krankheit nicht erfaßte? Wurde allzu sehr darauf geachtet, die finanzielle Seite der Unternehmung wieder in Ordnung zu bringen, ohne Maßnahmen zu ergreifen, um die Struktur der gesamten Unternehmung nachhaltig zu verbessern?

Ist es nicht notwendig, neben Finanzierungsaktionen andere Ansatzpunkte für Sanierungsmaßnahmen zu finden? Früher dachte man dabei ausschließlich an die Verbesserung der finanziellen Seite eines Unternehmens, die bei einem kranken Unternehmen in Unordnung geraten war. Sanierung hieß damals die Beseitigung dieser finanziellen Krise durch Beschaffung von Kapitalmitteln oder durch Kapitalschrumpfung. Heute spielt die Sanierung aus finanzieller Sicht nur noch eine sekundäre Rolle. Die finanziellen Probleme sind häufig in erster Linie nicht die Gründe für eine Krise in einem Unternehmen, sondern diese liegen in der vielschichtigen Struktur des gesamten Unternehmens. Deshalb geht man heute von einer Ist-Analyse aus, die vielschichtigen Gründe und Ursachen zu suchen, die zur Krise geführt haben und darauf aufauend Maßnahmen durchzuführen, die die Struktur des gesamten Unternehmens nachhaltig verbessern.

Unter Sanierung verstehen wir heute also die Gesamtheit der Maßnahmen, durch die ein wirtschaftlich notleidendes Unternehmen, das „kräftig" war, wieder zu einem gesunden Unternehmen umgestaltet wird.

Das bedeutet, daß von den *betriebswirtschaftlichen Funktionen* in einem Unternehmen, Investition, Finanzierung, Produktion und Absatz, besonders die letzten drei im Brennpunkt der Sanierungsmaßnahmen stehen müssen. Später, wenn die finanziellen Verhältnisse wieder in etwas geordneten Bahnen verlaufen, kann man auch die Investition in die weiteren Überlegungen stärker einbeziehen. Beim Gedanken an die interdependenten Beziehungen zwischen den drei großen betriebswirtschaftlichen Aufgabengebieten, der Finanzierung, der Produktion und des Absatzes, die in der ersten Phase im Mittelpunkt des Interesses bei Sanierungsbemühungen stehen, drängt sich die Erinnerung an die Geschichte der Medizin auf. Dort war man lange Jahre der Ansicht, daß es genüge, jedes Organ des menschlichen Körpers für sich zu analysieren, an die Stelle des ganzen Menschen also die isolierte Untersuchung einzelner Organe setzen zu können. Heute weiß man, daß im Organismus des Menschen eine Ganzheit vorliegt, und daß die Beziehungen zwischen den einzelnen Organen genauso wichtig für den Körper eines gesunden Menschen sind. Ähnlich verhält es sich mit den oben genannten drei betriebswirtschaftlichen Funktionsbereichen. Für ein Unternehmen, das sich in der Krise befindet, gilt also: Nicht nur die Effizienz in den einzelnen Bereichen des Unternehmens ist zu optimieren, sondern ebenso die *interdependenten Beziehungen* zwischen diesen Bereichen. Eine isolierte Analyse der vier oben erwähnten Funktionsbereiche kann nicht zum Erfolg führen. Die Produktion, unabhängig vom Absatz zu untersuchen, bedeutet zu produzieren, ohne auf den Kunden Rücksicht zu nehmen; die Finanzierung, unabhängig von den täglichen Problemen der Produktion zu untersuchen heißt, die Störgrößen im Regelkreis zwischen Produktion und Finanzierung außer acht zu lassen.

Zu den Aufgaben einer Sanierung gehört aber nicht nur allein die Steigerung der Effizienz aller Funktionen eines Unternehmens, auch nicht die Optimierung der interdependenten Beziehungen zwischen diesen Funktionen. Zur Sanierung gehört insbesondere die Verbesserung der Menschenführung, der Motivation, der *zwischenmenschlichen Beziehungen.* Das bedeutet, daß gerade im Rahmen einer Sanierung die psychologischen und die sozialpsychologischen Aspekte bei den Mitarbeitern des kranken Unternehmens sehr stark beachtet werden müssen.

Die Einbeziehung der menschlichen und zwischenmenschlichen Interaktionen in die unternehmerischen Entscheidungen muß in einem gut geführten Unternehmen eine Selbstverständlichkeit sein. Im Rahmen der Sanierung eines kranken Unternehmens ist die *Motivation,* ist das Mitreißen der Mitarbeiter durch persönliches Vorbildsein eine noch wichtigere Aufgabe als in einem gesunden Unternehmen. Die Verbesserung der menschlichen und zwischenmenschlichen Beziehungen birgt und bildet nach diesem Erfahrungsbericht die wesentliche Voraussetzung, um eine Sanierung mit Erfolg durchführen zu können.

Das soll auf der anderen Seite nicht heißen, daß wir dafür plädieren, Psychologen oder Sozialpsychologen mit der Durchführung der Sanierung zu beauftragen. Bei aller Hochschätzung für das Wissen und die Kenntnisse der Psychologen und Sozialpsychologen würde eine Berufung solcher Fachleute in das Sanierungsteam negative Auswirkungen auf das Ergebnis haben. Die normalerweise demotivierten Mitarbeiter in einem kranken Unternehmen würden sich noch mehr in sich selbst zurückziehen, weil sie Angst vor einer möglichen psychologischen Analyse ihrer Person haben. Der Verfasser hatte einmal im Rahmen einer Sanierungsaktion einen Psychologen nur als Beobachter zu einer Sitzung eingeladen. Er sollte nur Anregungen für die *Motivation* dieser Gruppe geben. Doch dieser Versuch schlug fehl; denn schon durch die bloße Anwesenheit eines Fremden, dessen Ausbildung und Wissen nicht zu verheimlichen war, gab Anlaß für die Teilnehmer dieser Sitzung, verstört und zurückhaltend zu reagieren. Auch an diesem Beispiel zeigt sich wieder, daß die Reaktion der Mitarbeiter in einem kranken Unternehmen zu dem Verhalten der Angehörigen eines gesunden Unternehmens vollkommen unterschiedlich ist. Am zweckmäßigsten erscheint es deshalb, wenn im Rahmen der Sanierung eines Unternehmens diese psychologischen und sozialpsychologischen Aufgaben vom *Vorsitzer des Sanierungsteams* selbst erkannt und gelöst werden. Der oder die für die Sanierung verantwortlichen Manager sollten nicht allein das Wissen und die Kenntnis zur Lösung dieser Probleme in Schulungen, sondern in der betrieblichen Praxis erworben haben. Im langjährigen praktischen Management unter Berücksichtigung des modernsten Wissensstandes der Psychologie und Sozialpsychologie sollten diese Mitglieder eines Sanierungsteams das Gefühl und die Erfahrung erworben haben, Menschen, auch schwierige Menschen und Menschengruppen zu führen und zu motivieren.

Die *Maßnahmen zur Sanierung* können sehr unterschiedlich sein, je nach Branche und Wirtschaftszweig, je nach Größe des Unternehmens, ob eine Personen- oder Kapitalgesellschaft zu sanieren ist. Im Rahmen unserer Ausführungen wird deshalb kein Schema zur Sanierung angeboten. Es wird auch nicht der Versuch unternommen, bestimmte Oberbegriffe für bestimmte Maßnahmen zu finden, um damit eine klare Ordnung aller erdenkbaren Sanierungsmaßnahmen zu erhalten. Eine solche Ordnung wäre nur für eine theoretische Abhandlung über die Sanierung von Bedeutung. Die praktische Erfahrung zeigt, daß es keine derartige klare Ordnung geben kann, weil die Sanierungssituationen in der betrieblichen Praxis zu unterschiedlich und zu mannigfaltig sind.

Es bedarf keiner besonderen Erwähnung, daß die in diesem Erfahrungsbericht dargestellten Sanierungsaktionen nicht erst wenige Tage vor der *Liquidation* eines Unternehmens beginnen können. Zu diesem

Zeitpunkt kommt oft jede Hilfe zu spät. Man kann dann zwar das Unternehmen liquidieren und die Auffanggesellschaft sanieren; das ist aber nicht der typische Fall der Sanierung, den wir hier darstellen werden. Es ist verständlich, daß sie umso einfacher und ohne große, tiefgreifende Maßnahmen durchzuführen ist, je schneller ein unbefriedigender wirtschaftlicher Zustand eines Unternehmens erkannt wird. Leider wird in der betrieblichen Praxis diese an sich einsichtige Tatsache mißachtet, so daß alle Bemühungen oft sehr spät, vielfach zu spät angesetzt werden. In Kapitel 2 Abs. 2.2 werden wir auch auf verschiedene Taktiken eingehen, mit denen oft versucht wird, den tatsächlichen Zustand eines kranken Unternehmens zu verschleiern. Die Folge davon ist, daß der Beginn von Sanierungsaktionen hinausgeschoben wird.

In Deutschland und in den meisten westeuropäischen Ländern können Firmen im Normalfall nicht mit der Hilfe der öffentlichen Hand rechnen, wenn sie in eine Krise geraten. Deshalb werden wir uns in der Darstellung über geeignete Methoden, wie man ein krankes Unternehmen wieder zu einem gesunden Unternehmen umgestalten kann, nicht mit dem Aspekt der *Hilfe der öffentlichen Hand* befassen. Die hier gesammelten Erfahrungen bei der Sanierung von Industriebetrieben in Europa basieren ausschließlich auf der in der Praxis häufig anzutreffenden Notwendigkeit, das kranke Unternehmen quasi aus eigener Kraft mit den — in diesem Buch beschriebenen — Maßnahmen zu gesunden.

1.1 Lohnt sich hier die Sanierung noch?

Eine der ersten Aufgaben im Rahmen der betriebswirtschaftlichen Problemstellung ist die Untersuchung, ob eine Sanierung überhaupt noch durchführbar ist und ob nicht ein Antrag auf Eröffnung eines außergerichtlichen oder gerichtlichen Vergleichsverfahrens zur Vermeidung eines Konkursverfahrens anzustreben ist. Aus diesem Grunde gehört zu den ersten Schritten im Rahmen von Sanierungsüberlegungen die Prüfung, ob eine vorhandene Illiquidität durch Sanierungsaktionen dauerhaft beseitigt werden kann. In Kapitel 7 werden einige dieser Maßnahmen, die darauf hinauslaufen, die *Illiquidität* zu beseitigen, beschrieben. Erst wenn sicher ist, daß keine Chance mehr besteht, die Illiquidität mit eigenen und fremden Mitteln auf Dauer zu beseitigen, ist ein außergerichtliches Vergleichsverfahren in die Wege zu leiten. Wenn dieser Schritt versagt, ist ein gerichtliches Vergleichsverfahren, wenn nicht ein Konkursverfahren einzuleiten.

In die Prüfung ob sich eine Sanierung überhaupt noch lohnt, ist auch die *Überschuldung* des Unternehmens mit einzubeziehen. Auch hierdurch kann die Notwendigkeit hervorgerufen werden, ein Vergleichsverfahren oder ein Konkursverfahren zu beantragen. Nun kann man die Frage, ob eine Überschuldung vorliegt, nicht einfach mit der Feststellung beantworten, daß die Verbindlichkeiten größer seien als das Anlagevermögen. Wie wir in unseren Ausführungen darlegen werden, entsprechen die Bilanzen der zu sanierenden Unternehmen oft nicht der Wirklichkeit. Bei der Prüfung, ob sich eine Sanierung lohnt, muß deshalb Klarheit über die echten Bilanzrelationen geschaffen werden. Die Erstellung einer Bilanz gehört daher zu den ersten Schritten. Das bedeutet, daß wir zunächst eine Anfangsbilanz für die Sanierung aufstellen, mit der nicht nur geprüft wird, ob diese überhaupt noch möglich ist, vielmehr dient sie zugleich auch als Basis für die folgenden Sanierungsmaßnahmen, falls die Prüfung positiv ausfällt.

Bei der Frage nach der Überschuldung eines Unternehmens besteht inbesondere das Problem, ob klar zu erkennen ist, was echte Verbindlichkeiten sind. Nur die echten Verbindlichkeiten sind nämlich als Schulden zu definieren. Die Schwierigkeit der Feststellung einer Überschuldung zeigt sich aber auch darin, daß es in der betriebswirtschaftlichen Theorie und Praxis noch keine einhellige Meinung darüber gibt, ob in einer Überschuldungsbilanz insbesondere auch der Geschäftsbestehungswert mit einzubeziehen ist. Nach Goldbeck verlangt der *Geschäftsbestehungswert* die Einbeziehung der künftigen Ertragschancen.[1] Die künftigen Ertragschancen hängen aber andererseits wieder von der Meinung und Einstellung der Manager ab, die eine Sanierung durchführen; denn nur sie können die *künftigen Ertragschancen* des Unternehmens abschätzen.

Aus diesem Erfahrungsbericht ergibt sich, daß oft nicht eindeutig festzustellen ist, ob es sich lohnt, eine Sanierung durchzuführen oder ob ein Vergleichsantrag gestellt werden muß. Auch im Rahmen einer groben Ist-Aufnahme kann man oft in der nur kurzen Zeit, die dazu zur Verfügung steht, nicht hinreichend exakt feststellen, ob eine Überschuldung vorliegt. Das trifft insbesondere dann zu, wenn, wie oben ausgeführt, die zukünftigen Erträge in eine *Überschuldungsbilanz* mit einbezogen werden. Ob es sich lohnt, eine Sanierung durchzuführen, kann einzig und allein nur von dem für die Sanierung Verantwortlichen entschieden werden, denn er hat sich später zu rechtfertigen, wenn die

---

1 K. J. Goldbeck, Insolvenzgefahren rechtzeitig erkennen und vorbeugend bekämpfen, RKW-Projekt CD 70, 6. Aufl. 1974, S. 6.

Sanierungsmaßnahmen keine oder nur geringe Erfolge zeigen. In Kapitel 3–Organisation der Sanierung – werden wir auf diesen Fragenkomplex, auf die Aufgaben und Zuständigkeiten des Sanierungsteams und dessen Leiter nochmals gesondert eingehen.

1.2 Auch die steuerliche Seite kann ausschlaggebend sein

Im Rahmen der Sanierung eines Unternehmens sind die Probleme der *Besteuerung* sehr vielschichtig, so daß es sich anbietet, diesen Fragenkomplex von einem entsprechend erfahrenen Berater, der meistens außerhalb des Unternehmens zu suchen ist, bearbeiten zu lassen.

Der Begriff der Sanierung ist im *Steuerrecht* nicht definiert; er wurde vielmehr von der Rechtssprechung des BFH entwickelt, die die Grundlage für die Entscheidungen der Finanzverwaltung bildet.

Sanierung im steuerlichen Sinne sind danach alle Maßnahmen, die die finanzielle Gesundung eines notleidenden Unternehmens bezwecken, das bedeutet

– Bewahrung vor dem Zusammenbruch und
– Wiederherstellung der Ertragsfähigkeit.

Im Rahmen dieses Buches können nicht alle steuerlichen Fragen und Probleme angesprochen werden, die im Zusammenhang mit der Sanierung auftreten; denn bei einer Sanierung können verschiedene finanztechnische Aktionen vorkommen, zum Beispiel Kapitalherabsetzung, Gewährung von Sanierungszuschüssen, Einräumung eines Forderungserlasses, Steuerstundungen usw. Schließlich können in diesem Rahmen die einzelnen steuerlichen Probleme nur angedeutet, nicht aber detailliert behandelt werden.

Werden Schulden bei einer Sanierung ganz oder teilweise erlassen, so sind die dadurch entstehenden Vermögensvermehrungen gemäß § 3, Ziff. 66 EStG 77, steuerfrei. Aufgrund von § 8, Abs. 1 KStG 1977, gilt dies auch für Kapitalgesellschaften wie AGs und GmbHs.

Voraussetzungen für die *Steuerfreiheit* sind:

a) Schuldenerlaß
   – die Schulden werden ganz oder teilweise vom Gläubiger erlassen
b) Sanierungsabsicht
   – die Absicht des Schuldners, sein Unternehmen zu sanieren, muß vorliegen
c) Sanierungsbedürftigkeit
   – der Schuldner hatte enorme wirtschaftliche Schwierigkeiten

d) Die Sanierungsmaßnahmen müssen folgende Bedingungen erfüllen:
- Der Zweck des Schuldenerlasses war die Sanierung des Schuldners, also den Schuldner durch geeignete Maßnahmen vor dem Zusammenbruch zu bewahren und ihn wieder ertragsfähig zu machen.
- Beim Gläubiger war der Gedanke mitbestimmend, daß das Unternehmen des Schuldners wirtschaftlich weiterhin bestehen bleibt.

War es nicht möglich, bei mehreren aufeinanderfolgenden Schuldenerlassen, von denen jeder für sich betrachtet, nicht geeignet war, eine nachhaltige Besserung der Ertragslage herbeizuführen, so ist eine *steuerfreie Sanierung* zu verneinen, wenn Absprache und Durchführung nicht auf einem einheitlichen Plan beruhen. (BFH-Urteile vom 25. Februar 1972)

Durch den Schuldenerlaß muß es dem Unternehmen ermöglicht werden, seine Ertragsfähigkeit wiederzuerlangen. Dies ist Grundlage für die Entscheidung, ob ein steuerfreier Sanierungsgewinn vorliegt.

Ein mehrmaliger Teilschuldenerlaß ist daher dann unschädlich für die Steuerfreiheit, wenn

- durch unvorhersehbare Umstände die Gesundung nicht gelingt und erneut Schulden erlassen werden,
- der erneute Schuldenerlaß nicht eingeplant war,
- der Schuldenerlaß im Verhältnis zur Überschuldung nicht unerheblich ist.

Steuererlaß und *Steuerstundung* sind weitere Möglichkeiten, die Liquidität des kranken Unternehmens zu verbessern.

Ein Steuererlaß oder eine Steuerstundung richtet sich nach den §§ 163, 227 AO. In beiden Fällen ergibt sich eine Ermessensentscheidung, die aus sachlichen oder persönlichen Billigkeitsgründen von der Finanzbehörde getroffen wird. Bei der Sanierung erfolgt der Steuererlaß in der Regel aus persönlichen Billigkeitsgründen, da zum Beispiel durch die Erhebung der Steuern die Fortführung des Betriebes gefährdet ist. Daneben muß der Steuerpflichtige auch erlaßwürdig sein.

Der Erlaß von Steueransprüchen ist nicht steuerfrei, wenn

- keine Sanierungsabsicht des Steuergläubigers besteht oder
- es verhältnismäßig geringe Erlaßbeträge sind, durch die keine Wiederherstellung der Ertragsfähigkeit des Betriebes möglich ist.

Bei der Steuerstundung erfolgt kein Erlaß von Verbindlichkeiten. Die Schuld bleibt weiterhin bestehen; es wird lediglich die Fälligkeit verzögert. Dadurch erhält ein Unternehmen liquide Mittel über den Zeitraum der Stundung. Die Steuerstundung ist besonders bei vorübergehenden Liquiditätsengpässen von praktischer Bedeutung.

Mit der AO 1977 werden die gestundeten Beträge verzinst. Solche Stundungszinsen können ebenfalls erlassen werden (§ 234 AO). Die Beurteilung über die Steuerfreiheit des Erlasses wird wie bei der Hauptschuld durchgeführt. Sind die Zinsrückstände so erheblich, daß ohne den Erlaß eine Fortsetzung des Unternehmens nicht möglich ist, entsteht ein steuerfreier Sanierungsgewinn.

Wird im Zuge einer Sanierung bei einer Kapitalgesellschaft das Grundkapital oder Stammkapital herabgesetzt, so sind eventuell dabei entstehende *Buchgewinne* steuerfrei, da sie nicht unter den Begriff der steuerpflichtigen Einkünfte fallen. Soweit steuerfreie Sanierungsgewinne vorliegen, werden sie weder mit einem laufenden Verlust noch mit einem Verlustvortrag verrechnet.

Die Umstände, unter denen eine Sanierung von Finanzämtern auch steuerlich als Sanierung anerkannt wird, hat schon den Konkurs mancher Unternehmen bewirkt. Liquidationen sind aber nicht nur deswegen zu vermeiden, weil materielle und immaterielle Werte vorlorengehen, sondern weil durch den Verlust von Arbeitsplätzen die *Infrastruktur* eines ganzen Landstrichs verändert werden kann. Gerade in den Jahren 1974 bis 1976 wären viele Konkurse ausgeblieben, wenn die Steuerschulden gestundet worden wären oder ein krankes Unternehmen von der Steuerverwaltung als sanierungsbedürftig anerkannt worden wäre. In diesem Zusammenhang sind auch die Fälle von Firmenzusammenbrüchen zu erwähnen, welche dadurch entstanden, daß das Finanzamt die bereits erstattete Mehrwertsteuer wieder zurückgefordert hat. Wenn beispielsweise eine Bauträgergesellschaft in Konkurs gerät und viele Bauten noch nicht fertig sind, so kann jeder Zulieferant, dessen Leistungen noch nicht voll erbracht sind, die Mehrwertsteuer nicht absetzen. Dadurch wurden oftmals knapp kalkulierte Aufträge zu Verlustaufträgen, die viele mittelständische Unternehmen in eine Krise gebracht haben.

Genauso wenig wie eine einzige Sanierungsmaßnahme ein Unternehmen wieder gesundet, so stellt auch ein Schulden- oder Steuererlaß allein keine ausreichende Maßnahme zur Gesundung eines Unternehmens dar. Aber im Kreis aller Maßnahmen spielt ein Erlaß oder eine Stundung der Steuern insofern eine wichtige Rolle, als die Liquidität verbessert wird und damit günstige Voraussetzungen für die Durchführung anderer Sanierungsmaßnahmen geschaffen werden.

Im Zusammenhang mit einem außergerichtlichen *Vergleichsverfahren* muß auch noch in steuerlicher Hinsicht auf ein *Passivierungsverbot* von Verpflichtungen hingewiesen werden, welches voraussetzt, daß im Falle einer Verbesserung der wirtschaftlichen Verhältnisse eines zu sanierenden Unternehmens, die im Rahmen von Vergleichsverhandlungen erlassenen Schulden ganz oder teilweise nachträglich ausgeglichen werden. Solche späteren Ausgleichszahlungen für Schuldenerlasse aus der Vergangenheit gelten steuerlich nicht als Betriebsausgaben und mindern daher nicht die in dem Jahre erzielten Gewinne, in dem die Ausgleichszahlungen erfolgen.

1.3 Ein Rechtsberater muß her!

Bei der Sanierung treten eine Reihe von rechtlichen Fragen und Aufgaben auf, die bei einem gesunden Unternehmen nicht relevant sind. Es empfiehlt sich daher, einen Rechtsberater zur Seite zu haben, der Erfahrungen auf dem Gebiet besitzt. Die betriebswirtschaftlichen und sozialpsychologischen Probleme sind hierbei derart umfassend, daß der oder die verantwortlichen Manager die rechtlichen Aufgaben, selbst die einfachsten juristischen Fragen an einen außerbetrieblichen Berater delegieren sollten. Selbst bei außergerichtlichen Vergleichsverfahren, die in der Praxis leider zu häufig von den verantwortlichen Managern ohne starke Anlehnung an einen erfahrenen Rechtsbeistand durchgeführt werden, ist der Rechtsberater notwendig und nützlich. Bei außergerichtlichen Vergleichen fällt dem Vorsitzer des Sanierungsteams die wichtige Aufgabe zu, alle Gläubiger zu einer 100 %igen Zustimmung zu bewegen, indem die Vorteile eines Vergleichs für ein weiteres Zusammenarbeiten anschaulich und fundiert dargestellt werden. Diese Aufgabe führt auf Schritt und Tritt zu juristischen Fragen, die richtig und rechtzeitig gelöst werden müssen. An dieser Stelle muß darauf hingewiesen werden, daß wir uns in diesem Buch auf eine globale Skizzierung der rechtlichen Problematik beschränken müssen, die keinen Anspruch auf Vollständigkeit hat. Wir verweisen in diesem Zusammenhang auf entsprechende Literatur.

Alle außergerichtlichen und gerichtlichen Vergleichsverfahren münden in einen Vergleich mit dem Ziel der Stundung oder der Reduzierung der Forderungen, das heißt, es wird ein *Quotenvergleich* angestrebt. Dabei empfiehlt es sich, eine Stundung von durchschnittlich zwei Jahren anzustreben, damit nicht zu früh die Liquidität des Unternehmens wieder belastet wird.

Zum Gelingen der außergerichtlichen Vergleichsverhandlungen trägt es wesentlich bei, wenn die Sanierungsaktionen möglichst klar und verständlich vorgetragen werden, so daß die Gläubiger die positiven und realisierbaren Schritte besser erkennen und eher geneigt sein werden, sich auf einen Stundungsvergleich einzulassen. Es ist selbstverständlich, daß vor jedem gerichtlichen Vergleichsverfahren versucht wird, in einem außergerichtlichen die Gläubiger zu einer eindeutigen Zustimmung zu bewegen.

In jedem Falle sind im Rahmen von Vergleichsverfahren die vorhandenen Vertragsbeziehungen des Unternehmens juristisch zu prüfen. Die sich daraus ergebenden Konsequenzen sind mit dem Management des kranken Unternehmens zu besprechen. Insbesondere ist dabei darauf zu achten, ob in den Verträgen Klauseln enthalten sind, nach denen irgendein Partner seine Zahlungen einstellen kann, wenn gerichtliche Vergleichsverfahren anberaumt sind. Hier sind insbesondere die Lizenz- und Kooperationsverträge sowie die Verträge jeglicher Art von Zusammenarbeit zu benennen. Oft sind auch in der Praxis nicht alle Eigentumsvorbehalte und Sicherungsübereignungen von einem außergerichtlichen Vergleich genau bekannt.

Durch das Anberaumen eines Termines für einen außergerichtlichen Vergleich werden die Gläubiger, die *Eigentumsvorbehalte* und *Sicherungsübereignungen* besitzen, oft erst recht verängstigt und sind dann schwerer zu bewegen, von ihrem Recht ganz oder teilweise abzugehen. Das Management eines kranken Unternehmens, das auf einen außergerichtlichen Vergleich drängt, muß sich daher vor allem mit dieser Gruppe von Gläubigern befassen, bevor allgemein von einem Vergleich gesprochen wird.

Im Gegensatz zu der steuerlichen Seite sind im juristischen Bereich Vorschriften vorhanden, auf die man sich stützen kann oder die beachtet werden müssen. So sind zum Beispiel im Aktiengesetz § 222 ff. Methoden zur Beseitigung einer *Unterbilanz* angegeben. Das gleiche gilt für die Zuführung neuer Eigenmittel.

Zu der rechtlichen Problematik der Sanierung gehört auch die Frage, ob die *Rechtsform* des Unternehmens geändert werden sollte. Es bieten sich mehrere Möglichkeiten der Änderung der Rechtsform im Rahmen einer Sanierung an. So ist beispielsweise die Umwandlung einer GmbH in eine AG oder die Umgründung einer oHG in eine GmbH oder AG im Rahmen der Sanierung eines diskutierbare Frage. Derartige Umgründungen sind aber erst praktizierbar, wenn die Sanierung bereits so weit vorgeschritten ist, daß die Finanzlage des Unternehmens eine solche Umgründung erlaubt.

Eine weitere wesentliche Frage im Rahmen der rechtlichen Aufgaben ist es zu überprüfen, ob eine *Illiquidität* nur momentan oder auf Dauer vorhanden ist. Eine Illiquidität auf Dauer wäre ein Konkursgrund und damit müßte ein gerichtliches Vergleichsverfahren wenn nicht sogar ein Konkursverfahren eingeleitet werden. Aus diesem Grund wird dem Begriff der Dauer in der Rechtssprechung eine besondere Aufmerksamkeit geschenkt.

24

1.4 Sanierung ist praktisches Management

Wie aus den Abschnitten 1.1, 1.2 und 1.3 hervorgeht, sind bei der Sanierung im wesentlichen betriebswirtschaftliche, steuerliche und rechtliche Probleme zu lösen. Wir beschränken uns in diesem Erfahrungsbericht darauf, ausschließlich die betriebswirtschaftliche Seite zu beschreiben. Diese Sichtweise entspricht der Aufgabenstellung, die einem Manager im Rahmen einer Sanierung zukommt.

Aber auch dies zeigt sich in der Praxis so komplex und vielseitig, daß sie kaum in einem einzigen Buch dargestellt werden kann. Das bedeutet, daß auch bei der Behandlung der betriebswirtschaftlichen Probleme einer Sanierung und der Wege zur Überwindung der Krise, eine Auswahl der möglichen zu ergreifenden Maßnahmen getroffen werden muß. In diesem Erfahrungsbericht sollen ausschließlich nur solche Fragen besprochen werden, die im Rahmen von Sanierungsbemühungen in der betrieblichen Praxis in Europa auftraten. Es wurde auch darauf verzichtet, eine Gewichtung der hier beschriebenen und in der Praxis erprobten Sanierungsmaßnahmen vorzunehmen, denn es zeigt sich immer wieder, daß jede Sanierung anders gelagert ist: Oft sind in dem einen kranken Unternehmen Dinge bedeutungslos, die in einem anderen einen der wesentlichen Gründe für die Krise im Unternehmen darstellen können. Durch solche unterschiedlichen Schwerpunkte wird die Auswahl der Maßnahmen oft sehr stark beeinflußt.

Die Durchführung einer Sanierung ist eine der interessantesten Management-Aufgaben, die man sich vorstellen kann. Dabei kommt es weit mehr als bei den übrigen Führungsmaßnahmen darauf an, daß die psychologische und sozialpsychologische Seite nicht nur beachtet, sondern beherrscht werden muß. Die Durchführung einer Sanierung ist vergleichbar mit der Tätigkeit eines Arztes, der einen kranken Menschen wieder gesund macht.

Über die Ursachen einer Krise wird im nächsten Kapitel berichtet. Vorweggenommen sei hier nur die Feststellung, die nicht nur aus diesen Erfahrungen resultiert, sondern auch in zahlreichen Veröffentlichungen immer wieder hervorgehoben wird: In den meisten Fällen liegen die Gründe für die Entstehung einer Krise im falschen Verhalten des Managements. Deshalb ist die Sanierung in erster Linie eine Managementaufgabe, nämlich, die Managementfehler auszumerzen, zeitgemäße Methoden der Unternehmenssteuerung einzuführen und im Unternehmen ein neues, besseres Verhalten der Führung zu praktizieren. Aus diesen Überlegungen wird klar, daß sich nur die besten Manager dazu eignen, Unternehmen zu sanieren. Auf die dafür notwendigen Qualifikationen wird in

Kapitel 3 bei der Darstellung der Organisation der Sanierung näher eingegangen werden.

Wir gehen auf die Eigenschaften einer Führungkraft, die eine Sanierung mit Erfolg durchführen kann, an dieser Stelle deshalb schon kurz ein, weil wir schon hier deutlich machen wollen, daß sich eine Sanierung nicht von den normalen Aufgaben eines Managers unterscheidet. Auch die Fähigkeiten des Managers, der eine solche schwierige Aufgabe durchzuführen in der Lage ist, unterscheidet sich kaum von denen eines Managers in einem gesunden Unternehmen. Man kann daher auch die Sanierung als eine hohe Schule des Managements und eine gelungene Sanierung als Meisterwerk eines Managers bezeichnen.

Aus diesem Erfahrungsbericht wird deutlich werden, daß bei der Sanierung nicht nur die *Techniken des modernen Managements* beherrscht werden müssen. Es genügt nicht, von der Pieke auf die Arbeit des unteren, mittleren und oberen Managements zu kennen, vielmehr muß man über die reinen technischen Abläufe und Praktiken des Managements hinausgewachsen sein, um souverän auf dem Klavier des Reservoirs an Führungsmethoden spielen zu können. Daneben muß man Erfahrung in der Anwendung psychologischer und sozialpsychologischer Erkenntnisse und Methoden besitzen. Diese noch stärkere Betonung der *zwischenmenschlichen Beziehungen* und der Motivation macht jeden, der eine Sanierung durchgeführt hat, reif für die zukünftigen Aufgaben des Managements im nächsten Jahrzehnt. Denn im Rahmen der Umstrukturierung unserer Gesellschaft wird das Management den Menschen in der Zukunft noch mehr in den Mittelpunkt seiner Überlegungen stellen müssen als bisher. Bei der zukünftigen Führungskraft werden nicht nur die modernen Techniken des Managements als selbstverständlich vorausgesetzt, sondern sie werden im Gegensatz zu heute eine größere Unterordnung erfahren gegenüber der Lösung von menschlichen Problemen. Noch mehr gesetzliche Vorschriften werden jeden zwingen, die zwischenmenschlichen Beziehungen und die psychologischen Seiten der einzelnen Mitarbeiter viel stärker zu beachten als bisher. Das neue Betriebsverfassungsgesetz, das am 1. Januar 1975 in Kraft trat und das Mitbestimmungsgesetz vom 1. Januar 1977 sind unserer Meinung nach Gesetze, die den Manager in diese Richtung steuern. Dies werden nicht die letzten sein, die mit dieser Absicht erlassen werden.

Doch nicht allein durch den Zwang der Gesetze wird der künftige Manager noch stärker den Menschen in den Mittelpunkt seines Interesses stellen müssen. Es zeigt sich immer stärker, daß die größeren Möglichkeiten zu Kosteneinsparungen nicht mehr in den bisher konventionellen Bereichen der Kostenreduzierungen, nämlich in der Produktion oder in der Schaffung von neuen Vertriebswegen vorhanden sind. Vielmehr liegen heute und in Zukunft die größeren Ressourcen der Steigerung der Effizienz der Mitarbeiter in der Verwaltung und Disposition. Wenn heute viele Manager die *Motivation* noch als Schlagwort abwerten, so wird es in der Zukunft eine Notwendigkeit sein, die Motivation der Mitarbeiter zu forcieren, wenn man selbst erfolgreich sein will. Die Mitarbeiter sind heute nicht mehr wie früher bereit, Anweisungen einfach zu gehorchen, sondern sie wollen beachtet werden, sie wollen als Einzelindividuum anerkannt werden und ihre eigene Persönlichkeit an ihrem Arbeitsplatz entfalten können. Dieser Trend wird in Zukunft noch stärker das Management von Unternehmen beschäftigen und beeinflussen. Der Manager von morgen wird sich deshalb von jemandem, der eine Sanierung durchzuführen hat, noch weniger unterscheiden als heute, weil er stärker die psychologische Seite in seine Überlegungen mit einbeziehen muß. Insofern bietet die heutige Situation, in der in sehr vielen Unternehmen Sanierungsmaßnahmen durchzuführen sind, der Wirtschaft viele Möglichkeiten. Damit besteht die Chance, daß dadurch in der Zukunft Manager zur Verfügung stehen, die in der Lage sind, über die Steigerung der Effizienz der Mitarbeiter die der Unternehmen noch stärker als bisher anzuheben und damit deren Konkurrenzfähigkeit im Wettkampf mit ausländischen Mitbewerbern zu erhalten und zu verbessern.

2

Jede Krise hat ihre Ursachen

Jedes Unternehmen muß sich laufend an die sich verändernde Markt-struktur anpassen oder es gerät in Gefahr. Wird diese nicht erkannt und nicht entsprechend rechtzeitig reagiert, so ist eine wirtschaftliche Schwächung des Unternehmens die Folge. Die Ursache für eine Krise in einem Unternehmen ist in solchen Fällen in der sich laufend ändernden Marktstruktur zu suchen, sofern diese von der Unternehmensleitung nicht ständig beobachtet, analysiert und in die Planung einbezogen wird.

Neben diesen *außerbetrieblichen Einflußkomponenten* können die Gründe für eine Unternehmenskrise auch im innerbetrieblichen Bereich selbst liegen. Die *innerbetrieblichen Faktoren* sind einerseits genauso vielschichtig wie die außerbetrieblichen. Auf der anderen Seite ist aber der *Strukturwandel in den einzelnen Märkten* oft nicht so klar und nicht mit so relativ einfachen Methoden zu erkennen wie die Schwach-stellen im Unternehmen selbst. Bei der Beantwortung der Frage, wer die Schuld an einer Unternehmenskrise zu tragen hat, wird diese bei inner-betrieblichen Ursachen ohne Einschränkung eindeutig dem Mangement gegeben. Bei den außerbetrieblichen Anlässen, das heißt bei einem Strukturwandel des Marktes, wird man bei der Suche nach dem Schuldi-gen nicht mehr so häufig ein schlechtes Management verantwortlich ma-chen können, sondern man wird auf die Unwägbarkeiten der Märkte hinweisen.

Die Erfahrung zeigt, daß die Ursachen einer Krise in einem Unterneh-men oft nicht einzeln auftauchen, sondern gleichzeitig oder hintereinan-der laufend sowie wellenförmig zu- und abnehmend.

Beispielsweise sind Veränderungen im *Verhalten der Verbraucher* im Markt oft anders gelagert als *technologische Entwicklungen.* Dadurch werden die Unternehmen unterschiedlich stark von diesen beiden Ein-fußbereichen berührt. Beispiele, daß die internen Anlässe für die Krise eines Unternehmens gleichzeitig oder auch nachgeschaltet auftreten können, sind noch augenscheinlicher: Mängel in der Planung ergeben zugleich Schwierigkeiten in der Kontrolle; Mängel im Management ha-ben Fehler in der Planung zur Folge. Schließlich treten sehr oft interne und externe Anlässe gleichzeitig auf. Auch zeigt sich bei kranken Unter-nehmen sehr häufig, daß die internen Schwierigkeiten oftmals erst dann zu Tage treten, wenn externe Ursachen eine Krise bewirken.

Es ist verständlich, wenn wir vor der Darstellung der Methoden zur Sanierung eines Unternehmens die Ursachen für eine Krise eines Unter-nehmens kurz skizzieren. Aus der betriebswirtschaftlichen Erfahrung er-gibt sich nämlich, daß sehr viele Maßnahmen, mit deren Hilfe ein kran-kes Unternehmen wieder zu einer wirtschaftlich gesunden Einheit geführt werden kann, genauso bedeutsam sind, wie *Präventivmaßnahmen* zur Verhinderung einer Krise. Das bedeutet, daß zu einem sehr großen Teil mit den gleichen Maßnahmen verhindert werden kann, mit deren Hilfe ein Unternehmen wieder aus der Krise geführt werden kann. Man kann sogar sagen, wenn man den Maßnahmenkatalog zur Schwachstellenbeseitigung, der unter Kapitel 5 beschrieben wird, in einem gesunden Unternehmen praktiziert, sinkt die Wahrscheinlichkeit beträchtlich, daß dieses überhaupt erst in eine Krise gerät. In Kapitel 13 wird diese Tatsache detaillierter beschrieben.

2.1 Ursachen im Markt

Die Ursachen im Markt lassen sich im Grunde genommen auf folgende Faktoren zurückführen:

– *Veränderungen des Verhaltens der Verbraucher*
– *Technologische Entwicklung*
– *Veränderung in der Rohstoffversorgung*

Über diese Aspekte liegt bereits ein ausführliches Schrifttum vor, so daß in diesem Erfahrungsbericht nur auf solche Hinweise eingegangen wird, die anläßlich des 8. Europäischen Management-Symposiums 1978 in Davos über das vorliegende Schrifttum hinaus gemacht wurden.

Die Veränderungen im Markt verlaufen in wellenförmigen Bewegungen, deren Amplituden und Häufigkeiten sehr unterschiedlich sind. Das Verbrauchsverhalten zeigt beispielsweise deutlich einen langfristigen Trend, der von kurzfristigen Ausschlägen überlagert ist. Dagegen hat die technologische Entwicklung weniger kurzfristige Bewegungen, sondern eher den Schwerpunkt auf dem langfristigen Trend. Die Veränderung in der Rohstoffversorgung weist ausschließlich einen langfristigen Verlauf auf. Die Beschäftigung mit den Veränderungen der Einflußgrößen vom Markt her zeigt oft folgendes: Je längerfristiger deren Wellenbewegungen sind, desto größer ist die Gefahr, daß in der Unternehmensführung diese Daten unterschätzt oder gar übersehen werden. Zutreffendes Beispiel ist die Ölkrise. In der Zeit vor 1973 wurde oft aus berufenem Munde von der Verknappung des Öles gesprochen. In den meisten Unternehmen hat man sich mit diesem Problem trotzdem nur am Rande oder überhaupt nicht beschäftigt. Erst der Ölschock im Jahre 1973 zwang die Firmenleitungen dazu, sich damit und den Konsequenzen für das eigene Unternehmen zu befassen. Ähnliches gilt für den Pillenknick, die fortschreitende Bürokratisierung der Wirtschaft oder der steigenden Verschuldung der öffentlichen Hand. Heute bereits aber sind diese Überlegungen wieder aus dem einzelwirtschaftlichen Bereich verdrängt worden und werden als volkswirtschaftliche Probleme abgetan.

Diese Beispiele verdeutlichen unsere vorherigen Ausführungen, wonach die Wirkung von externen Einflußkomponenten und deren Folgen für das Unternehmen oft umso weniger ernst genommen werden, je längerfristiger deren Verlauf ist. Daß dieser Fehler, der von den meisten Führungskräften in West-Europa gemacht wird, eine Unternehmenskrise hervorrufen kann, muß nicht weiter begründet werden.

2.2 Ursachen im Unternehmen

Die *Ursachen im Unternehmen,* die zu einer Krise geführt haben, kann man oft kurz mit dem Stichwort *„Managementfehler"* charakterisieren. Zahlreiche Fälle von Sanierungen und Insolvenzen zeigen sehr anschaulich, daß in den meisten Unternehmen, die in eine Krise geraten sind oder den Konkurs anmelden mußten, das Management nicht rechtzeitig genug die richtigen Entscheidungen getroffen hat.

Das trifft hauptsächlich für die internen Ursachen einer Krise zu. In vielen Analysen von Firmen, die zu sanieren waren oder die Vergleichs- oder Konkursverfahren einleiten mußten, zeigt es sich aber, daß auch bei externen Ursachen immer interne Gründe, das heißt Managementfehler, feststellbar waren.

Im Rahmen einer Podiumsdiskussion auf dem 30. Deutschen Betriebswirtschaftertag in Berlin mit dem Thema „Typische Symptome in den durch Strukturwandel gefährdeten Betrieben" wurde unter anderem klar herausgestellt, daß die Ursache einer Krise in einem Unternehmen insbesondere in dem Unvermögen des Managements liegt, die tatsächliche wirtschaftliche Lage und den Entwicklungstrend der Firma richtig zu beurteilen.[1] Es wurde ferner eindeutig festgestellt, daß auch eine verschwommene Darstellung der Unternehmensziele sowie die Fehleinschätzung der Konkurrenz dazu führen können. Die Erkenntnisse dieser Podiumsdiskussion bestätigten voll die hier wiedergegebenen Erfahrungen, wonach das Management in vielen Fällen verantwortlich war, wenn ein Unternehmen in Schwierigkeiten geriet.

Aus der betrieblichen Praxis ergibt sich, daß die wesentlichen Fehler des Managements, nämlich in der Planung, in der Kontrolle, bei der Lö-

---

1 G. Kienbaum, Typische Symptome in den durch Strukturwandel gefährdeten Betrieben, in Strukturwandel — Neue Chance für die Unternehmen, Deutsche Gesellschaft für Betriebswirtschaft, Berlin 1977, Bd. I, S. 57.

sung der Aufgabe, den richtigen Mitarbeiter am richtigen Platz mit der richtigen Qualifikation einzusetzen und im Führungsstil nicht isoliert auftreten, sondern interdependent sind. So ziehen beispielsweise Fehler in der Planung oftmals auch solche in der Kontrolle nach sich. Oder ein anderes Beispiel: Wenn die Mitarbeiterqualifikation an den einzelnen Arbeitsplätzen nicht mindestens zufriedenstellend ist, so sind oftmals auch falsche Planungsansätze und ungenügende Kontrollen zu beobachten.

Aus diesen vier Fehlerursachen für eine Krise im Unternehmen ragt die des Führungsstils ganz eindeutig heraus. Bei den meisten aller zu sanierenden Unternehmen war nach diesem Erfahrungsbericht das Fehlverhalten des Managements selbst der Hauptgrund. Wenn ein richtiger Führungsstil in einem Unternehmen praktiziert wird, dann werden mögliche Gefahren im Markt und im Betrieb selbst früh genug erkannt. Es besteht dann die Möglichkeit, rechtzeitig gegenzusteuern, so daß es nicht zur Krise kommen kann. Das Resultat eines richtigen Führungsstils ist, daß die Mitarbeiter es als eine Herausforderung für sich und für ihre Arbeitsgruppe betrachten, besser zu sein als die Konkurrenz und Rezessionen oder Stagnationen nicht als nationales Übel, sondern als eine Situation ansehen, die eine Bewährungsprobe für alle Mitarbeiter eines Unternehmens darstellt.

Zu den ersten Pflichten eines Managements gehört die *Bilanzwahrheit.* Die Bilanzierungsvorschriften lassen allerdings in der Bundesrepublik Deutschland einen weiten Spielraum für die Darstellung der Zahlen. Deshalb kann in deutschen Unternehmen der Gewinn in der Bilanz bis zu einem gewissen Grade verschleiert werden. Dies hat keinen kriminellen Hintergrund, sondern ist oft eine Vorsichtsmaßnahme für den Fall einer Rezession, indem ein entsprechendes Polster angelegt wird. Eine Grenze für diese oft unsichtbare Gewinnthesaurierung wird durch steuerliche Gesetze gegeben. Der Aktionärs- oder Kapitaleigner hat bis zu einem gewissen Grade, sofern die Ausschüttungen zufriedenstellend sind, nichts dagegen, wenn die stillen Reserven größer werden. Denn dadurch steigen oftmals die Börsenkurse.

Auf der anderen Seite gibt es keine Regelung, die der Ausweisung von überhöhten Gewinnen oder von *Scheingewinnen* in der Bilanz eine Grenze setzt. Damit werden aber nicht nur die Banken, sondern auch die Kunden und Lieferanten falsch informiert. Auch die Aufsichtsorgane eines Unternehmens werden getäuscht und können es dadurch nicht entsprechend kontrollieren. Am schlimmsten ist es aber, wenn das Management die überhöhte Gewinnausweisung oder die Scheingewinne selbst für bare Münze nimmt; Verhaltensweisen, die in der Praxis nicht selten vorkommen. In solchen Fällen ist das Unternehmen bereits mitten in der Krise oder die Krise ist zumindest nicht mehr fern. Auf die Möglichkeiten des Aufblähens von Bilanzen ist insbesondere im Geschäftsbericht 1976 der Interfinanz GmbH & Co. KG eingegangen worden. Im folgenden werden die nach unserer Erfahrung am häufigsten vorkommenden Möglichkeiten der Gewinnverschleierung aus diesem Bericht wiedergegeben. Denn aus dieser Darstellung spricht nicht nur die große Erfahrung dieser Institution im Erkennen von Scheingewinnen, sondern unsere eigenen werden vollauf bestätigt[2] :

Möglichkeit 1:
„Man verkauft ein Anlagegut zu einem Preis, der über dem Buchwert liegt und mietet zu einem Satz zurück, der über den bisherigen Kosten (Zinsen, Abschreibungen, Gewerbesteuer) liegt; Hauptursache, der Buchgewinn aus dem Anlagenverkauf ist im Jahre der Bilanzierung höher; der zusätzliche Miet-/oder Pachtaufwand verteilt sich ja auf viele Jahre und wird unter sonstigen Aufwendungen verbucht."

(*Bemerkung des Verfassers:* Diese Möglichkeit, den Gewinn in der Bilanz künstlich anzuheben, wurde in Europa in den letzten Jahren in mehreren Fällen angewandt.)

Möglichkeit 2:
„Man verzichtet auf Zuführung zu den Pensionsrückstellungen oder löst diese sogar ganz oder teilweise auf; unter Umständen kann man diesen Vorgang durch den Übergang zum Verpflichtungssystem (Prämie an Dritte anstelle von Rückstellungen in der eigenen Bilanz) risikomäßig teilen."

(*Bemerkung des Verfassers:* Da Zuführungen zu Pensionsrückstellungen nur eine „Kann-Vorschrift" sind, besteht die Möglichkeit, diese natürlich auch wieder gewinnerhöhend aufzulösen.)

Möglichkeit 3:
„Die Bewertung der unfertigen Fabrikate läßt Gemeinkostenzuschläge in unterschiedlicher Höhe zu. Überhaupt kann man das Vorratsvermögen nach mehreren Methoden bewerten und früher gelegte stille Reserven still auflösen."

(*Bemerkung des Verfassers:* In der Bewertung des Vorratsvermögens liegt besonders für Industrie-Unternehmen eine relativ einfache und doch sehr wirksame Möglichkeit, Gewinnverlagerungen

---

2 Jahresbericht 1976, Gesellschaft für internationale Finanzberatung mbH & Co. KG, Düsseldorf, S. 24.

vorzunehmen. Die Bandbreite der möglichen Bewertung ist hier im Verhältnis zu anderen Vermögens- oder Schuldposten besonders groß und getroffene Entscheidungen können in den Folgejahren immer wieder rückgängig gemacht werden.

Möglichkeit 4:
„Man richtet sich bei der Bildung von Garantie- und Prozeßrisiken nach dem optimistischen Risikofall."
(*Bemerkung des Verfassers:* Beim Ansatz von Rückstellungen für Garantie- und Prozeßrisiken sind mit Sicherheit unterschiedliche Betrachtungsweisen möglich und auch zu akzeptieren. In besonderen Fällen kann hier mit einer erheblichen Gewinnveränderung gerechnet werden.)

Möglichkeit 5:
„Man verkauft Aktien zu Preisen über dem Buchwert an Tochtergesellschaften, deren Bilanz nicht der Konsolidierung unterliegt oder macht Tauschgeschäfte dieser Art. Als Partner eignen sich insbesondere Gesellschaften mit Sitz im Ausland (Holdings). Besonders undurchsichtig sind Transaktionen mit mehreren Partnern, die ja alle gewinnmäßig von der Werterhöhung profitieren."
(*Bemerkung des Verfassers:* Diese Möglichkeiten haben nur verschachtelte Unternehmen. Wenn jedoch diese Voraussetzung vorhanden ist, so ist dieses Verfahren als sehr wirksam für die Erhöhung von Gewinnen anzusehen.)

2.3 Die Planung darf keine „Luft" enthalten

In der Aufschwungphase der Wirtschaft und ebenso in der eines Unternehmens ist es relativ leicht, Strategien, Policies, Planungsprogramme zur Gewinnmaximierung, zur Expansion und zur Absicherung des Unternehmens usw. aufzustellen. Denn die Fehler, die bei diesen oft vielversprechenden Programmen gemacht werden, gleichen sich häufig im Verlauf der Expansionswelle wieder aus. Der Beweis, ob derartige Programme richtig sind und richtig praktiziert werden, ob sie vom Management selbst ernst genommen werden und dann nach diesen Programmen tatsächlich gearbeitet wird, kann erst in den folgenden Rezessionsperioden erbracht werden. In der betrieblichen Praxis hat sich gezeigt, daß derartige Planungen viel zu oft als Spielereien zu bewerten sind und Sandkastenspielen gleichen. Durch solche *Scheinprogramme* werden nicht nur die Aufsichtsratsorgane, sondern auch allzu oft die Vorstände in eine Art Sicherheit gewiegt, die wirklich nur scheinbar vorhanden ist. Das Erwachen kommt meistens bei der nächsten Rezession. Die Zusammenbrüche in den letzten Jahren und Jahrzehnten haben deutlich gezeigt, daß selbst bei Unternehmen, die in Konkurs gegangen sind, Planungssysteme und Strategien auf dem Papier vorhanden waren. Bei genauerem Hinsehen aber waren dort die „Daten" nichts anderes als *Zahlenspielereien* und hatten mit der Realität des Kräftespieles zwischen Unternehmen und Markt wenig zu tun.

Ein weiterer wichtiger Grund für eine Krise kann in einer falschen oder unscharfen Absatzplanung liegen. Diese ist aber eine wesentliche Grundlage für die Planung der künftigen Bilanz sowie der Gewinn- und Verlustrechnung. In der betrieblichen Praxis zeigt sich bei der Planung von Absatzzahlen oft folgendes interessantes Phänomen:

Wenn in einem laufenden Jahr ein geplanter Gewinn in einem Unternehmen nicht erreicht wird, versucht zwar normalerweise das Management die dadurch bedingte Gewinnminderung durch Kostenreduzierung aufzuhalten. Aber weitaus stärker werden Anstrengungen unternommen, den künftigen Absatz entsprechend zu erhöhen. Während des III. Quartals eines laufenden Jahres werden oftmals derartige Überlegungen angestellt. Zur gleichen Zeit laufen aber in den meisten Unternehmen die Umsatzplanungen für das folgende Jahr. Da im laufenden Jahr für das IV. Quartal oftmals keine großen Möglichkeiten — von Saisonbetrieben abgesehen — mehr bestehen, die in den ersten drei Quartalen nicht erreichten aber geplanten Umsatzzahlen wieder aufzuholen, wird meistens vom Management her ein verstärkter Druck auf den Vertrieb ausgeübt. Dieser soll dann die Absatzzahlen im nächsten Jahr so erhöhen, daß die Gewinnminderung des laufenden Jahres im folgenden wieder ausgeglichen werden kann. Man verlangt oftmals vom Vertrieb, daß der Umsatz, um nur einmal eine Zahl zu nennen, um 40 Prozent zu steigern ist, ein Ziel, das in der heutigen Zeit oft unrealistisch und unerreichbar ist. Aber an einer solchen Zahl wird oft, wie die Beispiele in zu sanierenden Unternehmen gezeigt haben, die gesamte betriebliche Planung der Kapazitäten an Personal, Raum, Geschäftsausstattung usw. aufgehängt. Verständlicherweise planen alle Bereiche des Unternehmens entsprechend mehr Mitarbeiter, mehr Sachaufwendungen usw. ein. So benötigen beispielsweise die Verantwortlichen der Produktion mehr Mitarbeiter, um das erhöhte Produktionsvolumen fertigen zu können. Auch der Vertrieb verlangt demzufolge mehr Geldmittel. Im gesamten Unternehmen wird nach der unrealistischen Umsatzvorgabe zuviel geplant und zuviel investiert. Es werden entsprechend zu viele maschinelle Anlagen bestellt, es werden zu viele Mitarbeiter eingestellt und ausgebildet, es wird zuviel produziert, um rechtzeitig nach dieser hohen Planung genügend Erzeugnisse zu haben, damit dieses hochgesteckte Umsatzziel erreicht werden kann. Die Folge ist, daß im gesamten Unternehmen zu hohe Kosten entstehen, die dann durch den nicht realisierbaren hohen Anstieg des Absatzes auch nicht kompensiert werden können. Alles das hat zur Folge, daß ein Unternehmen in eine Krise gerät.

Viele *Fehler bei der Planung* wurden in den letzten Jahrzehnten häufig durch den laufend ansteigenden Absatz in den oft ungesättigten Märkten in Deutschland und in der Welt ausgeglichen. Heute und in der Zukunft ist das Problem der Unternehmensführung anders gelagert. Es geht nicht mehr darum, in einer expansiven Wirtschaft ein Unternehmen zu leiten, sondern die Aufgabe besteht darin, in nur leicht expansiven Märkten mit zwischen 4 und 6 Prozent Zuwachs jährlich hinreichende Gewinne zu erwirtschaften. In der Zukunft wird man nicht mehr mit den hohen Wachstumsraten wie bisher rechnen können. Dann werden Fehler in der Absatzplanung eines Unternehmens viel stärker sichtbar und noch stärker als bisher zu Ursachen für eine Krise in einem Unternehmen werden. Das bedeutet, daß gerade in der heutigen Zeit und in der, die vor uns liegt, eine falsche Vertriebsplanung viel stärker die Ursache für eine Krise sein wird als in der Vergangenheit.

Ein wesentlicher Fehler in der Planung, der auch oft der Grund für eine Krise war, ist eine *verschwommene Darstellung* der Ziele und der Verantwortungen, kurzum eine vieldeutige und vieldeutbare Unternehmensführung. Der „Vorteil" dieser Vieldeutigkeit liegt darin, daß das Management immer genügend Ausreden zur Verfügung hat, wenn die wirtschaftliche Entwicklung des Unternehmens nicht so positiv verläuft wie vorhergesagt. Auch kann im Rahmen von *verschwommenen Zielen* und unklaren Definitionen der Verantwortungsbereiche jeder sich mit jedem vorkommenden Problem beschäftigen. Es muß hier nicht weiter aufgeführt werden, daß solche Mißverstände die Schlagkraft eines Unternehmens wesentlich mindern und es früher oder später in eine Krise bringen. Gerade in vielen Familienbetrieben können die oben skizzierten gefährlichen Zustände beobachtet werden, und zwar nicht nur in Kleinbetrieben, sondern auch in Großunternehmen mit mehreren hundert Millionen DM Umsatz.

Die Ursachen für eine Krise in einem Unternehmen liegen auch oft in einer fehlenden oder *falschen Planungskoordination.* Es ist menschlich verständlich, daß beispielsweise Verkaufsniederlassungen die Situation im Vertrieb immer besser zu kennen glauben als die Zentrale. Die Niederlassungsleiter oder die Geschäftsführer von unternehmenseigenen

Niederlassungen haben oft stichhaltige Gründe dafür vorzubringen, warum sie die Situation im Markt besser abzuschätzen glauben als die Mitarbeiter in der Zentrale. Sie arbeiten deshalb oftmals nicht mit der von der Zentrale vorgegebenen Policy, sondern gehen ihre eigenen Wege — offen oder verdeckt. In solchen Fällen, die in der betrieblichen Praxis häufig in kranken Unternehmen zu beobachten waren, fehlte eine Koordination der Planung und oftmals eine klare Kontrolle über die Planungsrichtlinien. Die gleiche Situation kann in anderen Bereichen eines Unternehmens, beispielsweise in der Produktion vorkommen, wenn mehrere Produktionsstätten bzw. mehrere Fabriken, die geographisch auseinanderliegen, koordiniert werden müssen. Fabriken am Ort der Zentralverwaltung arbeiten meistens eindeutiger nach der Vorstellung einer zentralen Produktionsplanung als Betriebe, die oft mehrere 100 km entfernt sind. Als Gründe für die Abweichungen werden oft andere lokale Verhältnisse genannt. Oft liegt die Ursache für den Alleingang einer von der Zentrale örtlich entfernten Betriebsstelle im Bestreben, effizienter arbeiten zu wollen, schneller reagieren zu müssen als der längere Dienstweg über die Zentrale im Rahmen einer Koordination aller Betriebsteile es erlaubt. Oft ist, so zeigen viele Beispiele kranker Unternehmen, die fehlende oder unzureichende Koordination zwischen den einzelnen Unternehmensteilen, die nicht am Ort der Hauptverwaltung liegen, der Grund für eine ungenaue Planung.

Es kommt durchaus vor, daß die Vorstellungen der Leitung einer Fabrik, die beispielsweise mehrere 100 km von der Hauptverwaltung entfernt ist, realistisch sind, daß aber bei fehlender Koordination die gesamte Produktionsplanung doch nicht dem Absatzziel richtig angepaßt ist. Fehler in der Planung und Planungskoordination werden als Ursache für eine Krise eines Unternehmens noch bedeutsamer, wenn der geographisch entfernte Unternehmensteil selbständig bilanziert. Die Bilanz eines solchen Unternehmensbereiches sowie dessen Planung muß eindeutig in das Gesamtbild des Konzerns eingeordnet werden. Denn auch ein untergeordneter Unternehmensbereich, der rechtlich und betriebswirtschaftlich selbständig ist, sollte laufend und übersichtlich in die Plandaten des Konzerns einbezogen werden können. Gerade in der letzten Zeit sind Fälle bekannt geworden, in denen die Planbilanzen von Großunternehmen falsch waren, weil Verluste in den selbständig bilanzierenden Unternehmensteilen nicht rechtzeitig erkannt wurden. Damit war aber die *gesamte Zahlenstruktur* des übergeordneten Unternehmens falsch, denn oftmals mußten Millionenverluste von einem selbständig bilanzierenden Tochterunternehmen unerwartet in die konsolidierte Bilanz übernommen werden. Zwar sind Konzerne durch Übernahme von

Verlusten durch Tochterunternehmen meist nicht in eine ernste Krise geraten, aber sie wurden doch aus dem wirtschaftlichen Gleichschritt mit vergleichbaren anderen Unternehmen gebracht.

Eine weitere wesentliche Ursache, warum eine Planung in einem Unternehmen falsch sein und zu einer Krise führen kann, liegt in der Nichtbeachtung des *Lerneffektes* von Menschen. Bei der wiederholten Durchführung einer Arbeit nimmt bekanntlich der zeitliche Aufwand pro Arbeit mit der Anzahl der Wiederholungen ab. Bei gleichen oder vergleichbaren Arbeiten wird also in der Zukunft, sofern die Arbeiten wiederholt durchzuführen sind, aufgrund dieses Lerneffektes viel weniger Zeit in der Planung veranschlagt werden müssen. Diese seit Jahrzehnten in Theorie und Praxis erkannten Lerneffekte und Auswirkungen des Lernens auf die Planung können insbesondere im Produktionsbereich eines Unternehmens gemessen und kontrolliert werden. Derartige *Lernprozesse* spielen aber in Zukunft auch für Mitarbeiter außerhalb der Produktion eine immer bedeutendere Rolle für die Vermeidung von Fehlplanungen und Krisen in Unternehmen.

Unter Lernprozessen verstehen wir hier nicht nur die individuellen Lernprozesse der Mitarbeiter, sondern vielmehr die kollektiven Lernprozesse aller Mitarbeiter in einem Unternehmen. Diese kollektiven Lernprozesse in Arbeitsgruppen sind bei einem entsprechenden *Führungsstil* ein Vielfaches der Summe der individuellen Leistungsgrade der einzelnen Mitarbeiter. Auch hier wird deutlich, wie bedeutsam ein richtiger Führungsstil in einem Unternehmen auch zur Vermeidung von Krisen ist. Bei einer Störung dieser menschlichen Lernprozesse unterbleibt nicht nur eine Anpassung an geänderte Verhältnisse am Markt, sondern das Unternehmen ist auch im Wettkampf mit der Konkurrenz nicht so stark und dynamisch.

Werden Lernprozesse in der Planung nicht beachtet, das heißt, es wird nicht berücksichtigt, daß gleiche oder vergleichbare Arbeiten mit der Anzahl der Wiederholungen jeweils mit einem geringeren Zeitaufwand durchzuführen sind, dann wird der erforderliche Aufwand an Arbeit und Kapital bezogen auf eine bestimmte Umsatzplanung viel zu hoch angesetzt. Dieser Effekt läßt sich am besten anhand eines praktischen Beispiels aus der Produktion veranschaulichen:

Bei der Fertigung eines elektromechanischen Produktes wurde bei den ersten 10 Stück, die als Nullserie bezeichnet wurden, festgestellt, daß im Mittel 740 Stunden erforderlich waren. Man schätzte, daß etwa 20 Prozent Stunden noch im Verlauf der nächsten 1.000 Stück eingespart werden können. Für das erste Jahr war eine Stückzahl von 800 einzuplanen. Die Kapazitäten an Raum, Persoanl, Produktionsausrüstung wurden deshalb für insgesamt 740 x 800 = 592.000 Stunden abzüglich 20 Prozent Reduzierung oder rund 118.400 Stunden für das gesamte nächste Jahr berechnet. Das ergab 592.000 ./. 118.400 = 473.600 Fertigungsstunden, auf deren Basis die monatlichen Kapazitäten an Personal, Fertigungsraum und Fertigungsausnutzung geplant wurden. Und diese Rechnung stimmt nicht. Die Folgen waren so verheerend, daß das Unternehmen in eine Krise geriet. Dazu kam noch eine wirtschaftliche Abschwächung im Jahre 1974 und 1975, so daß das Unternehmen an den Rand des Ruins kam und saniert werden mußte.

Mit der Berücksichtigung des *Lerngesetzes der Produktion* hätte die Planung genauer gemacht werden können, so daß eine falsche Planung als Ursache für die Krise in diesem Falle hätte ausgeschaltet werden können. Im folgenden skizzieren wir kurz für dieses elektromechanische Produkt die Planung der Produktion. Damit wird gezeigt, um wieviel die Produktionsplanung genauer geworden wäre:

Dieses elektromechanische Produkt hatte eine Lernrate von 80 Prozent. Wie dieses Lernrate ermittelt wird, kann hier aus Platzgründen nicht erläutert werden, sondern es wird auf die einschlägige Literatur verwiesen.[3] Auf der Basis der Fertigungsstunden der Nullserie von 740 Stunden kann mit der Lernrate von 80 Prozent nach der Lernkurvenkonzeption eine Lernkurve gezeichnet werden, die in Abbildung 1 wiedergegeben ist. Wie aus der Kurve hervorgeht, konnte bei diesem elektromechanischen Produkt angenommen werden, daß der Lernprozeß nach etwa 1.000 Einheiten abgeschlossen ist. Diese Zahl wurde bei der Produktion in diesem Unternehmen in der Praxis bestätigt. Auch die Schätzung dieser sogenannten Endstückzahl, das heißt, die Stückzahl, nach der der Lernprozeß in etwa abgeschlossen ist, kann hier nicht weiter beschrieben werden, sondern es wird hier nochmals auf die angegebene Literatur verwiesen. Aufgrund dieser Angaben kann mit der Lernkurvenkonzeption die Abnahme der Fertigungsstunden pro Stück oder insgesamt für eine bestimmte Losgröße usw. kurzum, alle Zusammenhänge zwischen Fertigungsstunden und Stückzahlen ermittelt werden. Die für die Fertigung von 800 Stück insgesamt aufzuwendenden Stunden ergaben sich bei diesem Produkt nach dem Lerngesetz der Produktion zu 352.832 Stunden. Wenn wir dazu die Fertigungsstunden vergleichen, die für die Produktionsplanung ohne Einbeziehung des Lerneffektes ermittelt wurden, so ergibt sich eine Differenz von 473.600 ./. 352.832 = 120.765 Stunden. Für diese Anzahl von Stunden wurden der Produktionsraum, das Personal und die Fertigungsausrüstung sowie das

---

3 W. Baur, Neue Wege der betrieblichen Planung, Heidelberg 1967.

entsprechende Kapital zu hoch eingeplant. Das war der Grund für die Krise dieses Unternehmens.

Abb. 1: Lernkurve bei der Herstellung eines elektromechanischen Produktes

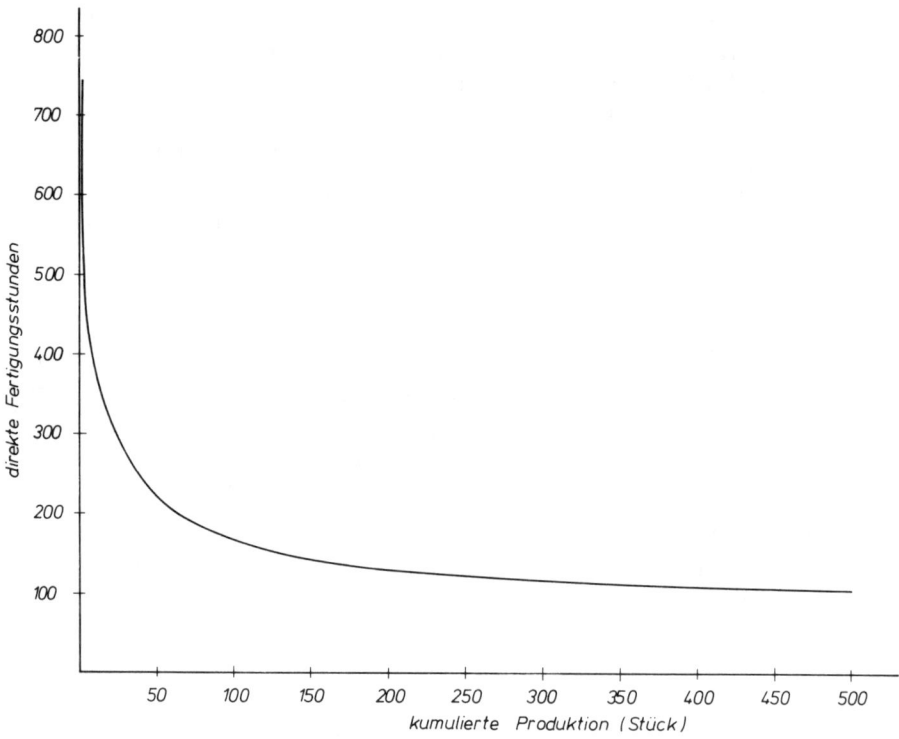

Gerade in mittleren Unternehmen macht sich die Nichtbeachtung dieser Lernprozesse stark bemerkbar, insbesondere bei der Einführung von *Innovationen.* Entweder können Innovationen nicht durchgeführt werden, weil die ohne Berücksichtigung des Lerngesetzes berechneten überhöhten Kosten die Finanzkraft des Unternehmens oft zu schwach erscheinen lassen. Auf der anderen Seite wird oft ein zu hoher Preis für neue Produkte oder neue Dienstleistungen angesetzt, der ein mittleres Unternehmen in eine tiefe Krise geraten läßt, sofern der Markt diesen Preis nicht akzeptiert. Denn oft wurden in derartige Projekte zur Entwicklung dieser Innovationen viele Gelder investiert.

Ein weiterer Grund für eine Krise kann neben der Nichtbeachtung der Lerneffekte darin liegen, daß zu viele Sicherheiten in die Planung eingebaut werden. Es gehört zu den Aufgaben des Managements, vor der Genehmigung jeder Planung zu prüfen, ob die Daten, auf denen diese aufbaut, realistisch oder überhöht sind. Die Einbeziehung von Sicherheiten in die Eingangszahlen der Planung ist menschlich verständlich: Die Mitarbeiter versuchen in Anbetracht der ständigen Kontrolle und unter dem Druck zur Einhaltung ihrer Budgets die Unsicherheiten, die in ihren Planzahlen enthalten sind, durch *Sicherheitspolster* zu berücksichtigen. Solche Schutzmaßnahmen werden normalerweise insbesondere bei Personalanforderungen eingeplant. Auch weiß man bei der Berechnung des erforderlichen Personals oft nicht, wie die Effizienz neu einzustellender Mitarbeiter sein wird. Deshalb wird in der betrieblichen Praxis oft automatisch mit einem Zuschlag gerechnet. Auch erhöht man häufig die Produktionskapazität, die Schrottrate, den Materialeinsatz, die Planung von Zeitabläufen für Rationalisierungs- und Entwicklungsprojekte mit einem Zuschlag für Unsicherheiten. Man rechnet, wie gesagt, in viele, wenn nicht gar in alle Daten der Planung gewisse Spielräume ein, um die Plandaten besser einhalten zu können.

Neben den Sicherheiten, die die vielen Unsicherheiten im wirtschaftlichen Geschehen berücksichtigen sollen, werden noch zusätzliche *individuelle Schutzschilder* in die Planung mit einbezogen, so daß die Plandaten unnatürlich überhöht werden. Die einzelnen Sicherheiten in der Planung summieren sich dann zu einer Gesamtsicherheit auf, die in der Gesamtplanung nicht mehr übersehbar ist.

Im einzelnen bedeutet dies beispielsweise, daß in der Unternehmensplanung der Zeitaufwand für die Erstellung der betrieblichen Leistungen viel zu hoch angesetzt wird. Damit ist die maschinelle Ausrüstung ebenfalls zu umfangreich geplant. Auch die Berechnung des Personals ist überhöht. Eine solche Planung mit derartig vielen Sicherheiten hat zur Folge, daß das Unternehmen unwirtschaftlich arbeitet. Auf der anderen Seite kommt konsequenterweise beim Erkennen dieser überhöhten Kosten ein überstarker Druck auf den Vertriebsbereich zu. Er wird gezwungen werden, wieder eine höhere und daher unrealistische Planung abzugeben, um durch einen gesteigerten Absatz in irgendeiner Weise die Erträge wieder mit den Kosten in Einklang zu bringen. Eine erhöhte Absatzplanung hat aber wieder Forderungen nach mehr Personal zur Folge. Der Leser wird hier kritisierend einwenden, daß eine Unternehmensleitung nicht so einfältig ist und glaubt, nur über einen höheren Umsatz eine ungünstige Gewinn- und Verlustrechnung wieder ins Lot bringen zu können. Selbstverständlich streiten wir nicht ab, daß bei zu hohen Kosten im Vergleich zu den Erlösen jedes Management versuchen wird, auch die Kosten zu senken. Aus unserer Erfahrung zeigt sich jedoch, daß in der Regel hauptsächlich bei kranken Unternehmen den Beteuerungen der Kostenstellenverantwortlichen mehr Glauben geschenkt wird als den Vorstellungen des Vertriebes über die Absatzchancen. Zahlreiche Beispiele von insolventen Unternehmen sind anschauliche Beweise dafür, wie unrealistisch hoch die Absatzplanungen oft waren und welch große Kosteneinsparungen auf der andere Seite im Unternehmen unbeachtet geblieben sind.

Aus diesen Ausführungen ergibt sich, daß es ein großer Fehler ist und der Grund für eine Krise sein kann, wenn das Management nicht zumindest einen Teil dieser *Sicherheiten aus der Planung* herausstreicht.

Selbstverständlich müssen gewisse Sicherheiten, wie oben aufgeführt, in der Planung enthalten sein, aber diese müssen dem Verantwortlichen der Planung detailliert vorgetragen werden. Trotzdem ist es Aufgabe des Vorsitzenden einer Geschäftsführung zu eruieren, wieviel Luft trotzdem in der Planung enthalten ist. Diese Pflicht ist unseres Erachtens nicht delegierbar, denn sie beeinflußt unmittelbar die Wirksamkeit der Maßnahmen des Top-Managements.

Der Vorstand und der Vorstandsvorsitzende müssen also ein Gespür dafür haben, an welcher Stelle in der Unternehmensplanung in den Planbilanzen usw. zu hohe Sicherheiten eingebaut sein könnten. Der Bereich Controlling hat dabei nicht nur alle Vorklärungen durchzuführen, sondern auch die interdependenten Wechselbeziehungen zwischen den Stellen der Planungsrechnung mit den zu hohen Sicherheiten herauszuarbeiten. Sie werden in vielen Unternehmen an den bekannten gleichen Stellen der Planung eingebaut. Ein Beispiel: Wenn die Kapazitätsberechnung im Oktober für das folgende Jahr aufgestellt wird, werden häufig die sich im 2. Halbjahr nach den laufenden Rationalisierungsvorhaben ergebenden Zeitreduzierungen in den Fertigungszeiten nicht mehr in der Planung berücksichtigt, um für das nächste Jahr eine gewisse Sicherheit in der Einhaltung des Kostenbudgets zu haben.

Weitere Beispiele sind: Es werden zu geringe Preissteigerungen der eigenen Produkte eingeplant; die der Einkaufsmaterialien werden zu hoch angesetzt.

Wir wollen an dieser Stelle nicht auf weitere in der betrieblichen Praxis immer wieder zu findenden Möglichkeiten eingehen, wie Sicherheiten in die Planung eingebaut werden können. Nach unserer Erfahrung aber muß der Vorsitzende der Geschäftsführung abschätzen können, welche objektiv und subjektiv enthalten sind, um die Planung in ihren Auswirkungen richtig einschätzen zu können.

Hat die Geschäftsführung die Luft aus der Planung herausgelassen und liegt also eine realistische vor, dann zeigt es sich in den meisten Fällen, daß der Plangewinn zu niedrig ist, um die Unternehmensziele zu erreichen. Deshalb ist es in der betrieblichen Praxis erforderlich, Ziele vorzugeben, um die Effizienz des Unternehmens zu steigern; oder anders ausgedrückt, Ziele sind zu setzen, um im Wettstreit mit konkurrierenden Unternehmen als das bessere hervorzugehen. Erst die Formulierung eines solchen *Zielsystems* bringt die Leistungsfähigkeit des Unternehmens auf ein Niveau, das mindestens dem anderer fortschrittlicher Unternehmen der Branche oder der Volkswirtschaft entspricht. Das bedeutet einmal, daß aus eigennützigen Überlegungen zur Besserstellung des eigenen Unternehmens Ziele gesetzt werden, die höher sind als die im Budget angegebenen Daten. Andererseits sind aber solche Ziele notwendig, um im harten Konkurrenzkampf mit anderen Unternehmen bestehen zu können. Gerade in der letzten Rezession hat sich gezeigt, daß Unternehmen, die keine klaren Zielsetzungen verfolgt haben, viel schneller in eine Krise geraten sind, als solche, die in ihren Zielvorstellungen zum Ausdruck brachten, besser sein zu wollen als die Konkurrenz.

In den meisten Unternehmen wird auf der Basis eines Vertriebsplanes für das folgende Jahr, der überwiegend im III. und IV. Quartal des laufenden Jahres aufgestellt wird, ein Produktionsplan für diesen Zeitraum errechnet. Beide Pläne sind die Grundlage für die weiteren Planungen, wie des Bedarfes an Räumlichkeiten, an maschineller Ausrüstung und an Personal im gesamten Unternehmen. Diese Bedarfsstruktur für das nächste Jahr ist auch die Grundlage für die Berechnung des erforderlichen Finanzvolumens. In den wenigsten Fällen ist der Vertrieb aber in der Lage, im III. Quartal des laufenden Jahres hinreichend genau vorzugeben, welche Produkttypen in welchen Mengen im nächsten Jahr abgesetzt werden können. In vielen Unternehmen, die in eine Krise geraten sind, hat man sich deshalb damit begnügt, nur eine Vertriebsumsatzplanung aufzustellen, ohne Bezug auf die zu verkaufende Menge. Welche Gefahr in einer solchen unscharfen Vertriebsplanung steckt und welche Ungenauigkeiten die Produktions- und Finanzplanung enthalten, wenn sich die Struktur der Verkaufspalette des Unternehmens ändert, ist vom Management dieser Firmen oft erst durch eine Krise des Unternehmens erkannt worden.

Eine ungenaue Vertriebsplanung ist selbstverständlich nicht allein auf die Unfähigkeit oder Unwilligkeit der Verkäufer zurückzuführen, sich in die Vorstellungen der Abnehmer hineinzudenken. Vielmehr ändert sich der Markt und das Verhalten der Verbraucher mehr oder weniger stark von Zeit zu Zeit. Auch die Konkurrenzunternehmen variieren ihr Verhalten, so daß in jedem Jahr Bewegung in die Absatzstruktur eines Unternehmens kommen kann. Auch bei Investitionsgütern, die eine längere Lieferzeit haben, wirkt sich das Verhalten der Kunden erst kurz vor Beginn der Lieferzeit zu bestellen, ungünstig auf eine genaue Vertriebsplanung aus. Da die Lieferantenseite immer mehr dazu übergeht, beim Abschluß eines Kaufvertrages mehr als ein Drittel des Preises zu verlangen, wird der Kunde versuchen, möglichst spät einen Auftrag zu erteilen.

Man darf also nicht annehmen, daß auch mit relativ gut gegliederten Absatzplänen, die im III. Quartal des laufenden Jahres für das folgende Jahr aufgestellt werden, alle Probleme gelöst sind, um aus der Sicht der Planung eine Krise zu vermeiden. Vielmehr muß eine *Feinplanung,* das heißt, eine laufende Abstimmung des Jahresgrobplanes an die Veränderung des Marktes, an die Schwierigkeiten im Unternehmen, an die Schwierigkeiten auf der Beschaffungsseite usw. erfolgen. Oft hat sich in wirtschaftlich notleidenden Unternehmen gezeigt, daß diese Anpassung der Produktion an die Veränderungen des Absatzes immer dann nicht ernst genommen wurde, wenn der Produktionsvorstand oder der Geschäftsführer für diesen Bereich in der Geschäftsleitung einen zu starken Einfluß hatte.

Diese Anpassung bedeutet aber nicht die Verwirklichung aller Kundenwünsche, sondern ein Mitgehen des Unternehmens mit den strukturellen Absatzschwankungen, und zwar nur so weit, als Gewinn- bzw. Deckungsbeiträge auf längere Sicht so erwirtschaftet werden, wie in der Unternehmensplanung festgelegt ist. Das bedeutet, daß in manchen Fällen auf Umsätze bzw. auf Aufträge verzichtet werden muß. Gerade im kranken Unternehmen wird eine solche Einstellung oft belächelt, weil ausschließlich ein Umsatzdenken vorherrscht. Im Rahmen dieser Ausführungen über die Fehlermöglichkeiten bei der Produktionsplanung muß noch auf eine in der Praxis weit verbreitete falsche Vorstellung hingewiesen werden:

Kann im Produktionsbereich wegen *Schwierigkeiten in der Fertigung* selbst oder wegen *Schwierigkeiten auf der Beschaffungsseite* der Ausstoß nicht in der geplanten Höhe erfolgen, so darf die Produktionsleitung nicht, basierend auf dem festgelegten Produktionsplan allein entscheiden, welche Produkte als Ersatz vorgezogen werden. Vielmehr muß der Vertrieb mit bestimmen, welche Kunden bzw. Kundengruppen bei der Umstellung des Produktionsfeinplanes bevorzugt werden. Der Grund liegt auf der Hand: Können Produkte wegen Fertigungsschwierigkeiten nicht ausgeliefert werden, so werden, falls keine Lagerhaltung für solche Fälle vorgesehen ist, Kunden verärgert. Fertigt man anstelle dieser Produkte andere, die später im Produktionsplan enthalten sind und nicht solche Produkte, die zum Zeitpunkt der Schwierigkeiten in

46

der Produktion zu hohe Lieferzeiten haben, dann steigt die Anzahl der verärgerten Kunden. Auch hier muß wieder darauf hingewiesen werden, daß es Unternehmen gibt, in denen der hier beschriebene Sachverhalt nicht zutrifft oder in denen aufgrund der Produktionsstruktur eine solche Einmischung des Vertriebes in die Produktion falsch wäre. Wie wir im Vorwort dieses Erfahrungsberichtes betont haben, handelt es sich bei diesen Ausführungen um Erkenntnisse, die in der betrieblichen Praxis in Europa gesammelt wurden, und die den Leser anregen sollten, darüber nachzudenken, ob solche Fälle in seinem Unternehmen vorkommen und wie eventuelle Schwierigkeiten dieser Art abgestellt werden können.

Oftmals wird in der Planung auch der Fehler gemacht, daß nicht überprüft wird, ob die Beschaffungs- und Absatzseite nur auf einige oder wenige Lieferanten bzw. Abnehmer zugeschnitten ist. Viele Krisen sind im Unternehmen durch eine solche zu starke Abhängigkeit auf einige wenige Wechselbeziehungen zu den Absatz- und Beschaffungsmärkten entstanden.

Häufig werden bei der Planung der Produktionsausrüstung moderne und technisch großartige Maschinen angeschafft, die bei einem konjunkturellen Umschwung aber zu hohe fixe Kosten verursachen. Die Fertigung wird dann zu starr. Bei Anschaffung von *Spezialmaschinen* ist immer zu bedenken, daß bei Kurzarbeit die hohen Abschreibungen nicht reduziert werden können. Dazu kommt noch, daß die hoch automatisierten Fertigungseinrichtungen nur von wenigen Mitarbeitern bedient werden, so daß auch von dieser Seite her eine Verringerung der fixen Kosten in Rezessionsphasen kaum möglich ist. Auf der anderen Seite verursacht eine weniger *automatisierte Fertigungseinrichtung,* zu deren Bedienung mehrere Mitarbeiter erforderlich sind, bei Kurzarbeit neben der Schrumpfung der Produktionskapazität weniger Kosten. Denn die fixen Kosten der weniger automatisierten Maschinen sind wegen der niedrigeren Anschaffungskosten geringer. Auch kann für die Mitarbeiter, die zur Bedienung dieser Maschine eingesetzt sind, Kurzarbeit angeordnet werden. Die Gesamtkosten in der Produktion sind deshalb in einer Rezession in diesem Falle wesentlich niedriger als bei einer Spezialmaschine oder bei einer hochautomatisierten Fertigungseinrichtung.

Die häufigsten Fehler unterlaufen bei der Planung von Fertigwarenlägern und der Produktionsmaterialien. Im Rahmen eines wirtschaftlichen Aufschwungs treten oft Engpässe auf der Beschaffungsseite eines Unternehmens auf. Als Folge davon wird ein zu hoher Lagerbestand eingerichtet, um die Produktion im größeren Maße abzusichern. Im gleichen Umfang werden die Fertigwarenläger aufgebaut, um den Kundenwünschen schneller gerecht zu werden. Ein *überhöhter Lagerbestand* bringt aber nicht nur höhere fixe Kosten und bindet Kapital, sondern es besteht auch die Gefahr, daß bei einem wirtschaftlichen Umschwung die zu hohen Lagerbestände nicht abgebaut werden können. Liegen die Fertigprodukte bzw. Produktionsmaterialien zu lange, so kann sich durch die Änderung der Absatzstruktur die ursprünglich richtige *Sortierung des Lagers* als falsch erweisen. Es müssen dann viele Fertigprodukte bzw. Produktionsmaterialien unter Herstellkosten verkauft oder sogar verschrottet werden. In den meisten Fällen, in denen kranke Firmen saniert werden mußten, ist die Lagerwirtschaft erschreckend falsch gehandhabt worden. Die Lagerbestände waren überhöht und die Läger waren falsch sortiert. Wir werden bei der Beschreibung der Sanierungsmaßnahmen in Kapitel 5 noch näher hierauf eingehen.

In vielen mittleren Unternehmen wird oft vergessen, daß nicht nur die Mengenstruktur des Absatzes und die daraus resultierende Erlösstruktur geplant werden muß, sondern zur Planung gehört auch die Vorschau, wieviel Geldmittel zu jedem Zeitpunkt benötigt werden und deshalb verfügbar sein müssen. Im amerikanischen Sprachgebrauch spricht man in diesem Zusammenhang vom sogenannten *Cash-Management,* im Deutschen heißt dies Liquiditätsplanung. Diese sogenannte Bargeldplanung ist genauso wichtig wie die Gewinnplanung. Denn häufig sind schon Unternehmen den Weg in die Krise gegangen, obwohl sie über gewinnträchtige Produkte verfügten, weil ihre Liquidität unzureichend war.

Im Rahmen der *Liquiditätsplanung* nehmen die Zahlungsein- und -ausgänge eine wichtige Rolle ein. Ist eine solche Bargeldplanung nicht vorhanden, so kann plötzlich die Situation eintreten, daß wegen Illiquidität ein Konkurs angemeldet werden muß, obwohl nach der Vollkostenrechnung Gewinne gemacht werden. Auch ist oft die Liquiditätsplanung nicht klar genug, so daß die Gefahr besteht, daß es laufend zu *Kreditüberschreitungen* kommt. In schwerwiegenden Fällen können die Kreditinstitute nicht mehr gewillt sein, die von einem Unternehmen ausgestellten Schecks einzulösen. Eine falsche Liquiditätsplanung hat meistens überhöhte Kredite zur Folge, die in der Regel immer mit überhöhten Kosten verbunden sind. Diese stehen aber in keinem Verhältnis zu den viel geringeren Kosten einer Liquiditätsplanung. Dazu gehört ebenfalls ein gut funktionierendes Mahnwesen. In einem zu sanierenden Unternehmen war beispielsweise das *Mahnwesen* so schlecht, daß vergessen wurde, säumige Kunden anzusprechen. Es gab sehr viele Rechnungen, die einfach unbezahlt blieben und zum Schluß auch nicht mehr von den Kunden bezahlt werden konnten, weil diese inzwischen Konkurs angemeldet hatten. Ein solches Verhalten des Unternehmens sprach sich bei den Kunden herum, so daß mehrere Kunden Rechnungen nicht bezahlten, sondern es auf eine Mahnung ankommen ließen. Da dies in vielen Fällen überhaupt nie geschah, wurde der Verlust des kranken Unternehmens noch größer.

Im Rahmen der Einhaltung der Gewinnplanung darf in der betrieblichen Praxis jedoch nicht nur an die Absatzplanung und an die davon abgeleitete Produktionsplanung und Liquiditätsplanung gedacht werden, sondern ebenso wichtig ist die Planung von Projekten zur Kostensenkung und Rationalisierung. Wie schnell ein Unternehmen in eine Krise geraten kann, wenn Rationalisierung und Kostensenkung nicht ernst genommen werden, zeigt folgendes Beispiel: Ein Unternehmen verkaufte Produkte auf einem Markt mit atomistischer Konkurrenz. Ein solcher Markt reagiert bekanntlich auf kleine Preiserhöhungen derart sensibel, so daß die Kunden im verstärkten Maße zur Konkurrenz abwandern. In dem Unternehmen unseres Beispieles hatte man infolge ungenügender Planung von Rationalisierungsvorhaben und von Kostenreduzierungen nicht verhindern können, daß die Kosten im Unternehmen stärker angestiegen sind als bei Konkurrenzunternehmen. Da die Geschäftsleitung jedoch an dem geplanten Deckungsbeitrag bzw. Gewinn dieser Produkte festhalten wollte, war es erforderlich, infolge der gestiegenen Kosten die Preise anzuheben. Als Folge gingen die Verkäufe zurück. Da nun die Unternehmensleitung weiter dabei blieb, denselben Deckungsbeitrag bzw. Gewinn zu fordern, mußten die erhöhten Kosten pro Stück, die ausschließlich infolge der geringeren Stückzahlen weiter angestiegen waren, wieder durch erhöhte Preise ausgeglichen werden. Die Konsequenz war ein weiterer Absatzrückgang, der zu einer solch tiefgreifenden Krise in diesem Unternehmen geführt hat, daß es fast zu einem Konkurs geführt hätte.

Alle hier beschriebenen Planungsfehler sind in Unternehmen in Europa festgestellt worden, die saniert werden mußten. Mancher Leser, der in einem gut geführten Unternehmen tätig ist, wird es kaum für möglich halten, daß derartige Fehler gemacht werden. Wer aber Sanierungen in Unternehmen durchgeführt hat weiß, wie einfache und selbstverständliche Beziehungen gerade im Bereich der Planung nicht beachtet oder nur oberflächlich in die Betrachtung einbezogen werden. Die laufend ansteigende Zahl von Firmen, die in Not geraten, die zu sanieren sind oder die den Konkurs anmelden müssen, zeigt, daß derartige Fehler nicht nur in der Vergangenheit gemacht wurden, sondern genauso heute vorkommen. Auch die Rezession in den Jahren 1974/1975 hat nicht bewirkt, daß in allen Unternehmen richtige Planungsmodelle praktiziert werden. So werden auch in der Zukunft derartige Fehler nicht auszuschließen sein und deshalb auch weiterhin zu den Gründen für eine Unternehmenskrise gehören.

2.4 Die Kontrolle, ein Element der Motivation und Strategie

Planung ohne *Kontrolle* ist sinnlos. Vielmehr ist es notwendig, daß bei der Festlegung von Planzahlen zugleich mit angegeben wird, mit welchen Methoden diese Plandaten kontrolliert werden sollen. Das ist eine Binsenweisheit. Trotzdem wird in der betrieblichen Praxis sehr oft gegen diese an sich selbstverständliche Forderung verstoßen, wie zahlreiche Insolvenzfälle zeigen. Aber auch, wenn Kontrollfunktionen in einem Unternehmen praktiziert werden, besteht aus Erfahrung Anlaß, auf deren häufige Fehlerhaftigkeit hinzuweisen.

Einer der wesentlichsten Fehler im Rahmen der *Kontrollfunktion* eines Unternehmens kann in der fehlenden oder falschen Überwachung der Leistungseffizienz der einzelnen Mitarbeiter liegen. In diesem Zusammenhang verstehen wir unter Kontrolle nicht, daß man Mitarbeiter etwa wie ein Kind ständig überwacht. Wir verstehen unter einer sinnvollen Kontrolle einen konstruktiven und innovativen Lernprozeß bei dem eine durchzuführende Arbeit vom Vorgesetzten oder von der Arbeitsgruppe von Zeit zu Zeit mit dem gesteckten Ziel verglichen wird, Abweichungen festzustellen, und diese mit neuen Ideen und Impulsen zu korrigieren. Dieser *Lernprozeß,* ein *Regelkreis* zwischen Aufgabenbeschreibung, Durchführung und Abstimmung mit angrenzenden, übergeordneten und untergeordneten Aufgaben, ist die richtige konstruktive Mitarbeiterkontrolle.

Gerade in kranken Unternehmen wird diese nicht praktiziert, sondern es wird oft die laufende Bevormundung und Störung durch den Vorgesetzten darunter verstanden. In den direkten Bereichen der Produktion sind in gesunden Unternehmen oft klar umrissene Standards, wie zum Beispiel Materialverbrauch-Standards, Standards für Betriebsmitteleinsatz, Zeitstandards usw. mit der bei Technikern üblichen Klarheit weitestgehend festgelegt. Fehlen derartige *Standards,* dann kann keine echte Kontrolle in der Produktion erfolgen. Sie müssen andererseits aber von Zeit zu Zeit, normalerweise jedes Jahr einmal, überprüft werden, ob sie noch dem aktuellen Stand entsprechen. In vielen kranken Unternehmen gibt es heute derartige Standards noch nicht, sondern es werden Verhältniszahlen zur Kontrolle verwendet, die in der Vergangenheit aufgestellt und seit Jahren nicht mehr analysiert wurden. Selbst bei gut gehenden Firmen sind die Vorgabezeiten oftmals 2 bis 3 Jahre alt. Liegen die Abweichungen zwischen dem Soll und den Ist-Werten laufend über 5 Prozent, so sollten die Standards selbst im Laufe eines Jahres auf den neuesten Stand gebracht werden, um aktuellere Informationen zur Verfügung zu stellen.

In vielen Unternehmen fehlen noch heute Standards für den Verwaltungs- und Dispositionsbereich. Gerade aber in diesen Bereichen muß genauso kontrolliert werden wie im direkten Bereich. Eine Kontrollfunktion kann aber nur dann ausgeübt werden, wenn vorher meßbare Vergleichsgrößen festgelegt worden sind. Man kann beispielsweise nur dann erfahren, ob zu viele Mitarbeiter in der Verwaltung eines Unternehmens beschäftigt sind, wenn bekannt ist, wie viele Tätigkeiten welcher Art in diesen Abteilungen durchzuführen sind und mit welchen Zeitstandards pro Beschäftigungsart gerechnet werden muß. Ohne Kontrolle der Mitarbeiter in den indirekten Abteilungen, und zwar weniger nach der Lohn- und Gehaltssumme, sondern klar und übersichtlich nach der Anzahl der Mitarbeiter, wird nach dem Parkinsonschen Gesetz die Verwaltung immer kopflastiger. Beweise für die Notwendigkeit des Bedarfes einer immer größeren Anzahl von Mitarbeitern in der Verwaltung gibt es in jedem Unternehmen und wird es immer geben. Das bedeutet, daß in schlecht geführten Unternehmen die Begründungen für einen weiteren Personalbedarf in den Verwaltungsstellen immer zu oft akzeptiert werden, so daß die sogenannten *Overheads* immer größer werden. In der Regel arbeitet man unwirtschaftlich, wenn die Kosten der Verwaltungsstellen zu hoch sind. In kranken Unternehmen wird oft die Forderung erhoben, die Kontrolle dadurch zu verbessern, daß mehr Statistiken, Berichte und Informationen erarbeitet werden. Diese Flut von Papieren erfordert aber wiederum entsprechend mehr Personal. In einem zu sanierenden Unternehmen konnten nach einer Analyse allein 30 Prozent der Kontrollberichte und Statistiken eingespart werden, weil sie überflüssig waren und von niemandem gelesen wurden. Diese wurden von 5 Mitarbeitern in der betriebswirtschaftlichen Abteilung durchgeführt. Die Mitarbeiter konnten freigesetzt werden und standen für andere wirtschaftlich sinnvollere Arbeiten zur Verfügung.

Die *Effizienz der Kontrolle* im Unternehmen ist nicht allein abhängig von der Anzahl der Mitarbeiter, die die Kontrollfunktion ausüben, sondern sie ist eine Frage der Methodik. In der betrieblichen Praxis sollte nur mit einem wirtschaftlich vertretbaren Aufwand kontrolliert werden, denn die Kontrolle kostet ebenso Geld wie jede andere Arbeit, die in einem Unternehmen durchgeführt wird.

Wenn Fehler in der Kontrollfunktion eines Unternehmens beschrieben werden, so darf nicht die *Motivation* der einzelnen Mitarbeiter, die eine sehr wesentliche Rolle spielt, außer acht gelassen werden. Die Kontrolle der anderen, aber auch die Selbstkontrolle, kann nur dann optimal sein, wenn die Mitarbeiter entsprechend motiviert sind bzw. es werden. Wenn die Mitarbeiter Interesse an ihrer Arbeit und am Unternehmen haben, dann werden sie, ob sie nun eine Kontrollfunktion ausüben oder nicht, einmal sich selbst besser kontrollieren und zum anderen den Kollegen öfter darauf aufmerksam machen, wenn etwas außer Kontrolle zu geraten scheint. Sie werden also indirekt im freundschaftlichen Sinne auch die anderen mitkontrollieren. Man fragt dann nicht mehr nach einer Hohl- oder Bringschuld für die Beschaffung einer Information, sondern man gibt dem anderen freiwillig Informationen, damit er seine Arbeit besser ausführen kann. In kranken Unternehmen kann man oft nicht mehr von einer Motivation durch das Management sprechen, die die Grundlage für eine solche Atmosphäre im Unternehmen ist, sondern nur noch von einer Demotivation, die bewirkt, daß die Kontrolle höchstens noch nach dem Motto *„Dienst nach Vorschrift"* durchgeführt wird. Auf diesen Sachverhalt der Demotivation gehen wir in Abschnitt 2.6 noch näher ein.

Im Zusammenhang mit der Darstellung von Fehlern in der Ausübung der Kontrollfunktion eines Unternehmens, die zu einer Krise führen können, müssen wir auf diese menschlichen Momente hinweisen, weil hier oft die indirekte Ursache für eine Krise liegt. In der praktischen Arbeit der Sanierung zeigt sich diese Ursache meist nur in kleineren Vorkommnissen. Die einen Mitarbeiter fragen in solchen Fällen zu oft nach einer Vorschrift, andere legen die bestehenden Vorschriften zur Kontrolle zu eng, dritte zu weit aus. Es ist einleuchtend, daß ein Unternehmen dann in eine Krise gerät, wenn die Kontrolle von den Mitarbeitern innerlich nicht gefördert und teilweise sichtbar durch ein entsprechendes Verhalten sogar gestört wird.

Diese Funktion erstreckt sich nicht nur auf Arbeiten, sondern zu ihr gehört auch die Kontrolle von Informationen, die von außerhalb des Unternehmens kommen. Hierbei ist besonders die Frage nach dem Wohlergehen von Kunden und Lieferanten zu erwähnen. Verzichtet beispielsweise ein Zulieferant auf den Abzug von Skonti, dann besteht die Wahrscheinlichkeit, daß er sich in einer Krise befindet. Sind nun aber die Produkte dieses Lieferanten wichtig für die eigene Produktion, so kann dessen wirtschaftlicher Zusammenbruch das eigene Unternehmen in seiner Aktivität wesentlich stören oder sogar eine wirtschaftliche Krise auslösen. Es gibt Beispiele, in denen solide Firmen durch Insolvenz eines Zulieferanten ebenfalls in den Konkurs gegangen sind oder ein Vergleichsverfahren eröffnet werden mußte.

Zu der Kontrollaufgabe gehört auch die laufende Überprüfung, ob die Preise und deren Politik auch marktgerecht sind. Bei Produkten, die marktführend sind, werden häufig aus Bequemlichkeitsgründen die Preise laufend erhöht, um die Gewinne zu steigern. Bei einem geringen Konkurrenzdruck wird häufig versäumt, die Herstellungs- und Vertriebsmethoden zu rationalisieren. Der bequemste Weg, um jedes Jahr die Gewinnziele überzuerfüllen, ist eben, in solchen Fällen die Preise laufend zu erhöhen. Die Folge dieser Politik ist, daß die Konkurrenz sich viel stärker bemüht, auf den Markt zu kommen. Da diese leicht abschätzen kann, welche Herstell- und Vertriebskosten das Konkurrenzprodukt belasten, wird sie auch leicht ermitteln können, welch großer Deckungsbeitrag es erbringt. Es ist dann nur noch eine Frage der Zeit, wann die Konkurrenz mit einem ähnlichen Produkt auf den Markt kommt. Selbst wenn ersteres mit Patenten abgesichert ist, besteht diese Gefahr weiter, weil jedes Patent zu umgehen ist. Durch eine derartige falsche Preispolitik macht sich das Unternehmen selbst Schwierigkeiten, weil der Absatz durch den verstärkten Konkurrendruck härter wird.

Es ist auch menschlich verständlich, daß sich bei Produkten, die jahrelang konkurrenzlos auf dem Markt waren, gewisse *Bequemlichkeiten in der Produktion* und im *Vertrieb* breitmachen. Häufig erwacht man aus dieser *Lethargie* erst dann, wenn die Konkurrenz schon sehr stark geworden ist. Die Konkurrenz kann in diesen Fällen Substitutionsprodukte meistens zu einem niedrigeren Preis auf den Markt bringen, weil sie oft mit moderneren technischen Verfahren und unter Umständen rationeller fertigt. Auch ein solches Überholtwerden von der Konkurrenz war sehr oft die Ursache für eine Krise in einem Unternehmen. Selbst wenn man ein konkurrenzloses Produkt produziert, muß man ständig an der Reduzierung der Kosten arbeiten und darf nicht das Augenmaß für die Höhe des Preises verlieren, um die Konkurrenz nicht zu sehr darauf aufmerksam zu machen.

Wie aus unseren bisherigen Ausführungen über Fehler in der Kontrollfunktion, die häufig zu Krisen in Unternehmen geführt haben, hervorgeht, verstehen wir den Begriff der Kontrollfunktion sehr breit. Sie ist danach jegliche Art von Kontrolle in allen Bereichen des Unternehmens. Das bedeutet, daß überall dort kontrolliert werden muß, wo Zahlen festgelegt werden, auf denen unternehmerische Entscheidungen für die Gegenwart und für die Zukunft aufbauen. Dabei ist die Kontrolle nicht nur auf Zahlen aus dem Unternehmen selbst beschränkt, sondern auch auf Zahlen, die aus der Umwelt des Unternehmens stammen.

Eine wesentliche Aufgabe im Rahmen der so breit definierten Kontrollfunktion in einem Unternehmen kommt dem *Controlling* zu. Obwohl der Begriff des Controllings nach vielen Definitionen breit gefaßt ist, umfaßt er keineswegs alle Gebiete eines Unternehmens, in denen die in diesem Abschnitt dargestellte Kontrollfunktion angewandt werden muß. Denn das Controlling ist auf dem kaufmännischen Bereich beschränkt.[4]

Die *Qualitätskontrolle* oder die *Qualitätssicherung* gehören, um nur einige Beispiele zu nennen, nicht zum Aufgabenbereich des Controllers, der im wesentlichen von der finanziellen Seite her die Kontrollfunktion im Unternehmen inne hat. In allen Unternehmen, die in einer Krise sind bzw. waren, zeigt sich sehr deutlich, daß die Arbeit des Controllers entweder überhaupt nicht oder nur teilweise und oberflächlich durchgeführt wurde. Meistens stand die Funktion des Controllers nur auf dem Papier. Ein Unternehmen aber, in dem sie nicht richtig wahrgenommen wird, gerät früher oder später in eine Krise.

Zu den Kontrollfunktionen in einem Unternehmen gehört insbesondere die Gegenüberstellung der Ist-Zahlen und der Planzahlen und die Analyse, warum die Ist-Zahlen von den Plan-Zahlen abweichen. Unter „Zahlen" verstehen wir hier alle Arten von Einheiten, wie Geld, Menge, Zeiten usw., die in der Unternehmensplanung vorkommen. Mit solchen *Soll-Ist-Vergleichen* werden Grundlagen geschaffen, um die Planung immer genauer zu machen. Im vorhergehenden Abschnitt hatten wir bereits ausgeführt, daß es sehr kostspielig ist und ein Unternehmen unwirtschaftlich macht, wenn zuviel Luft in den Plandaten enthalten ist. Es wird zuviel Raum, zuviel Personal, zuviel Geschäftsausstattung usw. für nötig erachtet. Auch hier zeigt sich wieder, wie verheerend die Folgen einer ungenügenden Kontrolle sind. Man ist erstaunt, wie wenig dies in Unternehmen, die zu sanieren sind oder die in Konkurs geraten sind, beherzigt wird und wurde. Dabei steigt die Zahl der Insolvenzen noch laufend an.

Die Kontrollfunktion in der hier sehr weitgefaßten Beschreibung und Abgrenzung muß ebenso die Kontrolle von Policies und *Strategien* umfassen und deren Richtigkeit laufend überprüfen. Ein Beispiel aus dem Marketing-Bereich möge dieses verdeutlichen:

In einem Unternehmen der Konsumgüterbranche in Europa war jahrelang der Absatz zufriedenstellend. Man hatte festgestellt, daß eine di-

4 Eine der besten Veröffentlichungen über den Controller sind die Bücher von A. Deyhle. In Controller-Praxis von A. Deyhle, München, 3. Aufl. 1975, ist der Controller anschaulich als betriebswirtschaftlicher Lotse beschrieben.

rekte Abhängigkeit zwischen dem Anfall der Werbeveröffentlichungen und dem Absatz bestand. Statistisch sah das so aus, daß etwa 3 Prozent der Erlöse für diese Veröffentlichungen ausgegeben wurden. Von der Unternehmensleitung wurde deshalb eine Policy herausgegeben, in der festgelegt wurde, daß 3 Prozent des monatlichen Umsatzes vom Vertrieb für Werbung ausgegeben werden konnte. Man hatte also die Ausgaben dafür fest mit den monatlichen Erlösen gekoppelt. Unabhängig von der Werbung, sondern durch andere Markteinflüsse ging bei diesem Unternehmen der monatliche Absatz zurück. Entsprechend der festgelegten, oben beschriebenen Policy durfte aber nicht mehr so viel Geld für die Werbung ausgegeben werden. Das hatte zur Folge, daß die Erlöse noch stärker zurückgingen. Das wiederum bedeutete, daß noch weniger Geld für die Anzeigenkampagnen für Preisausschreiben, für Rundfunk- und Fernsehwerbung usw. zur Verfügung standen. Es war eine Kette ohne Ende, die in einer Krise des Unternehmens mündete.

Auch hier muß deutlich zum Ausdruck gebracht werden, daß dies kein theoretisches Beispiel, sondern ein Fall aus der betrieblichen Praxis aus Europa ist. Das Aufstellen von Policies und strategischen Plänen ist notwendig und lebenswichtig. Doch ein zu starres Festhalten oder gar eine zu enge Abgrenzung oder eine zu starre Abhängigkeit einer Policy von Zahlen oder Zahlenrelationen kann tödlich sein. Solche Fehler geschehen häufig in solchen Unternehmen, in denen das Aufstellen von Policies und strategischen Planungen nicht verstanden wird, sondern nur deshalb gemacht wird, um wenigstens auf dem Papier ein modernes Management zu praktizieren. Ein Studium von Insolvenzfällen verdeutlicht, wie schlecht viele Betriebe geplant, kontrolliert und gemanaged werden. Das *Rechnungswesen* wird oftmals seiner Kontrollfunktion nicht gerecht und ist damit auch kein Führungsinstrument für die Unternehmensleitung. In diesem Bereich wird oft nicht darauf geachtet, daß die Zahlen im Unternehmen richtig abgegrenzt sind. Auch ist für die Kontrolle der betrieblichen Zahlen wichtig, ob nicht irgendwelche Saldierungen vorgenommen wurden, die zwar betriebswirtschaftlich zulässig, aber für die Analyse irgendeines Wertes hinderlich sind. Das Rechnungswesen muß also nicht nur Zahlen liefern und erklären, daß etwas ist, sondern es muß auch Angaben darüber machen, warum eine Zahl, warum eine Situation gut oder schlecht ist. Es genügt also nicht nur festzustellen, daß beispielsweise ein Personalbudget überschritten ist, etwa aufgrund von Lohn- und Gehaltssteigerungen, von Tarifabschlüssen, von Beförderungen oder aufgrund von Personal-Mehreinstellungen usw. Das bedeutet, daß das Rechnungswesen die Budgetzahlen für den Kostenstellen-Verantwortlichen trennen muß in Größen, die von ihm beeinflußbar und die nicht beeinflußbar sind. Solche an sich selbstverständlichen Differenzierungen werden in kranken Unternehmen oft nicht durchgeführt und haben zur Folge, daß Kostenstellen-Verantwortliche zur Rechenschaft gezogen werden für Entwicklungen von betrieblichen Zahlen, die sie nur zu einem geringen Teil beeinflussen konnten. Solche unklaren Aussagen des Rechnungswesens verunsichern nicht nur die Führungskräfte, sondern zwingen sie auch, – wie in der Praxis häufig zu beobachten ist – eine eigene Buchhaltung und Rechnung aufzustellen, um sich rechtfertigen zu können. Damit werden sie aber wieder von ihrer eigentlichen Arbeit ferngehalten.

Die *Vorkalkulationen* sollten doch mit den *Nachkalkulationen* übereinstimmen. Häufig werden Nachkalkulationen viel zu spät durchgeführt. Auch Änderungen der Vorgabezeiten der Fertigung werden manchmal erst Jahre nach der Einführung sowohl in der Vor- als auch in der Nachkalkulation berücksichtigt. Kontrolle umfaßt in diesem Zusammenhang auch die Verantwortung, daß die Aktualität des Ist-Zustandes eines Unternehmens in der Planung berücksichtigt wird.

Zur Kontrollfunktion gehört auch, daß man Techniken schafft, die die gesamte Kontrollarbeit übersichtlicher und einfacher gestalten. In der heutigen vielschichtigen Ablaufsystematik in einem Unternehmen ist die Kontrollfunktion sehr komplex. Sie kann aber nur dann schlagkräftig sein, wenn sie übersichtlich und klar die Abweichungen darstellt und begründet.

Eine sehr wichtige Kontrollfunktion stellt auch die *Qualitätssicherung* dar. In ein Produkt kann keine Qualität hineinkontrolliert werden, sondern die Qualität entsteht am Arbeitsplatz. Auch ist es wirtschaftlicher, wenn ein fehlerhaftes Teil am Orte der Fehlerentstehung erkannt und ausgesondert wird, als daß das qualitativ schlechte Teil weiterverarbeitet und das Endprodukt vom Kunden reklamiert wird. Die Kosten, die für Ersatz oder Ausbesserung entstehen, bilden eine Pyramide: Die geringsten Kosten entstehen dann, wenn schlechte Qualität am Arbeitsplatz entdeckt wird. Die höchsten ergeben sich, wenn die Produkte vom Kunden reklamiert werden. In solchen Fällen können die Kosten der Beseitigung eines Qualitätsmangels ein Vielfaches der eigentlichen Herstellkosten des Produktes ausmachen. Am ökonomischsten werden bei der Qualitätskontrolle neben den *Soll-Ist*-Vergleichen *selbstkontrollierende Regelkreise* in den Informationsfluß so eingebaut, daß fehlende oder unklare Informationen automatisch aufgedeckt werden. Eine ungenügende Qualitätssicherung hat schon manches Unternehmen in Schwierigkeiten gebracht, die nur schwer zu beseitigen waren, weil die Unzufriedenheit der Kunden zu tief verwurzelt war. Bei solchen Unternehmen, bei denen die Kundenunzufriedenheit ein wesentliches Moment für die Krise darstellt, ist die Sanierung schwierig und langwierig, weil der Kunde erst wieder Vertrauen in dessen Produkte gewinnen muß.

2.5 Die Qualifikation der Mitarbeiter muß stimmen

Ein weiteres großes Gebiet, auf dem viele Fehler gemacht werden können, die Ursache für eine Krise in einem Unternehmen sind, ist das Gebiet der *Mitarbeiter-Qualifikation.* Die Forderung „den richtigen Mitarbeiter am richtigen Arbeitsplatz" ist zwar bekannt und gilt in allen Unternehmen als oberstes Prinzip, aber die Praxis sieht anders aus. Oft ist der Beweis für eine ungenügende Qualifikation eines Mitarbeiters nicht eindeutig zu erbringen, insbesondere dann nicht, wenn der oder die Vorgesetzten ebenfalls ihre Funktion nicht richtig ausfüllen. Das „Peter-Prinzip" wird zwar oft belächelt, aber es enthält doch eine Grundwahrheit, die zwar meistens nicht direkt aber doch indirekt in der betrieblichen Praxis sichtbar ist. Beim „*Peter-Prinzip*" wird bekanntlich das Phänomen beschrieben, wonach Mitarbeiter unter Umständen so lange in der Hierarchie eines Unternehmens aufsteigen, bis sie eine Funktion erreicht haben, die sie nicht mehr gänzlich ausfüllen können und sie deshalb nicht mehr weiter befördert werden.[5]

Die fachliche Qualifikation eines Mitarbeiters kann bei Einstellung durch Interviews oder Tests oft relativ genau festgestellt werden. Das Problem liegt meistens nicht auf der Seite des Bewerbers, sondern auf der Seite des Unternehmens: Die Funktion, für die ein Mitarbeiter gesucht wird, ist oft nicht klar definiert und beschrieben. Diese Tatsache wird deutlich, wenn Personalberater eingeschaltet werden, deren erste Aufgabe es meistens ist, die verworrenen Vorstellungen über die zu besetzende Funktion in eine klarere Form zu bringen. In der betrieblichen Praxis und bei zu sanierenden Unternehmen kann man immer wieder feststellen, daß schon bei der Einstellung sehr viele Fehler gemacht werden und schon von Anfang an nicht nach dem Prinzip gehandelt wird: „Den richtigen Mann am richtigen Arbeitsplatz". Auch werden oft zu hoch qualifizierte Mitarbeiter für eine Arbeit eingestellt, um sicerzugehen, daß die Funktion mindestens richtig besetzt wird. Auch das ist ein Fehler; denn dieser Mitarbeiter wird früher oder später eine andere Arbeit fordern, weil er sich nicht richtig ausgelastet fühlt.

5   J. Peter Laurence & Raymond Hull, Das „Peter-Prinzip", Hamburg 1970.

Die Beurteilung der fachlichen Qualifikation auf der unteren Ebene der Hierarchie eines Unternehmens ist einfacher als die Beurteilung der fachlichen Qualifikation auf der oberen Ebene. Bei der Beurteilung eines Vorstandes helfen unseres Erachtens Tests sehr wenig, sondern das Interview ist das eigentliche Beurteilungskriterium. Gerade deshalb ist die Möglichkeit gegeben, hier sehr viele Fehler zu machen, die oft erst nach Jahren erkannt werden.

Neben den fachlichen Qualifikationen spielt die menschliche Seite im Personalwesen heute und in noch viel größerem Maße in der Zukunft eine entscheidende Rolle. Das bedeutet, daß ein Mitarbeiter zu den anderen passen muß, und die zwischenmenschlichen Beziehungen stimmen müssen. Das heißt nicht, daß sich der Neue unterordnet, sondern, daß er diese inspiriert und belebt. Wir konnten bei zahlreichen Fällen von Insolvenzen beobachten, daß gerade diese menschlichen Beziehungen nicht in Ordnung waren und durch diese fehlende Zusammenarbeit das Unternehmen noch tiefer in die Krise geraten ist. Dieses sehr schwierige Problem der Beurteilung eines Menschen, ob er zu den anderen Mitarbeitern paßt, schildern wir anhand von Beobachtungen in einem Vorstand oder Geschäftsführungsteam: Dieses setzt sich aus Mitarbeitern zusammen, die einerseits die bestimmten Funktionen im Unternehmen inne haben, wie Vorstand für Vertrieb, Vorstand für Technik, Vorstand für Finanzen. Andererseits spielt jedes Vorstandsmitglied eine bestimmte Rolle in diesem Team.

Im wesentlichen lassen sich in der obersten Führungsgruppe vier Typen, nämlich der Anreger, der Kritiker, der Außenseiter und der Konformist unterscheiden. Selbstverständlich können diese vier Typen überall angetroffen werden, aber gerade bei Vorstandsteams, die doch aus Mitarbeitern der obersten Führungsgruppe zusammengesetzt sind und ausgeprägte Charaktere darstellen, zeigt sich noch deutlicher als in anderen Arbeitsgruppen des Unternehmens, daß im wesentlichen diese vier Typen auftreten. Es ist einleuchtend, daß an dieser Stelle nicht auf alle sozialpsychologischen Momente eingegangen werden kann. Wir beschränken uns deshalb darauf, die oben erwähnten Typen kurz zu beschreiben.

Der *Anreger* im Vorstandsteam hat in der Regel viele Ideen und Vorschläge, doch bringt er weder die fachliche Qualifikation mit, noch die Geduld auf, schlüssig aufzuzeigen, daß seine Vorschläge gut sind. Dem *Kritiker* fehlt oft, was der Anreger im Übermaß besitzt, nämlich Phantasie. Der Kritiker kann oft nicht verstehen, daß es auch leicht zu lösende Probleme gibt, und daß manche Entscheidungen in der Unternehmensführung ohne große Vorarbeit getroffen werden können.

Letzterer ist im Kreise seiner Vorstandskollegen meistens nicht sehr beliebt, aber die zeitweisen Erfolge seiner Kritiken rechtfertigen diese, denn sie beinhalten nützliche Hinweise für Verbesserungsmöglichkeiten. Es kann auch sein, daß ein Vorstandsmitglied beispielsweise wegen seiner Gedankengänge zum *Außenseiter* wird. Ein anderer Kollege kann wegen der Art seiner Stellungnahme bei Diskussionen zum Außenseiter werden. Auch die Unfähigkeit, Vorschläge und Pläne zu formulieren, kann selbst ein Vorstandsmitglied zum Außenseiter werden lassen. Trotz dieser an sich negativen Beschreibung ist ein Außenseiter für die Dynamik einer obersten Führungsgruppe sehr wertvoll und nützlich. Schließlich muß noch kurz auf den *Konformisten* eingegangen werden, der von allen hier erwähnten Typen am häufigsten vorkommt. Während die drei vorgenannten Typen verschiedene Ausprägungen von Vorstandsmitgliedern mit Ideen und Phantasie darstellten, ist der Konformist das genaue Gegenteil. Das Festhalten am Traditionellen ist Voraussetzung und Grundlage für seine Arbeiten. Neue Ideen und deren Verwirklichung in der betrieblichen Praxis bedeuten für ihn, seine gewohnte fest eingefahrene Ordnung aufgeben zu müssen. Wenn die Konformisten in einer Unternehmensführung überwiegen, können Anpassungsprozesse des Unternehmens an die Umwelt, wenn überhaupt, nur langsam erkannt und realisiert werden. Die Reaktionen auf Veränderungen in der Wirtschaft kommen dann oft zu spät.

Aus dieser kurzen Schilderung der *Rollentypen* ergibt sich, wie schwierig es ist, bei Neubesetzung eines Vorstandspostens von außerhalb oder von innerhalb eines Unternehmens einen Mitarbeiter auszuwählen, der in ein bereits vorhandenes Team paßt. Ein Konformist sollte er bestimmt dann nicht sein, wenn die Konformisten in diesem Team bereits überwiegen. Ein weiterer Kritiker wäre zu viel, wenn die Gruppe bereits ein oder zwei aufweist. Bei zu vielen Anregern ist die Kontinuität der Strategien in Gefahr.

Nicht nur in der obersten Führungsebene, sondern im gesamten Unternehmen sind ähnliche Probleme zu lösen, wenn es darum geht, den richtigen Mitarbeiter am richtigen Arbeitsplatz zu beschäftigen. Diese Beachtung der menschlichen Seite und deren Einbeziehung in die unternehmerischen Entscheidungen wird in Zukunft eine noch größere Rolle spielen, weil hier bisher unerkannte Quellen der Steigerung der Effizienz des gesamten Unternehmens liegen. Die Nichtbeachtung der *menschlichen Momente* wird deshalb in Zukunft in noch viel größerem Maße als in der Vergangenheit und heute ein Grund dafür sein, daß ein Unternehmen in eine Krise gerät und saniert werden muß. Da in gut geführten Unternehmen diesen *zwischenmenschlichen Beziehungen* große Bedeutung beigemessen wird, wird ein Unternehmen, in dem diese Beziehungen überhaupt nicht oder nur ungenügend beachtet werden, durch die viel geringere Effizienz aller Mitarbeiter wirtschaftlich weniger Erfolg aufzuweisen haben. Kommt dann noch eine wirtschaftliche Rezessionsperiode hinzu, so geraten solche Unternehmen viel schneller und viel stärker in eine Krise.

Ein weiterer menschlicher Fehler bei der Lösung der Aufgabe, den richtigen Mitarbeiter bei der Lösung der Aufgabe, den richtigen Mitarbeiter an den richtigen Arbeitsplatz zu stellen wird dann gemacht, wenn zwar erkannt wurde, daß die Qualifikation eines Mitarbeiters für eine Aufgabe nicht ausreicht, aber gezögert wird, die Konsequenzen zu ziehen. Derartige Fälle kommen in der betrieblichen Praxis insbesondere bei Führungsfunktionen häufig vor. Dadurch schadet man nicht nur dem Unternehmen, sondern dadurch werden auch andere Mitarbeiter demotiviert, die feststellen, daß beispielsweise eine Führungskraft an seinem Arbeitsplatz überfordert ist. Auch der Mitarbeiter selbst und dessen Familie sind unglücklich, weil sich die ständigen Schwierigkeiten bei der täglichen Arbeit und die dadurch hervorgerufene schlechte Laune des Kritisierten negativ auf das Familienleben bei ihm zu Hause auswirken. Wenn man für einen solchen Mitarbeiter an einem Unternehmen keine Möglichkeit des richtigen Einsatzes sieht, so sollte man aus sozialen Gründen mithelfen, dem Mitarbeiter eine andere Stelle woanders zu beschaffen. Gerade bei kranken Unternehmen zeigt es sich immer wieder, daß Mitarbeiter Jahre hindurch mitgezogen wurden, weil man die *Kündigung* gescheut hat.

Ein weiterer Grund für den Weg in eine Krise kann die Methode der *Beförderung* in einem Unternehmen sein. Man glaubt oft, einem Mitarbeiter zum Beispiel auf der Sachbearbeiterebene gut zu kennen und ist dann überrascht, wenn er als Chef einer Abteilung versagt. Ein ausgezeichneter Verkäufer ist oft ungeeignet, den Vertriebsbereich eines Unternehmens zu leiten.

Zahlreiche Beispiele aus der betrieblichen Praxis könnten hier noch angefügt werden, aus denen hervorgeht, daß eine *Bewährung* in fachlicher und menschlicher Hinsicht in einer untergeordneten Ebene noch keine Gewähr dafür bietet, auch in der übergeordneten Ebene der richtige Mann zu sein. Viele Beförderungen werden nicht nach dem Motto „den richtigen Mann am richtigen Platz" getroffen, sondern es werden einige Mitarbeiter vorgeschlagen, von denen einer ausgewählt wird. Man wählt dabei nicht den objektiv geeigneten Mann aus, sondern es wird der Mitarbeiter genommen, der von den vorhandenen der Beste ist. Das kann für das Unternehmen gefährlich sein. Die Geschäftsleitung ist ebenfalls schlecht beraten wenn sie meint, bei Führungskräften im Rahmen von *Gehaltsdiskussionen* sehr sparsam sein zu müssen. Erst, wenn das Unternehmen in eine Krise geraten ist und saniert werden muß, erkennt man oft, wie unsachgemäß und stümperhaft auch das Problem der Beförderung gehandhabt wurde. Gerade die Gespräche mit Mitarbeitern eines desolaten Unternehmens zeigen, wie groß die Fehler sind, die bei den Mitarbeiterbeförderungen gemacht werden und wie demotiviert früher gute Mitarbeiter geworden sind und deshalb einen schlechten Wirkungsgrad aufweisen.

Schließlich wird als letzter Grund für eine Krise in einem Unternehmen im Rahmen des Stichwortes „Mitarbeiter-Qualifikation" das Thema *Weiterbildung* angeführt. Selbst wenn der richtige Mitarbeiter am richtigen Arbeitsplatz steht, kann ein Unternehmen wirtschaftlich in Not geraten, wenn die Mitarbeiter nicht laufend weitergebildet werden, um Neuentwicklungen auf ihrem Arbeitsgebiet zu erkennen und in der betriebswirtschaftlichen Praxis anwenden zu können. Die Erfahrungen bei der Absicherung eines Unternehmens gegen künftige Krisen bauen darauf auf, die Mitarbeiter — angefangen von der Geschäftsführung bis zum Sachbearbeiter einer Abteilung — zum Umdenken, zum Erkennen neuer wirtschaftlicher Gegebenheiten laufend anzuhalten und zu motivieren. Dieses Anpassen der Mitarbeiter muß im Unternehmen durch laufende Schulung, Umschulung und Weiterbildung trainiert werden. Da sich durch die Reaktion eines Unternehmens an veränderte Märkte immer wieder neue Situationen für die Arbeit der Mitarbeiter ergeben, muß dieses Training, die laufende Schulung und Weiterbildung, nicht nur einmal sondern fortwährend durchgeführt werden. Wird sie nicht ernst genommen, dann kann ein Unternehmen in wirtschaftliche Schwierigkeiten geraten, weil eine Veränderung der Umwelt des Unternehmens nicht rechtzeitig wahrgenommen, ausgewertet und in den unternehmerischen Entscheidungen berücksichtigt werden kann. Wenn man erkennt, daß die Mitarbeiter auf dem Wissensstand von gestern stehengeblieben sind, ist es oft zu spät. Nicht die Zahlungsunfähigkeit des Unternehmens, sondern die Unfähigkeit der Mitarbeiter ist dann der eigentliche Grund für einen Zusammenbruch. Wie oben bereits erwähnt wurde, gilt die Aus- und Weiterbildung nicht nur für die untere, sondern insbesondere auch für die obere Ebene eines Unternehmens. Ziel dabei muß es sein, alle Mitarbeiter in jeder Phase und an jeder Stelle über die neuesten Erkenntnisse zu informieren, die für die Erfüllung ihrer Aufgaben von Bedeutung sind.

Besitzt ein Unternehmen eines oder mehrere Produkte mit einer starken Marktposition, so ist gerade dann die Gefahr sehr groß, daß die Mitarbeiter und die Unternehmensleitung in eine Passivität und *Bequemlichkeit* verfallen. Die wirtschaftliche Entwicklung der letzten Jahre hat gezeigt, daß selbst eine geniale Idee, die zu einem marktbeherrschenden Produkt geführt hat, nicht davor schützt, daß die Konkurrenz mit ähnlichen Produkten auf den Markt dringt. Mindestens nach Ablauf der ersten Patente wird die Machtstellung des Unternehmens erschüttert. In der Praxis ist es jedoch oft so, daß etwa gegen Mitte des Zeitablaufes eines Patentes bereits Konkurrenzprodukte auf den Markt kommen, die dieses umgehen. In der Zeit, in der ein Unternehmen mit einem oder mehreren Produkten eine starke Marktstellung besitzt, tritt jedoch oft das Phänomen auf, daß die Mitarbeiter und auch die Unternehmensleitung sich in Sicherheit wiegen und nicht genügend Vorsorge für die Zeit treffen, in der die Konkurrenzprodukte auftauchen. Gerade bei solchen Unternehmen ist es notwendig, nicht in eine in der Praxis oft sichtbare *Lethargie* zu verfallen, sondern die Mitarbeiter-Qualifikation laufend zu verbessern. Träge Mitarbeiter und ein träges Management führten häufig dazu, daß Unternehmen, die an sich eine zeitlang mit hohen Gewinnraten gearbeitet haben, in eine Verlustzone geraten sind.

2.6 Fehler in der Führung und Kommunikation

Die in diesem Kapitel bisher dargestellten Ursachen für eine Krise eines Unternehmens, wie die Fehler in der Planung, in der Kontrolle und bei der Mitarbeiterqualifikation machen deutlich, daß diese Bereiche ausschließlich dem Management anzulasten sind. In diesem Abschnitt werden Fehler in der Führung und Kommunikation beschrieben, die häufig bei zu sanierenden Unternehmen zu beobachten waren und die das Management selbst betreffen. Es gibt zahlreiche Beispiele für *Führungsfehler* und die Unfähigkeit des Managements, richtige Kommunikation zu betreiben.

Am Beispiel eines *Top-Managers*, wie eines Vorstandsmitgliedes, Geschäftsführers oder Vorsitzender der Geschäftsführung, lassen sich die menschlichen Stärken und Schwächen von Führungskräften in der Industrie besonders deutlich skizzieren. Denn bei dieser Spezies von Mensch sind die menschlichen Stärken und Schwächen ganz besonders akzentuiert sichtbar. Ein solcher Top-Mann muß sich während des größten Teils seiner Arbeitszeit mit Problemen auseinandersetzen, die er meist nicht in seiner schulischen Ausbildung gelernt, sondern die er sich in seiner praktischen Tätigkeit, sowie vielleicht durch Selbststudium angeeignet hat, nämlich Menschen und Menschengruppen zu motivieren.

62

Seine Leistung ist bei der Lösung solcher Aufgaben meistens nicht meßbar, weil die Motivation von vielen Einflußkomponenten abhängt, wie beispielsweise von den Eigenschaften der Mitarbeiter, vom Arbeitsplatz, von der Familie der Mitarbeiter usw. Auch wird für die Motivation von Menschen und Menschengruppen Zeit benötigt; diese ist jedoch bei vielen Führungskräften rar. Es ist falsch, jedoch verständlich, wenn jemand, der ständig unter Zeitdruck steht, sich nicht genügend Zeit für die Motivation seiner Mitarbeiter nimmt. Ein weiterer Aspekt kommt hinzu: Die Übertragung von Erfahrungen, gerade im menschlichen Bereich, die in untergeordneten Funktionen gesammelt wurden, auf das Arbeiten im Vorstands- oder Geschäftsführerkollegium ist oft nicht einfach. Deshalb gerade bei Top-Positionen in der Industrie die Forderung: Der Manager muß mit der Aufgabe wachsen. Zu diesem Wachsen gehören aber zwei Voraussetzungen, nämlich die Bereitschaft des Top-Managers zum Lernen, zum ständigen Weiterbilden sowie die Möglichkeit des Wachsens in seiner Vorstands- oder Geschäftsführerposition. Letzteres ist aber nur dann möglich, wenn hinreichend *Freiheitsgrade* in seiner Position vorhanden sind. Was ist aber, wenn wie unter Punkt 2.5 beschrieben, der Top-Manager die entsprechende Qualifikation in sachlicher oder menschlicher Hinsicht nicht erfüllt. Wie viele sind in die Vorstands- oder Geschäftsführerebene gekommen, weil sie an der Reihe waren, weil ein anderer Top-Manager gekündigt hatte oder gestorben und die Stelle zu besetzen war, oder weil verwandtschaftliche oder freundschaftliche Beziehungen zu Einflußreichen des Unternehmens vorhanden waren? Auch ein zu niedrig vorgegebenes Gehaltsniveau für eine Top-Position hat oft dazu geführt, daß zweitklassige Leute in den Vorstand gekommen sind. Schließlich ist auch in diesem Zusammenhang das *Peter-Prinzip* zu erwähnen, nach dem bekanntlich ein Manager so lange aufsteigt, bis er eine Position erreicht hat, die er nicht mehr voll bewältigen kann. Wenn sich nun Top-Manager entweder aus falscher zeitlicher Beschränkung oder aus Gründen ihrer Qualifikation sachlich oder menschlich falsch verhalten, dann hat das nicht nur negative Auswirkungen auf die Entwicklung des Unternehmens, sondern auch das *Bild des Managers* als Mensch erscheint den Mitarbeitern im Unternehmen in einem negativen Licht. Dazu kommt noch, daß Führungskräfte oftmals glauben, die von der Öffentlichkeit geprägte *Rolle eines Managers* spielen zu müssen, obwohl sie sich ihrem Naturell nach dazu nicht eignen. Dann ist es allzu verständlich, daß das Verhalten vieler Top-Manager erstens nicht richtig ist und zweitens von der Umwelt in richtiger Weise als anmaßend und arrogant eingestuft wird. Bei diesen häufigen menschlichen Unzulänglichkeiten wird auch klar, warum Bilanzverschleierungen vorkommen. Personen, deren Selbstbewußtsein nicht durch Erfolg gestärkt ist und die in ihren Entfaltungsmöglichkeiten durch Geschäftsordnungen eingeengter sind als üblich, werden durch die komplexen Aufgaben, die Rolle und den Status, den sie übernehmen müssen, innerlich verunsichert. Die Folge davon ist, daß sie sich härter geben, als sie in Wirklichkeit sind, daß sie arrogant auftreten, daß sie viel lieber den autoritären als den kooperativen Führungsstil pflegen, daß sie keine Kritik vertragen, obwohl sie stets darum bitten, daß man ihnen offen seine Meinung sage.

Diese grobe Schilderung der menschlichen Problematik vieler Manager macht das Fehlverhalten der obersten Führungskräfte zumindest dann verständlich, wenn es darum geht, Mißerfolge nicht zuzugeben, sondern sie zu verschleiern. Dazu kommt noch, daß oft durch die Offenlegung des Mißmanagements ihre Laufbahn und Zukunftssicherung infrage gestellt wird. Nur starke Persönlichkeiten können ihr eigenes Fehlverhalten öffentlich kund tun; denn das Eingeständnis eines Managements, daß ein Unternehmen in der Krise ist, bedeutet nichts anderes als vor der Öffentlichkeit, mindestens aber vor den Menschen und in der Umwelt des Unternehmens zu erklären, daß man daran mitschuldig ist und damit versagt hat. Auch ist ein falsches *Prestigedenken* der Geschäftsführung der Grund dazu, daß eine Krise viel zu spät erkannt worden ist. Dieses zeigt sich oft darin, daß die Manager die ungünstigen Daten ihres Unternehmens nicht sehen, nicht erkennen wollen; auch möchte man begangene Fehler nicht eingestehen. Man versucht über neue überhöhte Planzahlen die mißliche Lage des Unternehmens so lange wie möglich zu verdecken in der Hoffnung, daß im Rahmen von Expansionsmöglichkeiten des Unternehmens die Fehler wieder verwischt werden können. Es war ja gerade in den letzten Jahrzehnten häufig der Fall, daß durch die Expansion der Märkte Management-Fehler ausgeglichen und daher nicht sichtbar wurden. Das ist heute, einer Zeit der Stagnation oder von nur schwach wachsenden Märkten nicht mehr so möglich. Gerade die nähere Zukunft wird durch nur schwach expandierende Märkte gekennzeichnet.

Unseren Ausführungen darf keineswegs entnommen werden, daß sich die meisten Manager falsch verhalten und in höherem Maße als andere Menschen menschliche Schwächen haben. Die Mehrzahl beherrscht selbstverständlich ihre Rolle und ihren Status im Unternehmen, so daß eine gedeihliche Entwicklung gewährleistet ist. Wir müssen deshalb daran erinnern, daß dieses Buch ein Bericht über Erfahrungen von in Not geratenen Unternehmen ist und aus diesen Erkenntnissen, die nicht gerade erhebende Schilderungen resultieren. Trotzdem treffen die hier geschilderten Verhältnisse auch für viele Unternehmen zu, die sich als gesund bezeichnen, deren Rentabilität aber zu wünschen übrig läßt.

Diese Ausführungen über die von einem Manager zu fordernden psychologischen Qualitäten können keineswegs erschöpfend sein, sondern sollen nur zum Verständnis beitragen, warum sich Top-Manager falsch verhalten haben und ihre Firmen in eine Krise geraten ließen oder den Konkurs anmelden mußten. Unsere folgenden Ausführungen beziehen sich weniger auf die psychologischen Merkmale eines Managers, sondern mehr auf sein Verhalten der Umwelt gegenüber.

Sehr viele Fehler werden in der betrieblichen Praxis durch falsches Verhalten der Führungskräfte gegenüber dem einzelnen Mitarbeiter gemacht. Diese werden hierdurch nicht motiviert, sondern demotiviert. Demotivierte Mitarbeiter gelangen aber häufig in die Phase der Frustration. Das hat zur Folge, daß deren effekte Leistung beachtlich sinkt. Da die Organisation in einem Industrie-Unternehmen sehr stark verzahnt ist, wird nicht nur die Arbeit an den Plätzen dieser Demotivierten ungenügend und schlecht durchgeführt, sondern diese Haltung wirkt sich auf eine Vielzahl der mit diesen Arbeitsplätzen verbundenen Mitarbeiter aus. Dadurch wird in der Regel der gesamte Wirkungsgrad eines Unternehmens beeinträchtigt. Es wird anfälliger gegen die Schwächen des Marktes und gegen Angriffe der Konkurrenz und wird schlechter an die Veränderungen der Marktlage angepaßt.

In der betrieblichen Praxis wird dieses Problem oft nicht an der Wurzel angepackt und der verantwortliche Manager abgelöst. Auch wird oft nicht nachhaltig versucht, das Verhalten dieser Führungskraft radikal zu ändern, insbesondere, wenn er fachlich in Ordnung ist. Das Management versucht, in diesem Falle häufig die demotivierten Mitarbeiter in ihrer Haltung zu ändern oder es wird der Gedanke gehegt, sie wegen ihrer dadurch bedingten Minderleistung zu entlassen. Das Erstere ist deshalb nicht möglich, weil die Demotivation in diesem Falle nicht im Mitarbeiter, sondern im Verhalten des Vorgesetzten begründet ist. Eine *Entlassung* ist oft ebenfalls nicht durchführbar, weil die demotivierten Mitarbeiter nicht so deutlich abzugrenzen sind, um einen Grund für eine Entlassung zu haben, und der schlechte Wirkungsgrad sich oft nur in Kleinigkeiten zeigt: Informationen werden unvollkommen erarbeitet und weitergegeben, Beweise werden gesammelt, warum die Arbeit nicht richtig durchgeführt werden konnte, in Sitzungen werden Aussagen gemacht, ohne daß diese statistisch gesichert sind, Informationen werden verschwiegen usw. Außerdem ist auch deshalb der demotivierte Mitarbeiter nicht so leicht zu erkennen, weil er oft nicht allein demotiviert ist. Oft sind nämlich auch die übrigen Mitarbeiter in seiner Umgebung demotiviert. Verhält sich ein Manager in der oberen Etage falsch gegenüber dem einzelnen Mitarbeiter, so hat dies eine multiplikative Wirkung zur Folge, weil sich die *Demotivation* eines Einzelnen auf zahlreiche Unterstellte auswirken kann. Es ist selbstverständlich, daß das Problem der Demotivation oder der schlechten Motivation nur dann gelöst werden kann, wenn Vorgesetzter und Manager sich richtig dem einzelnen Mitarbeiter gegenüber verhalten: Lob und Tadel müssen begründet und ausgewogen sein. Bei persönlichen Gesprächen sollte der Schreibtisch zwischen den Gesprächspartnern keine Trennwand sein; Mitarbeiter sollen ausreden können, selbst wenn die Zeit des Managers knapp bemessen ist; Verbrüderungen sind im Unternehmen zu vermeiden, insbesondere von Vorgesetzten zum Mitarbeiter; diese sollen nicht in Anwesenheit anderer diffamiert werden usw. Es gibt eine Vielzahl von Möglichkeiten der Motivation und der Demotivation, die in der Literatur ausführlich dargestellt worden sind. Eines muß man aber beim Studium dieser Bücher klar erkennen: Die Anwendung dieser Methoden zur Motivation ist nicht so einfach wie sie vielleicht erscheint und kann nur durch ständiges Üben und mit einem entsprechenden Einfühlungsvermögen erfolgreich praktiziert werden.

Manager machen nicht nur dadurch Fehler, daß sie sich dem einzelnen gegenüber falsch verhalten, sondern auch gegenüber Gruppen von Mitarbeitern. Aus der empirischen sozialpsychologischen Forschung wissen wir, daß die *Effizienz einer Gruppe* um ein Vielfaches höher sein kann als die Summe der Einzelleistungen der Mitglieder dieser Gruppe. Die Voraussetzung dazu ist allerdings, daß eine *Gruppendynamik* sich entwickeln und entfalten kann. Das tritt aber dann nicht ein, wenn sich der Vorgesetzte Gruppen von Mitarbeitern gegenüber falsch verhält. Ein wichtiges Indiz dafür sind umfangreiche Protokolle von Arbeitssitzungen. In solchen Fällen sind die Mitarbeiter oft bestrebt, in das Protokoll aufnehmen zu lassen, daß sie „nicht dagegen wären“, daß sie „auf verschiedene Schwierigkeiten hingewiesen haben“ usw. Keiner will für eine zu treffende Entscheidung die Verantwortung tragen. Zum Schluß wird doch irgendwie entschieden und die im Protokoll aufgeführten Personen sind dann alle mit verantwortlich für die Entscheidung. Diese hat mit einer echten Gruppenmeinung und *Gruppenentscheidung* nichts zu tun; denn eine solche zeichnet sich dadurch aus, daß alle Vor- und Nachteile alternativer Lösungen offen diskutiert werden, und sich auf dieser Grundlage die Gruppenentscheidung formt.

In vielen Unternehmen, die in eine Krise geraten waren, hat sich gezeigt, daß die Manager die Technik der Führung von Arbeitsgruppen nicht beherrschen. Die Sitzungen waren nichts anderes als *Debattierclubs.* Nach außen hin wurde in vielen Fällen der Anschein erweckt, als ob viel geschaffen würde, weil die Sitzungen oft bis spät in die Nacht hinein dauerten. Entscheidungen wurden dann getroffen, wenn alle

Teilnehmer der Sitzungen müde waren. Die Teilnehmer von solchen Sitzungen wurden scharf gerügt, wenn sie anderer Meinung waren als der oder die Chefs und auf ihrer Meinung bestanden. Hatte der Vorsitzende der Sitzungen keine begründete eigene Meinung, wurden die Entscheidungen vertagt. Der eine Mitarbeiter wurde gegen den anderen Mitarbeiter ausgespielt. Wer am lautesten schrie, dem wurde geglaubt. Wer selbstsicher eine Sache behauptete, ohne daß auch seine Aussage statistisch erhärtet war, der wurde zum Wortführer. Es ließen sich noch viele weitere falsche Verhaltensweisen von Managern gegenüber Arbeitsgruppen hinzufügen. Man findet sie in der betrieblichen Praxis gerade in wirtschaftlich schwachen Unternehmen, aber sie sind auch in gut gehenden anzutreffen. Es bedarf keiner weiteren Hinweise, daß die individuellen Effizienzen und die Effizien von Arbeitsgruppen durch falsches Verhalten der Manager mehr oder weniger stark gemindert werden.

Ein weiterer Fehler wird in der Führung eines Unternehmens dann gemacht, wenn diese nicht durch eine Gruppe von Managern wahrgenommen wird, sondern nur von einer Person. Das bedeutet keineswegs, daß mehrere Manager an der Spitze eines Unternehmens in Status und Rolle gleichberechtigt stehen sollen. Vielmehr wenden wir uns gegen die *autoritäre Führung* durch einen Halbgott, der heute noch in vielen Betrieben an der Spitze steht und die Vorstandsmitglieder und Geschäftsführer zwar anhört, aber letztlich doch selbst die Entscheidung fällt. Vorstand oder Geschäftsführer sind oft dann nur noch dazu da, um nach außen hin den Schein eines modernen Managements, nämlich der Führung durch eine Gruppe, aufrecht zu erhalten. Die technische und wirtschaftliche Entwicklung in den letzten Jahrzehnten machte es notwendig, Unternehmen nicht nur vertikal, sondern auch horizontal zu koordinieren und zu führen. Darin ist die heutige Forderung begründet, die Unternehmensleitung nicht mehr Einzelpersonen zu überlassen, sondern Teams zu übergeben, in dem der *Vorsitzende der Geschäftsführung* der Gruppenführer ist. Man ist auch deshalb von der Führung durch eine Einzelperson abgekommen, da aufgrund der Vielschichtigkeit der Probleme innerhalb und außerhalb des Unternehmens ein Mann allein an der Spitze niemals die gesamten Einflüsse der Unternehmensführung überschauen kann. Die moderne Unternehmensführung soll in Gruppen nach dem *Kollegialitätsprinzip* praktiziert werden, wobei der Führer dieser Arbeitsgruppe der primus inter paris ist. Ein solches Kollegialitätsprinzip ist aber nicht nur in Aktiengesellschaften notwendig, weil es für diese Rechtsform im Gesetz so vorgeschrieben ist, sondern ebenso in den GmbHs und in sehr vielen Personengesellschaften. Überall dort, wo dieses Prinzip nicht befolgt wird, ergeben sich enorme Fehlermöglichkeiten bei der richtigen Einschätzung von wirtschaftlichen Situationen. Das ist auch sehr häufig der Grund dafür gewesen, daß gerade Personengesellschaften, in denen die Führung des Unternehmens einem Einzelnen überlassen wurde und in denen der Einzelne die ganze Vielfalt der Beziehungen nicht mehr übersehen konnte, in eine Krise geraten waren. Autoritäre Manager, die einmal Erfolg gehabt haben, glauben oft, daß dieser Erfolg für alle Zeiten gesichert ist und beliebig oft wiederholbar sei. Sie übersehen dabei, daß Erfolge situationsabhängig sind, und daß die gleichen Methoden, mit denen sie einmal richtig handelten, in anderen Situationen zu Fehlschlägen führen können.

Eine Gruppe von Managern, die ein Unternehmen leitet, hat aber viele Möglichkeiten, die Unternehmensführung überschaubarer zu machen, denn viele Augen sehen eben nunmal mehr als zwei. Der Vorteil der Führung mit der Gruppe liegt auch darin, daß jedes Mitglied und die Gruppe selbst einen Lernprozeß durchmacht, so daß die Führung eines Unternehmens viel dynamischer wird als bei einer Ein-Mann-Führung.

In solchen Fällen kann es nicht vorkommen, daß der Vorsitzende der Geschäftsführung ein Überheblichkeitsgefühl bekommt, wenn sich einmal ein Erfolg eingestellt hat. Denn auch die anderen Mitglieder des Führungsteams haben an den unternehmerischen Entscheidungen mitgewirkt. Der Leiter einer Gruppe kommt dann auch nicht in die Gefahr zu glauben, daß nur seine Ausführungen richtig sind, da er in der Gruppe der *primus inter pares* ist. Wird ein Unternehmen von einer Person diktatorisch geführt, so ist es nicht nur eine Frage der Zeit, bis sich bei dem Unternehmensführer eine gewisse „Blindheit" einstellt, weil er glaubt, er sei der beste Mann, da nur seine Vorschläge zum Ziel geführt haben. In Wirklichkeit wird aber bei einer diktatorischen Unternehmensführung oft zugestimmt, selbst wenn unklare und falsche Vorschläge vom Unternehmensführer gemacht werden. Dann befolgen die untergeordneten Mitarbeiter die Anweisungen oft nur pro forma. In Wirklichkeit werden in den mittleren Führungsebenen die Dinge wieder ausnivelliert, so daß es oft nicht zu den negativen Konsequenzen dieser falschen Anweisungen kommt. Ein diktatorischer Manager duldet keinen Widerspruch, da er ihm unangenehm ist. Er gewöhnt es sich auch ab, das Warum seiner Anordnung zu erklären; er läßt zwar scheinbar Einwände gelten, aber in Wirklichkeit ist er fest entschlossen, seine Meinung durchzusetzen. Es hat sich gerade in den Jahren 1973 bis 1978 gezeigt, daß zahlreiche Firmenzusammenbrüche hätten vermieden werden können, wenn die Führung dieser Firmen in echter Teamarbeit erfolgt wäre und nicht aufgrund einsamer Entschlüsse. Die Anpassungen eines Unternehmens an die sich verändernde Struktur der Märkte erfordern eine Führung mit und durch eine Gruppe von Managern. Der Vorsitzende der

Geschäftsführung oder der Vorstandsvorsitzende muß deren Führung und Koordination übernehmen, um damit im Unternehmen ein Höchstmaß an Dynamik und Zusammenarbeit zur Erreichung eines klaren Unternehmenszieles zu schaffen.

Oft macht die Leitung eines Unternehmens, dem es wirtschaftlich schlecht geht, den Fehler, *Mitarbeitervertretungen* und damit jeden Einzelnen des Unternehmens nicht oder nur ungenügend über die wirtschaftliche Situation zu informieren. Dieses falsche Verhalten ist bei einer Sanierung ganz besonders schädlich, weil alle gebeten werden müssen, gemeinsam die Krise zu überwinden. Diese Mithilfe bei der Sanierung beschränkt sich nicht nur darauf, die Mitarbeiter mit guten Worten zu einem gewissen Wohlverhalten zu bewegen, sondern bedeutet auch mit zu entscheiden, wie viele und welche Kollegen unter Umständen entlassen werden sollen, ob und welche Betriebsteile zu schließen sind usw. Solche nicht nur für das Sanierungsteam, sondern auch für die Mitarbeiter und deren Vertretungen unangenehmen Entscheidungen sind nur dann schnell und mit Verständnis der jeweiligen Vertretungen zu treffen, wenn diese in guten wie in schlechten Zeiten umfassend informiert werden. Nur dann kann ein echtes Partnerschaftsverhältnis zwischen Unternehmensführung und Mitarbeiter-Vertretung entstehen. Die Erfahrung lehrt, daß es sinnvoller ist, die Mitarbeiter-Vertretungen etwas besser zu informieren als nach dem Betriebsverfassungsgesetz erforderlich ist. Damit vermeidet man laufend vom Betriebsrat oder Wirtschaftsausschuß hören zu müssen, daß bestimmte Informationen, die nach dem Gesetz gegeben werden müssen, noch nicht übermittelt sind. Aus der praktischen Zusammenarbeit zwischen Unternehmensführung und Mitarbeiter-Vertretungen ergibt sich, daß das Verständnis für die Probleme der Geschäftsführung umso größer ist, je besser die Informationen, die für die Mitglieder solcher Gremien interessant sind, aufbereitet werden. Mit diesem aus den zahlreichen Informationen und Gesprächen gewachsenen Verständnis für die unternehmerischen Belange wird die Effizienz der Gremien der Mitarbeitervertretungen und des Unternehmens gesteigert. Leider werden Fehler auf diesem Gebiet gerade in mittelständischen Unternehmen gemacht, weil manche Geschäftsführer glauben, mit einem schlecht oder uninformierten Betriebsrat kann man besser umgehen.

Ein *falsches Verhalten* gegenüber den *Geschäftspartnern* stellt eine weitere Fehlerquelle in der Führung eines Unternehmens dar. Das Management, das ein Unternehmen in die Krise geführt hat, besitzt oft kein gutes Vertrauensverhältnis zu den Banken, auch nicht zu den Hausbanken. Ein Vertrauensverhältnis in unserem Sinne bedeutet, daß den Banken des Unternehmens die Ist-Zahlen und die Plan-Zahlen mit den entsprechenden Abweichungsmöglichkeiten nach oben und unten offen auf den Tisch gelegt werden. Denn nicht nur die Darlegung der tatsächlichen Ist-Zahlen, sondern ganz besonders auch der Ausblick auf die zukünftigen Entwicklungen eines Unternehmens gibt den Banken erst die Basis für eine Einsicht in das Geschehen und schafft dadurch die notwendige Vertrauensbasis zwischen der Unternehmensführung und den Banken. Im ständigen Kontakt mit den Banken wären normalerweise sehr viele Informationen über die eigene Branche zu erhalten. Gerade diese sind sehr wichtig, um Branchen-, Konjunktur- oder allgemeine Wirtschaftsumschwünge im voraus besser und schneller erkennen zu können. Ohne derartige Gespräche mit den Banken, insbesondere mit den Großbanken wird auch dem Management von kranken Unternehmen oftmals nicht bekannt, daß sich bestimmte Krisen ankündigen. Die Banken unterhalten volkswirtschaftliche Abteilungen, die nicht nur die volkswirtschaftlichen Daten, wie Entwicklung des Brutto-Sozialproduktes, des Zinssatzes usw. analysieren und vorausschätzen, sondern auch die Branchen und deren Entwicklung statistisch untersuchen, so daß von dieser Seite her oft wertvolle Informationen zu erhalten sind.

Ein Fehlverhalten der Führung eines Unternehmens ist nicht nur oft Banken gegenüber zu beobachten, sondern auch bei Kunden und Lieferanten. Sehr oft wird auf Vorstellungen der Kunden nicht eingegangen. Das ist insbesondere dann der Fall, wenn im Vorstand oder der Geschäftsführung der Verantwortliche für die Produktion oder Entwicklung eine sehr starke Stellung hat und in der Geschäftsführung dominiert. In einem solchen Unternehmen muß — extrem ausgedrückt — oftmals der Vertrieb das verkaufen, was die Produktion fertigt und kann oft das nicht anbieten, was der Markt fordert. Auf der Beschaffungsseite können sich Fehler im Verhalten der Unternehmensführung insofern gefährlich für das Bestehen eines Unternehmens auswirken, als die Preise der Zulieferanten derart gedrückt werden, daß die Zulieferanten zugrunde gehen müssen oder nur noch am Rande des Ruins vegetieren können. Solche Fehler wirken sich in einer Krise ungünstig aus. Die Führung eines Unternehmens sollte sich deshalb auf der Absatz- wie auf der Beschaffungsseite so verhalten, daß ein partnerschaftliches Verhältnis zu den Geschäftsfreunden herrscht, um auch schwere Zeiten gemeinsam besser überstehen zu können. Zwar sind bisher nur wenige Fälle bekannt geworden, in denen ein falsches Verhalten der Unternehmensführung zu ihren Geschäftspartnern allein eine Krise ausgelöst hat, doch gehört dieses Fehlverhalten zu deren Mitursachen.

Ein weiterer Fehler, der oft der Grund für eine Krise, wenn nicht für eine Insolvenz war, liegt darin, daß ein Management zu viele Aufgaben selbst lösen will. Es ist keine Schande, wenn Aufgaben an externe Berater vergeben werden, beispielsweise steuerliche und rechtliche Problemlösungen. Die meisten Fehler in diesem Zusammenhang werden jedoch nicht auf dem Gebiete dieser steuerlichen und rechtlichen Problematiken gemacht, sondern auf dem der *Spekulation.* Viele Manager fühlen sich als geborene Spekulanten. Wenn beispielsweise ein Unternehmen auf der Beschaffungsseite sehr stark von schwankenden Rohstoffpreisen abhängt, so kommt ein Management leicht in die Versuchung zu spekulieren. In der Akkumulatorenbranche könnte man beispielsweise auf den Gedanken kommen, in Zeiten mit niedrigem Bleipreis für den Zeitraum eines ganzen Jahres einzukaufen. Ähnliches gilt für Unternehmen, die große Mengen von Kupfer verarbeiten. Das Management könnte bei niedrigen Kupferpreisen versucht sein, große Mengen einzukaufen, um die günstigen Einkaufspreise auszunützen. In solchen Spekulationsgeschäften stecken jedoch sehr große Gefahren, wie zahlreiche Beispiele aus der deutschen Wirtschaft beweisen. Außerdem muß das Management zusätzlich zu den täglichen Aufgaben die Arbeit eines Brokers übernehmen, für die es oftmals nicht qualifiziert ist und für dessen Aufgaben auch nicht die erforderliche Zeit zur Verfügung steht. Die Aufgaben des Managements besteht darin, in den zwölf oder manchmal sechzehn Stunden, die pro Tag zur Arbeit zur Verfügung stehen, für einen optimalen Ablauf aller Vorgänge, zwischen Unternehmen und Markt in Gegenwart und Zukunft zur Erreichung des Unternehmenszieles zu sorgen. Zeit für Spekulationen bleibt dabei nicht. Ein Manager soll sich auf seine Management-Aufgaben beschränken, da es nicht zu seinem Aufgabenbereich gehört, zu spekulieren. Er soll sich bemühen, optimale Leistungen in seinem Aufgabengebiet zu erbringen und sollte sich nicht versuchen, durch Spekulation schneller — quasi ohne Mühe — die Umsatzrentabilität oder die Kapitalrentabilität seines Unternehmens zu verbessern. Es ist keine Frage, daß das Management versuchen muß, niedrige Preise auszunutzen, aber das Feld der Spekulation sollte den Brokern überlassen werden.

3

Wie man eine Sanierung organisiert

Die *Organisation der Sanierung* umfaßt die Zuordnung der Führungskräfte, die eine Sanierung durchführen sowie deren Aufgaben und Kompetenzen. Sie hat die Aufgabe, die Zusammenhänge und die Verbindungen aller Einflüsse des unternehmerischen Geschehens, die zum Ziel, nämlich die Gesundung des Unternehmens führen, zu sichern. Eine Organisation produziert zwar keine Lösungsmöglichkeiten für die Sanierung, aber schafft die eigentlichen Voraussetzungen, um überhaupt Sanierungsmaßnahmen gezielt durchführen zu können. Frei nach dem Volksmund könnte man also sagen: Gut organisiert ist halb saniert. In vielen Unternehmen, die zu sanieren waren, wurden bereits am Anfang, gleich bei der Festlegung der Organisation, Fehler gemacht, die das Verhalten selbst gefährdeten oder unmöglich machten. Selbst exzellente Maßnahmen zur Sanierung verlaufen im Sande, wenn die Organisation falsch ist. Auch bei noch so großem Zeitdruck infolge der finanziellen Not eines kranken Unternehmens, bei noch so großer erforderlichen Eile bei der Durchführung ist für die Erarbeitung der Organisation der Sanierung und deren Einbettung in die bestehende des Unternehmens hinreichend Zeit vorzusehen.

Es gibt in der betrieblichen Praxis Fälle, daß die Organisation der Sanierung nicht so aufgebaut und durchgeführt werden kann wie es notwendig ist. Dann ist von einer Sanierung solcher Unternehmen abzuraten, weil sie nicht zum Erfolg führen kann. Die Ursachen für solche Sachlagen können sein: Verschachtelte Rechtsformen der Unternehmen; unklare Beratungsverträge; zu geringer vorgegebener Spielraum durch die Kapitalseigner.

Bevor wir auf das eigentliche Element der Organisation der Sanierung eingehen, nämlich auf das *Sanierungsteam* sowie deren Aufgaben und Kompetenzen, sind noch einige Ausführungen über das gerade in den letzten Jahren häufig zitierte und gebrauchte Wort „*Krisenmanager*" zu machen. Einerseits werden dem sogenannten „Krisenmanager" Fähigkeiten eines Übermenschen zugeschrieben, andererseits wird das Wort „Krisenmanager" als Abqualifikation von jemandem benutzt, der nicht in der Lage ist, ein Unternehmen auch in guten Zeiten zu führen. Aus der Zusammenarbeit und dem Erfahrungsaustausch mit zahlreichen Managern in Europa muß gefolgert werden, daß es eigentlich *den* Krisenmanager nicht gibt, und man auch nicht zwischen einem normalen Manager und einem Krisenmanager unterscheiden sollte. In der Krise bewährt und zeigt sich, was ein guter Manager, ein gutes Management ist. In Zeiten des wirtschaftlichen Aufschwungs und des Booms wird ein guter Manager rechtzeitig Vorsorge für einen eventuellen wirtschaftlichen Niedergang der Branche, der Industrie, des entsprechenden Landes oder sogar der Weltwirtschaft treffen. Er wird sich rechtzeitig auf ein geringes oder gar negatives Wachstum einstellen. Damit kann man, wenn eine Branche in eine Krise gerät, zwar Schwierigkeiten im eigenen Unternehmen nicht gänzlich verhindern, aber man wird sie besser überstehen als andere Konkurrenten. Ein guter Manager muß also in der Lage sein, schnell veränderte Situationen zu erkennen, um rascher zu reagieren, er muß komplexe Zusammenhänge erfassen, um die oben beschriebenen Aufgaben bewältigen zu können. Er muß die sozialpsychologischen Momente der Führung eines Unternehmens beherrschen. Diese kurze Schilderung von Fähigkeiten des guten Managers, die keinerlei Anspruch auf Vollständigkeit erheben, sollte genügen, um zu zeigen, daß ein guter Manager zugleich ein guter Sanierer ist. Dem Sanierer oder Sanierungsmanager wird häufig die überragende Fähigkeit zugeschrieben, schnell eine Situation erkennen zu können und rasch entsprechende Aktivitäten mit dem entsprechenden Nachdruck einleiten zu können. Das sind aber nicht nur dessen herausragende Eigenschaften eines, sondern ebenso die des guten Managers. Führungskräfte, die Erfahrung bei der Sanierung von Unternehmen haben, sind noch seltener auf dem Markt zu finden als gute Manager. Von Sanierern wird oft behauptet, daß sie zwar die Sanierung eines Unternehmens durchführen können, daß sie aber weniger geeignet sind, ein Unternehmen auf die Dauer abzusichern und weiterzuführen. Diese falsche Meinung wird oftmals damit begründet, daß sehr viele Sanierer nach der Sanierung eines Unternehmens in ein anderes eintreten und dort ebenfalls eine Sanierung durchführen. Bei näherem Hinsehen zeigt sich aber, daß weniger die Unfähigkeit des Sanierers, das wieder genesende Unternehmen weiter zu leiten, der Grund für seinen Weggang war. Vielmehr sind die Motive für einen solchen Wechsel oft in folgenden Spannungen zu suchen:

In der Zeit der Krise haben die Kapitalseigner, ohne die entsprechenden Konsequenzen zu überlegen, das Steuer oft rasch aus der Hand gegeben und in die Hand des Verantwortlichen für die Sanierung gelegt. Sie waren froh, einen Mann gefunden zu haben, der das Unternehmen wieder aus der Verlust- in die Gewinnzone bringt. Gedanklich haben die Kapitalseigner zu diesem Zeitpunkt oftmals ihr Unternehmen schon aufgegeben. Wenn nun die Sanierung in einem Zeitraum von zwei bis drei Jahren erfolgreich durchgeführt wird, dann kommt oft bei den Kapitalseignern das Gcfühl auf, daß diese Krise nur scheinbar und nur vorübergehender Natur war und auch ohne den Sanierer zu überwinden gewesen wäre. Dieses an sich menschlich verständliche Verhalten des Kapitaleigners ergibt Spannungen zwischen dem Kapitalseigner und dem Sanierungsverantwortlichen, die dazu führen, daß der Sanierer Angebote, ein anderes Unternehmen zu sanieren, oft gern annimmt. Aber auch von seiten des Sanierungsverantwortlichen werden oft Spannungen in dieses Verhältnis hineingetragen, insbesondere dann, wenn ein Manager zum ersten Mal eine Sanierung durchgeführt hat. Er hat im Rahmen seiner meist sehr umfangreichen Kompetenzen eine Machtstellung erlangt, die insbesondere in mittelständischen Unternehmen sehr groß sein kann. Das führt unter Umständen dazu, daß er, wenn das Unternehmen wieder gesund ist, überheblich wird. Wie einige Fälle der betrieblichen Praxis gezeigt haben, streubt sich ein solcher überheblicher Sanierer oft, nach Abschluß der Sanierung den Kapitalseignern detaillierte und klare Planungen über die weitere Zukunft des Unternehmens zu geben. Er pocht vielmehr auf das Vertrauen, das ihm während der Sanierungsphase entgegengebracht wurde und meint, dieses wäre Beweis genug für die erfolgreiche Weiterführung des Unternehmens. Es ist klar, daß eine solche Einstellung unvernünftig ist. Eine gute und oft praktizierte Möglichkeit, dieses Spannungsverhältnis zwischen Kapitalseignern und Sanierern in mittelständischen Betrieben abzubauen bzw. wesentlich zu mindern besteht darin, daß ein Aufsichtsrat mit entsprechenden Persönlichkeiten besetzt wird, die in der Lage sind, dafür zu sorgen, daß Spannungsmomente rechtzeitig abgebaut werden können, und die Sanierung nicht nur positiv abgeschlossen werden kann, sondern daß auch das Unternehmen in der Zukunft mit den Verantwortlichen für die Sanierung an der Spitze weiter erfolgreich arbeitet.

Wir haben in diesem Erfahrungsbericht oft das Wort Sanierer benutzt, obwohl wir der Meinung sind, daß der Sanierer keine besondere Art oder Abart eines Managers ist. Vielmehr brachten wir klar zum Ausdruck, daß jeder gute Manager in der Lage sein muß, ein Unternehmen nicht nur in Zeiten der Not, sondern auch in guten Zeiten zu führen. Wir sprechen nur deshalb von Sanierer, weil dieses Wort kürzer als die Bezeichnung „Verantwortlicher für eine Sanierung" ist. Tatsächlich meinen wir aber nichts anderes. Ein Sanierer nach unserer Definition ist also ein Manager, der die Verantwortung für eine Sanierung übernommen hat, der aber auch gleichzeitig in der Lage ist, das Unternehmen nach Abschluß der Sanierung weiterzuführen und langfristig abzusichern. Das soll keineswegs bedeuten, daß eine Ein-Mann-Führung oder sogar eine autoritäre Führung die richtige Methode zur Überwindung einer Krise ist. Wie wir im Verlaufe unseres Erfahrungsberichts vielmehr klar zum Ausdruck bringen werden, ist ein Sanierer oder ein Verantwortlicher für eine Sanierung nichts anderes als der Vorsitzer eines Sanierungsteams, der im Rahmen eines kooperativen Führungsstils die Sanierung verantwortlich leitet.

3.1 Das Sanierungsteam schafft die Voraussetzungen

Die Führung eines Unternehmens unterliegt vielseitigen und vielschichtigen Einflußgrößen, die zu beachten sind und deren Gewichtung sich laufend verändert. Deshalb sind auch die Gründe, für eine Insolvenz eines Unternehmens in ihrer Entstehung und in ihrer Auswirkung vielfältig und komplex. In Kapitel 2 wurde diese Problematik geschildert. Die Sanierung, das heißt das Aufspüren und das Beseitigen der Gründe für eine Krise kann daher nicht von einem einzigen Mann geführt werden, sondern sie ist eine Aufgabe für ein Team von Managern. Es ist deshalb nicht richtig, ausschließlich von einem Sanierungsmanager zu sprechen, quasi in dem Sinne, als ob ein Mann in der Lage wäre, eine Sanierung allein durchzuführen. Vielmehr sind es mehrere Manager, die im Sanierungsteam zusammengefaßt sind, welche die komplexe Aufgabe einer Sanierung zu lösen haben. Allerdings hat die Erfahrung gezeigt, daß ein solches Sanierungsteam von einem erfahrenen Teamleiter geführt werden muß, der die gesamte Verantwortung trägt. Dieser Verantwortliche für die Führung oder kurz — der Sanierer — muß wissen, daß ihm ein Versagen angelastet wird, wenn die Sanierung nicht erfolgreich verläuft. Deshalb muß er auch die Freiheit haben, das Team so zusammenzustellen, wie es seiner Mentalität und seinem Programm entspricht.

Die Beschreibung des Sanierungsteams beginnen wir deshalb mit der Charakterisierung des *Teamleiters:* Er muß physisch und psychisch eine starke Natur sein, um den starken zeitlichen und nervlichen Belastungen gewachsen zu sein. Der *Sanierer* muß nicht nur das moderne Instrumentarium des Managements beherrschen, sondern auch entsprechendes Fingerspitzengefühl und Einfühlungsvermögen in die Psyche der Mitarbeiter und Führungskräfte besitzen, die in dem kranken Unternehmen arbeiten. Auf die besondere psychische Situation von Mitarbeitern in einem Unternehmen, das in einer Krise ist und oftmals mehrere Jahre hindurch mit Verlust gearbeitet hat, werden wir insbesondere in Abschnitt 12.1 unter „Motivation der Mitarbeiter" hinweisen. Diese Mitarbeiter reagieren nämlich anders als solche in gesunden Unternehmen: Sie sind empfindlich, unsicher, weich, verbittert, leicht verletzbar und gereizt. Deshalb muß der Teamleiter gerade auf dem Gebiet der praktischen Betriebspsychologie eine reiche Erfahrung mitbringen. Kurzum, der Sanierer muß ein Spitzenmanager mit ausgereifter Persönlichkeit sein, der ein Untenehmen bereits durch Krisenzeiten erfolgreich geführt hat und nach dem Motto "Learning by doing" die Motivation von Mitarbeitern mit Erfahrung erfolgreich praktizieren kann. Diese Eigenschaften sind auch ein Grund dafür, warum es wenig Manager für eine erfolgreiche Sanierung gibt, wie die Praxis gerade in den letzten Jahren gezeigt hat. Es hat sich auch als vorteilhaft erwiesen, daß der Verantwortliche für die Sanierung nicht aus dem eigenen Unternehmen kommt, sondern ein Betriebsfremder sein sollte. Weiter muß dieser Leiter des Sanierungsteams nicht unbedingt aus der Branche, sondern kann durchaus aus benachbarten Industriezweigen kommen. Unter benachbarten Industriezweigen verstehen wir zum Beispiel Elektrotechnik im Vergleich zum Maschinenbau. Nicht benachbart wären in diesem Sinne die Bau- und Textilindustrie. Ein branchenfremder Manager entscheidet nur allein nach logischen, wirtschaftlichen, rationalen und sozialpsychologischen Überlegungen, ohne daß er mit Unternehmens- und branchenspezifischer Blindheit belastet ist. Der Sanierer oder der Vorsitzende des Sanierungsteams muß weniger das Detail sehen, sondern die Struktur der Zusammenhänge. Aus dieser Gesamtschau muß er gemeinsam mit dem Sanierungsteam die Prioritäten für die Sanierungsmaßnahmen ableiten. Auch hieraus wird deutlich, daß es unzweckmäßig und wenig erfolgversprechend ist, den Verantwortlichen aus dem Unternehmen selbst zu holen, weil er in den meisten Fällen nicht so rasch durchgreifen und die Prioritäten nicht neutral genug festlegen kann. Es empfiehlt sich auch deshalb nicht, einem Mitglied der bisherigen Geschäftsführung die Gesamtverantwortung für eine Sanierung zu übertragen, weil ja gerade dieses Mitglied unter Umständen die Krise mit verschuldet oder zumindest diese nicht verhindert hat. Es könnte natürlich der Fall sein, daß der Geschäftsführung bereits ein neu eingestelltes Mitglied angehört, dem nicht der Ruf anhaftet, mit verantwortlich für die Krise zu sein. Dann könnte man diesem Herrn, der ja quasi noch Außenseiter ist, mit dieser Aufgabe betrauen, sofern er die oben beschriebenen Voraussetzungen erfüllt.

In zahlreichen Veröffentlichungen kommt zum Ausdruck, daß der Leiter des Sanierungsteams nur unter Anwendung des *autoritären Führungsstils* schnell und konsequent die notwendigen Sanierungsmaßnahmen planen und durchführen kann. Die Erfahrungen des Verfassers zeigen, daß diese Meinung falsch ist, weil der autoritäre Führungsstil nicht die besondere psychische Situation berücksichtigt, in der die Mitarbeiter eines kranken Unternehmens sich befinden. Der *kooperative Führungsstil* ist nicht nur in gut gehenden Unternehmen eine erfolgreiche Methode der Führung, sondern hat sich gerade in kranken als wirksam erwiesen. Unter kooperativem Führungsstil verstehen wir nicht nur die Delegation von Aufgaben und Verantwortung, nicht nur ein partnerschaftliches Verhältnis von Mitarbeitern und Vorgesetzten, sondern auch eine straffe Führung durch die Persönlichkeit des Führenden, durch Zielplanung und Kontrolle im Rahmen dieses Miteinanders. Wir haben in diesem Erfahrungsbericht des öfteren darauf hingewiesen, daß die sozialpsychologische Seite eine besondere Rolle bei der Sanierung spielt. Auch aus diesem Grunde ist hier der autoritäre Führungsstil bei der Sanierung abzulehnen, weil er wenig Raum für das Aufeinandereingehen und für die Entwicklung einer *Gruppendynamik* läßt. Ein autoritärer Führungsstil kann die vielen psychologischen und sozialpsychologischen Momente nicht berücksichtigen, die bei einer Sanierung zu beachten sind. Auch die Motivation der Mitarbeiter nimmt bei diesem Führungsverhalten einen zu geringen Raum ein.

Der kooperative Führungsstil ist auf dem Wege aus der Krise der beste. Zwar muß der Leiter des Sanierungsteams oftmals hart durchgreifen, aber dies hat nichts mit autoritärem Verhalten zu tun. Beim kooperativen Führungsstil werden gerade die psychologischen und sozialpsychologischen Momente berücksichtigt, so daß die Mitarbeiter viel eher gewillt sind, sich tatsächlich voll einzusetzen. Oft steht für eine Sanierung wenig Zeit zur Verfügung. Gerade aus diesem Grunde wird oft empfohlen, den autoritären Führungsstil anzuwenden. Dieser Meinung kann nicht zugestimmt werden, da die Bewältigung der Krise sich im wesentlichen als Überwindung der *sozialpsychologischen Schwierigkeiten* bei den Mitarbeitern darstellt, die durch den Weg in die Krise hervorgerungen wurden. Gerade hier aber ist der kooperative Führungsstil von Vorteil. Oberflächlich betrachtet, könnte man meinen, daß dessen Praktizierung mehr Zeit in Anspruch nehme als der autoritäre Führungsstil. Sicherlich ist es weniger zeitaufwendig, mit der Faust auf den Tisch zu schlagen oder eine schriftliche Anweisung ohne Diskussion zu geben, als die Mitarbeiter zu überzeugen, eine bestimmte Arbeit durchzuführen. Andererseits beobachtet man jedoch immer wieder, daß der autoritäre Führungsstil den Mitarbeiter nicht stimuliert, sondern ihn gerade in der Krise nach dem Motto „Dienst nach Vorschrift" arbeiten läßt. Oft werden auch Arbeiten bewußt falsch durchgeführt, um auch auf diese Weise den autoritären Sanierungsmanager ins Leere laufen zu lassen. Hier wird deutlich, daß die Durchführung von Sanierungsaktionen im Endeffekt bei einem kooperativen Führungsstil einen geringeren Zeitaufwand benötigt als beim autoritären. Wird kooperativ geführt, so muß allerdings die Forderung gelten, nicht zu lange zu handeln und nicht zu lange zu erklären, sondern den Mitarbeitern kurz und knapp verständlich zu machen, um was es geht, so daß der Zeitaufwand für die Diskussion und Überzeugung auf ein Minimum reduziert wird.

Der kooperative Führungsstil bietet im Rahmen der Sanierung auch den Vorteil, daß die Mitarbeiter sich freier fühlen, Vorstellungen und Ideen äußern, die nicht nur ihren Bereich, sondern auch das gesamte Unternehmen betreffen. Gerade der kooperative Führungsstil soll die Mitarbeiter ermutigen, ihre Vorschläge gleichzeitig dem Vorgesetzten und dem Sanierungsteam vorzulegen, damit unter dem Druck einer schnellen Sanierung keine Zeitverzögerung eintritt. Praktiziert der Sanierer einen autoritären Führungsstil, dann kommt viel seltener ein Mitarbeiter auf den Gedanken, eine entsprechende Idee, die vielleicht schon von seinem Vorgesetzten abgewürgt wurde, dem Sanierungsteam nochmals vorzulegen. Es gehört zu den Eigenschaften des Leiters eines Sanierungsteams, daß er trotz kooperativen Führungsstils, seine Aktionen rasch, gezielt und mit aller Härte durchführt. Auch aus der Sicht des Führungsstils ergibt sich, daß der Verantwortliche für eine Sanierung keine besondere Spezies von Managern ist, sondern ein Mann, der in guten wie in schlechten Zeiten im Rahmen des kooperativen Führungsstils die Mitarbeiter zu Höchstleistungen herausfordert und trotz der notwendigen Eile die Motivation der Mitarbeiter in den Mittelpunkt stellt.

Ein solcher *Spitzenmanager,* dem die schwierige Aufgabe übertragen wird, eine Sanierung durchzuführen, benötigt, wie bereits oben ausgeführt, ein Arbeitsteam. Selbstverständlich sollte ein solches mit Spitzenkräften besetzt sein. Jeder Personalberater weiß aber, wie schwierig es ist und wie lange es oftmals dauert, einen Spitzenmanager zu finden, der bereit ist, eine Sanierung durchzuführen. Es ist deshalb auch nicht ganz einfach, auf dem Arbeitsmarkt die anderen Mitglieder des Teams zu finden, zumal dann nicht, wenn die Sanierung schnell durchgeführt werden muß. Ist der Verantwortliche gefunden, so steht oft nicht mehr hinreichend genügend Zeit zur Verfügung, um auch die Mitglieder des Sanierungsteams von außerhalb des Unternehmens zu holen. Es empfiehlt sich dann, das Sanierungsteam zunächst aus leitenden Mitarbeitern des kranken Unternehmens zusammenzustellen. Dessen Größe hängt vom Grad der Komplexheit der Sanierung ab und wird von der Zahl der im Unternehmen zur Verfügung stehenden und für diese Aufgaben qualifizierten Mitarbeitern begrenzt. Das Sanierungsteam sollte aber nicht mehr als höchstens fünf Mitglieder umfassen, um größte Effektivität und Schnelligkeit bei der Entscheidungsfindung zu gewährleisten. Bei dessen Zusammenstellung ist besonders darauf zu achten, daß die Voraussetzungen für eine erfolgreiche Zusammenarbeit und für das Entstehen einer *Gruppendynamik* in weit höherem Maße vorhanden sein müssen, als bei der täglichen Arbeit in einem gesunden Unternehmen. Darüber hinaus muß von diesem Team verlangt werden, daß es keine *Arbeitszeitbeschränkungen* gibt. Die Mitglieder müssen deshalb kerngesund sein, um die physischen und psychischen vielseitigen und vielschichtigen Spannungszustände ertragen zu können. Die Auswahl der Mitglieder dieses Sanierungsteams sollte nach folgenden Gesichtspunkten erfolgen:

Im Gegensatz zum Teamleiter müssen die Teammitglieder das Unternehmen, zumindest aber die Branche kennen. Ihr Ansehen im Unternehmen sollte so gut sein, daß ihre Aussagen von den Mitarbeitern des Unternehmens akzeptiert werden. Insbesondere sollten sie vertrauenswürdig und kontaktfreudig sein, auf der anderen Seite aber auch über Durchsetzungsvermögen verfügen. Sie sollten das wesentliche eines Problems rasch erkennen und komplexe Situationen vereinfachen können. Sie sollten eine hohe *Lernfähigkeit* besitzen und in der Lage sein, die Vorstellungen des Verantwortlichen für die Sanierung, die oft für sie und das Unternehmen neu sind, rasch aufzunehmen und weiterzugeben. Die Erfahrung bei Sanierungen zeigt, daß zwar oft eine Reihe von leitenden Mitarbeitern geeignet sind, im Team mitzuwirken, aber nicht alle von vornherein über die oben beschriebenen Fähigkeiten verfügen. Dieser Mangel ist jedoch nicht überzubewerten, weil selbst ein Lernprozeß abläuft, der die Mitglieder des Sanierungsteams mit der Aufgabe wachsen läßt. Deshalb sind nicht nur die Lernfähigkeit, die Lernwilligkeit und die Fähigkeit, das Erlernte anschaulich weiterzugeben sondern auch die menschlichen Qualitäten unabdingbare Voraussetzungen für die Eignung zum Mitglied des Sanierungsteams.

Die Mitglieder der bisherigen Geschäftsführung genießen bei der Zusammenstellung des Sanierungsteams keinerlei Vorrechte. Die Auswahl der Mitarbeiter sollte der Verantwortliche für die Sanierung selbst treffen. Oft ist es bei kranken Unternehmen, selbst bei einer Belegschaft von tausend bis fünftausend Mitarbeitern, nicht möglich, fünf derartige qualifizierte Mitarbeiter zu finden. Dann sollte man zunächst mit einem unvollkommenen Sanierungsteam beginnen und gleichzeitig ein oder zwei neue Führungskräfte suchen, die die bisherigen Manager des kranken Unternehmens ablösen. Es ist jedoch, wie wir später noch beschreiben werden, zu vermeiden, ausschließlich neue Kräfte mit der Führung des kranken Unternehmens zu betrauen.

Die Erfahrung bei Sanierungen zeigt nämlich, daß der Verantwortliche und die Mitglieder des Sanierungsteams nicht *Angestellte auf Zeit* oder Berater sein sollten. Eine anhaltende Motivation und eine Herausforderung auf Dauer kann nur ein Manager erreichen, von dem die Mitarbeiter wissen, daß er auch in den nächsten Jahren im Unternehmen bleibt. Insbesondere bei kranken Familienunternehmen ist es vorteilhaft, wenn der Verantwortliche für die Sanierung Anteile am Unternehmen erwirbt und so dokumentiert, daß er quasi bis zur Pensionierung diesem angehören wird. Dann wenden sich die Mitarbeiter viel vertrauensvoller an ihn und an sein Team und müssen nicht laufend fürchten, daß nach der Sanierung der Kapitaleigner wieder die Unternehmensführung übernimmt, die ihre Stellung unter Umständen wieder gefährden könnte. Gleichermaßen muß der Verantwortliche für die Sanierung dafür sorgen, daß die Mitglieder des Teams längerfristige Anstellungsverträge erhalten, um zu dokumentieren, daß sie ebenfalls nicht auf Zeit, sondern auf Dauer dem Unternehmen angehören. Diese längerfristige Absicherung der Zusammenarbeit ist für eine Sanierung von großem Nutzen, weil erst dann die Vertrauensbasis für die notwendigen menschlich schwierigen Gespräche geschaffen wird.

Oftmals müssen im Rahmen der Sanierung *unternehmensexterne Berater* herangezogen werden. Die Verantwortung für die Durchführung der Sanierung und für die Motivation der Mitarbeiter, ja oft die Verantwortung für die Ist-Aufnahme, muß aber unbedingt beim Sanierungsteam liegen. Gerade in kranken Unternehmen sind die Mitarbeiter Unternehmensberatern gegenüber oft feindlich eingestellt. Deren Arbeit war aber oftmals deshalb nicht von Erfolg gekrönt, weil im Unternehmen die von Beratern empfohlene Voraussetzungen nicht geschaffen wurden: Bessere Koordination, Änderung des Führungsstils, Übergang vom Umsatz zum Gewinndenken usw. Gerade derartige Mißstände kann aber kein Berater beseitigen; er kann nur das Management überzeugen, seine Empfehlungen zu verwirklichen. Der beste Berater wird jedoch keinen Erfolg haben, wenn das Management nicht bereit ist, auf seine Vorschläge einzugehen. Solche Situationen trifft man häufig in kranken Unternehmen an, so daß es verständlich ist, wenn deren Mitarbeiter mißtrauisch gegenüber Unternehmensberatern oder Mitarbeitern auf Zeit sind.

3.2 Welche Aufgaben hat das Sanierungsteam?

Die *Aufgaben des Sanierungsteams* umfassen: Anregung, Planung und Kontrolle von Maßnahmen, durch die ein wirtschaftlich krankes Unternehmen wieder zu einem gesunden Unternehmen umgestaltet wird. Außerdem gehört zu diesen Aufgaben die Durchführung der Sanierungsmaßnahmen, die nicht an Mitarbeiter des kranken Unternehmens delegiert werden können. In Kapitel 5 werden wir auf eine Vielzahl solcher in der Praxis in europäischen Unternehmen erprobter Methoden und Maßnahmen eingehen. Die Arbeit des Sanierungsteams kann in fachliche und sozialpsychologische Aufgaben unterschieden werden. Wir beschränken uns in der folgenden Darstellung auf wesentliche Besonderheiten, die bei deren Lösung im Rahmen von zu sanierenden Unternehmen in Europa zu beachten sind.

Zu den besonderen *Aufgaben des Leiters eines Sanierungsteams* gehört es, dessen Mitarbeiter ständig zu beobachten, ob sie physisch und psychisch in der Lage sind, die anfallenden schwierigen Aufgaben zu lösen. Oftmals zeigt es sich, daß die einzelnen Mitarbeiter ihre physische Leistungskraft überschätzen. Denn gerade bei der Überwindung einer Krise darf nicht der Achtstundentag, auch nicht der Zehnstundentag die Regel sein, sondern um eine Krise rasch überwinden zu können, muß oft sechzehn Stunden pro Tag gearbeitet werden. Das bedeutet natürlich nicht, daß Quantität der Arbeit vor Qualität geht. Es gehört weiterhin zu den Aufgaben des Leiters des Sanierungsteams dafür zu sorgen, daß die Maßnahmen mit der notwendigen Schnelligkeit erarbeitet, beschlossen und durchgeführt werden. Weiter muß einerseits eine hohe Flexibilität bei den Überlegungen zur Sanierung praktiziert werden, und andererseits sollen voreilige Entschlüsse, die oftmals mit der Grund für den Beginn der Krise war, vermieden werden. Eine Hektik wirkt sich bei der Sanierung ungünstig und negativ aus. Ferner muß der Vorsitzende des Sanierungsteams laufend kontrollieren, ob die einzelnen Aktionen und deren Zielsetzungen nicht nur dem Sanierungsteam, sondern ebenso den anderen Mitarbeitern des Unternehmens bekannt und klar sind. Diese *Kontrolle* sollte sich auch darauf erstrecken, ob die Mitarbeiter ihre Arbeitsmethoden beherrschen. Oft stellt sich nämlich erst nach Wochen und Monaten heraus, daß unzureichende oder falsche Ergebnisse herausgekommen sind, weil die Mitarbeiter den Hintergrund und die Konsequenzen ihrer Arbeitsmethoden und Techniken nicht klar erkannten. Dadurch kann unter Umständen die Sanierung verzögert werden oder, was noch gravierender wäre, der gesamte Erfolg gefährdet werden. Unsere oben aufgestellte Forderung, dem Mitarbeiter Vertrauen in seine Arbeiten, in seine Fähigkeiten zu geben, steht nur im scheinbaren Gegensatz zu unserer hier geäußerten Auffassung, die mit der Durchführung der Sanierungsmaßnahmen beauftragten Mitarbeiter ständig zu kontrollieren. Die schwierige Aufgabe des Sanierungsteams besteht ja gerade darin, einerseits dem Mitarbeiter, der mit Sanierungsaktionen oder deren Details beschäftigt ist, das Gefühl zu geben, daß man Vertrauen in seine Fähigkeiten hat. Andererseits muß bei ihm Verständnis dafür geweckt werden, daß die Durchführung der Maßnahmen kontrolliert werden muß, um die Sanierung nicht zu gefährden. Der Verantwortliche für die Sanierung sollte insbesondere darauf achten, daß sich die Team-Mitglieder nicht über die Vorstellungen der Mitarbeiter des Unternehmens hinwegsetzen und am grünen Tisch erdachte Projekte durchführen. Alle Mitarbeiter müssen bei der Erarbeitung von zu praktizierenden Sanierungsmaßnahmen offen zusammenarbeiten. Das erfordert ein hohes Maß an Fingerspitzengefühl. Deshalb gehört es zu den wichtigsten Aufgaben des Verantwortlichen, daß er die Einbeziehung der Mitarbeiter des kranken Unternehmens in die Arbeit des Sanierungsteams überwacht.

Bevor ein Sanierungsteam eingesetzt wird, ist in der Regel das Management des kranken Unternehmens bemüht, die Verluste des Unternehmens dadurch zu mindern, daß Mitarbeiter entlassen werden. Oft werden solche *Entlassungsaktionen* falsch durchgeführt: In jeder Abteilung wird eine möglichst hohe Anzahl von Mitarbeitern entlassen. Es wird nicht versucht, vor der Entlassungsaktion mit denjenigen Mitarbeitern ein offenes Gespräch durchzuführen, die bei der Sanierung benötigt werden und die deshalb dem Unternehmen weiterhin angehören sollten. Ein Sanierungsteam, das seine Arbeit beginnt, findet deshalb meistens die folgende Situation vor: Viele gute Mitarbeiter haben gekündigt; mittelmäßige haben einen Wechsel nicht gewagt oder haben eine Chance gesehen, in der Hierarchie des kranken Unternehmens aufzusteigen. Das Durchschnittsalter der Belegschaft ist hoch, weil aus sozialen Gründen Arbeitnehmern mit längerer Betriebszugehörigkeit nicht gekündigt wurde. Zu den besonderen Aufgaben eines Sanierungsteams gehört es deshalb, mit dem vorhandenen, oftmals mittelmäßigen Personal die komplexen und schwierigen Aufgaben zu lösen. Deshalb ist es erforderlich, alle geistigen Reserven der noch verbliebenen Mitarbeiter zu mobilisieren. Dabei zeigt sich aus Erfahrung, daß auch mittelmäßige Mitarbeiter bei einer entsprechenden Motivation wichtige Vorschläge für die Sanierung machen können.

Oft fehlt nicht nur das Geld, sondern auch die Zeit, um neue Mitarbeiter einzustellen und einzuarbeiten, so daß zur Einleitung von Sanierungsmaßnahmen ausschließlich das vorhandene Personal zur Verfügung steht. Die Erfahrung lehrt, daß die erste Aufgabe des Sanierungsteams aus diesen Gründen nicht darin bestehen sollte, Manager des kranken Unternehmens zu entlassen. Die Manager, die den Weg in die Krise mitgegangen sind, verfügen oft über wichtige Informationen, über den Hintergrund der Krise, die für die Gesundung des Unternehmens wertvoll sein können. Deren Entlassung erscheint zwar oft als der einfachste Weg, jedoch ist man bei dieser Maßnahme nicht sicher, ob die neu einzustellenden sowohl in fachlicher als auch in menschlicher Hinsicht wirklich besser sind. Die Erfahrungen, die bei Sanierungsaktionen europäischer Unternehmen gewonnen wurden, zeigen, daß es besser ist, die *bisherigen Manager* im kranken Unternehmen zu belassen und sie mit aller Entschiedenheit und Härte auf den neuen Stil umzufunktionieren. In einer späteren Phase der Sanierung kann dann der eine oder andere Manager ausgewechselt werden, sofern er die von ihm erwartete Leistung tatsächlich nicht erbringen kann. Eine der wichtigsten Aufgaben des Sanierungsteams besteht also auch darin, die Mitarbeiter des kranken Unternehmens zum Umdenken zu bewegen. Aus zeitlichen Gründen ist es oft nicht möglich, jeden Mitarbeiter im Zweiergespräch mit den neuen Ideen, Vorstellungen und Methoden vertraut zu machen. Vielmehr hat sich insbesondere bei Sanierungen das Lernen in Gruppen bestens bewährt. Die Zusammenfassung mehrerer Mitarbeiter des kranken Unternehmens zu einer Gruppe stellt für das Sanierungsteam eine gute Möglichkeit dar, die *Lernprozesse* schneller und besser anzuregen und durchzuführen. Das *Lernen in der Gruppe* ist viel effizienter als die Diskussion unter vier Augen zwischen einem Mitglied des Sanierungsteams und einem weiteren Mitarbeiter des kranken Unternehmens. Dieses Lernen in und mit der Gruppe bedeutet nicht, daß Vorträge gehalten werden. Vielmehr wird didaktisch so vorgegangen, indem ein Mitglied des Sanierungsteams die jeweiligen Arbeitsgruppen beim Erarbeiten und Durchführungen von Lösungsmöglichkeiten gleichsam als Lehrer führt und zusammen mit den Mitgliedern dieser Teams analysiert und logisch aufbauend begründet, warum diese oder jene Methode zu bevorzugen ist, warum diese oder jene Aktion mit höherer Priorität durchzuführen ist. Es handelt sich also um einen Arbeits- und Lernprozeß, der in zahlreichen Gruppen des zu sanierenden Unternehmens abläuft. Die Effizienz des Sanierungsteams wird hierdurch wesentlich gesteigert: Man muß nicht mehr jeden Mitarbeiter einzeln davon überzeugen, daß die neuen Ideen und Wege notwendig sind, um die Krise zu überwinden. Das Lernen in der Gruppe reduziert den didaktischen, als auch den zeitlichen Aufwand für das Sanierungsteam wie für den einzelnen Mitarbeiter. Es ist also nicht nur eine psychologische, sondern auch eine rein ökonomische Notwendigkeit, wenn man bei einer Sanierung die Vorteile des Lernens in der Gruppe nutzt. Dieser Lernprozeß aller Mitarbeiter mobilisiert alle Kräfte und fördert die Stimmung „mitzumachen". Man kann sogar sagen, daß die wesentlichste Voraussetzung zur Sanierung in der Bereitschaft der Mitarbeiter des kranken Unternehmens liegt, tatkräftig mitzuwirken. Das Sanierungsteam muß neue Wege aufzeigen und ist insofern mit einem Arzt vergleichbar, der den Patienten Verhaltensvorschriften macht und ihm eine bestimmte Medizin verschreibt. Der Patient muß selbst mithelfen, um den Gesundungsprozeß zu unterstützen und zu beschleunigen. Ähnlich verhält es sich in einem kranken Unternehmen: Alle Mitarbeiter müssen mithelfen, die Anregungen, Vorschläge und Maßnahmen des Sanierungsteams zu verwirklichen, um die Sanierung in Gang und schließlich zum glücklichen Abschluß zu bringen.

Eine der Schwierigkeiten bei dieser Arbeit besteht auch darin, die Anweisungen nicht nur klar, sondern auch anschaulich und eindeutig zu formulieren. Diese überspitzte Anschaulichkeit ist deshalb notwendig, weil die Mitarbeiter in Zeiten der Krise oft unklare, verschwommene Anweisungen erhalten haben und deshalb gewohnt sind, aus diesen *unverständlichen Informationen* ihre eigene Meinung herauszulesen. Das muß abgeschafft und unterbunden werden. Gerade das Sanierungsteam muß größten Wert darauf legen, daß ja die Anweisungen in keiner Weise Raum für mehrere Interpretationen geben. Oft ist es notwendig, zusätzlich in einer Sitzung nochmals die einzelnen bereits schriftlich formulierten Sanierungsmaßnahmen zu erläutern, um sicher zu gehen, daß die Anweisungen auch in allen Details richtig verstanden worden sind.

Um Schwierigkeiten bei der Arbeit zu vermeiden, müssen die Mitglieder des Sanierungsteams auch versuchen, eine *gerechte Beurteilung* der Mitarbeiter anzustreben. In einem Unternehmen, das in der Krise ist, wird oft nicht die wirkliche, sondern die scheinbare Leistung eines Mitarbeiters anerkannt. Darunter werden Aktivitäten verstanden, die zwar äußerlich glänzend erscheinen, tatsächlich aber dem Unternehmensziel wenig dienlich sind. Bei genauerer Analyse entpuppen sich diese Leistungen als hohl und wertlos. Das Management eines kranken Unternehmens kann Scheinleistungen oft nicht von echten Leistungen unterscheiden und greift nach jedem Strohhalm. Wie die Erfahrung zeigt, sind deshalb Ungerechtigkeiten bei kranken Unternehmen an der Tagesordnung. Das Sanierungsteam muß deshalb darauf hinarbeiten, daß noch gerechter als in einem gesunden Unternehmen verfahren wird, es muß sich bemühen, einen deutlichen Einschnitt gegenüber der Situation vor Beginn der Sanierung zu erhalten.

Jeder Mitarbeiter ist gleich zu behandeln, ob er alt oder jung ist, wie lange er im Unternehmen war, welche Position er inne hat usw. Die Aussagen aller Mitarbeiter des kranken Unternehmens dürfen nur ihrer fachlichen Bedeutung nach gewichtet werden. Ausnahmen sind zu vermeiden, denn nur wenige Sonderfälle führen leicht zu dem Eindruck, daß die Verhältnisse unter dem Sanierungsteam nicht besser sind als vorher.

Schwierigkeiten können bei der Arbeit des Sanierungsteams dann auftreten, wenn von dessen Mitgliedern zu viele *unrealistische Versprechungen* gemacht werden. Es ist eine Grundvoraussetzung, daß Versprechungen im Rahmen von Sanierungsaktionen unbedingt eingehalten werden. Wenn sich herausstellt, daß ein gegebenes Wort nicht gehalten wird, dann verlieren die Mitarbeiter das Vertrauen zum Sanierungsteam. Vertrauen ist aber eine Grundvoraussetzung für eine gezielte Sanierung. Entsteht im Zuge der Sanierungsarbeiten Mißtrauen, so ist die Folge, daß Parallelen gezogen werden zum Zustand davor und sich der gleiche

Argwohn und die gleiche Disharmonie breitmachen wie früher. In vielen zu sanierenden Unternehmen wurde nämlich zuviel versprochen, indem das Management erklärte, „wenn wir das schaffen, bekommt ihr das und das". Diese Versprechungen wurden meistens nicht eingehalten, weil sie auch nicht einzuhalten waren; denn die wirtschaftliche Situation des Unternehmens wurde immer schlechter, die Krise größer.

Eine weitere Schwierigkeit bei der Arbeit des Sanierungsteams kann dann auftreten, wenn laufend auf die schlechten Verhältnisse hingewiesen wird, die es zu beseitigen gilt. Bei der Erfüllung ihrer Aufgaben sollen es die Mitglieder des Sanierungsteams tunlichst vermeiden, die verunsicherten Mitarbeiter laufend daran zu erinnern, wie stark das Unternehmen heruntergewirtschaftet wurde. Auch soll man die Fehler, die während der Sanierung von Mitarbeitern gemacht werden, nicht aufbauschen oder nachtragen. Die Mitarbeiter in einem zu sanierenden Unternehmen machen am Anfang der Sanierung oft sehr viele Fehler, die in ihrer psychischen Situation begründet liegen. Mangelhafte Arbeiten, die während der Sanierung von den Mitarbeitern des Unternehmens erstellt werden, müssen in aller Ruhe gemeinsam mit den Mitarbeitern diskutiert werden. Man sollte den Mitarbeitern nahe bringen, daß es kein Verbrechen ist, einen Fehler zu machen, sondern daß ein Versagen erst dann zu einem Fehler wird, wenn man nicht bereit ist, aus den Erkenntnissen zu lernen. Gerade das Vergeben von Fehlern erleichtert es dem Sanierungsteam, seine Aufgaben besser und schneller zu erfüllen.

3.3 Für was ist das Sanierungsteam zuständig?

Die *Kompetenzen* des für die Sanierung verantwortlichen Managers, muß so umfassend sein, daß er alle Aktionen, die im Sanierungsplan niedergelegt sind, ohne Verzögerung durchführen kann. Er hat damit praktisch den Vorsitz der Geschäftsführung des zu sanierenden Unternehmens zu übernehmen. Die Erfahrung zeigt, daß dies eine Forderung ist, die unbedingt erfüllt werden muß, wenn eine Sanierung erfolgreich durchgeführt werden soll. Auch die *Zuständigkeit der Mitglieder des Sanierungsteams* müssen so ausgestattet sein, daß sie als Projektmanager die volle Verantwortung für die Realisierung der geplanten und von ihnen kontrollierten und geleiteten Aktionen tragen. Projektmanager sollten im Rahmen einer Sanierung Weisungsbefugnis gegenüber den Mitarbeitern haben. Sie werden also gleichsam zu einer Organisationseinheit unter der Leitung des Projektmanagers zusammengefaßt. Die Organisation des kranken Unternehmens bleibt, sofern keine gravierenden Fehler bei der bestehenden zu beseitigen sind, in dieser ersten Stufe der Sanierung erhalten, wird aber von den *Kompetenzen dieser Projektmanager* überlagert. Normalerweise entsteht in einem gesunden Unternehmen Unruhe, wenn mit umfassenden Kompetenzen neben der eigentlichen Organisation operiert wird. In einem kranken Unternehmen ist diese Unruhe aber positiv zu beurteilen: Die Mitarbeiter stellen fest, daß ein neuer Wind nicht nur in den oberen Etagen der Hierarchie, sondern auf allen Ebenen des Unternehmens weht. Durch dieses Projektmanagement können die Fortschritte der Sanierungsaktionen klarer gemessen und analysiert werden. Alle Mitarbeiter können viel schneller mit dem Gedankengut des Sanierungsteams vertraut gemacht werden, als wenn diese neuen Vorstellungen über die hierarchischen Stellengliederung nach unten weitergeleitet werden. Außerdem weiß man aus Erfahrung, daß eine neue Denkweise, sobald sie in einem Unternehmen über die hierarchische Struktur weitergetragen wird, oft verfälscht wird. Auf die Vorteile des Projektmanagements wird später bei der Beschreibung der Sanierungsaktionen noch eingehender eingegangen werden. An dieser Stelle sollte diese Problematik nur kurz gestreift werden, um die Kompetenzen der Mitglieder des Sanierungsteams beschreiben zu können.

Es ist einleuchtend, daß die Zuständigkeiten des Sanierungsteams allen Mitarbeitern des zu sanierenden Unternehmens schriftlich und mündlich klar und anschaulich dargestellt werden müssen. Bei der besonderen psychischen Situation, in der sich die Mitarbeiter eines kranken Unternehmens befinden, wird dieser *Aufklärungsprozeß* eine gewisse Zeit in Anspruch nehmen. Da eine wichtige Voraussetzung für das erfolgreiche Wirken des Sanierungsteams jedoch darin besteht, daß alle Mitarbeiter des kranken Unternehmens über die umfassenden Kompetenzen der Mitglieder des Sanierungsteams unterrichtet sind, ist es erforderlich, öfter und nicht in zu großen Zeitabständen auf die Zuständigkeiten des Sanierungsteams immer wieder hinzuweisen. Mit diesen umfassenden Kompetenzen, mit denen die Mitglieder des Sanierungsteams ausgestattet sind, wird klar und unmißverständlich zum Ausdruck gebracht, daß sie in diesem Rahmen Entscheidungen treffen können, bei denen kein anderer vorgesetzter Abteilungsleiter, Hauptabteilungsleiter, Bereichsleiter oder ein Mitglied des Vorstandes oder der Geschäftsführung vorgeschaltet ist. Die Erfahrung zeigt, daß die leitenden Mitarbeiter des kranken Unternehmens in dieser Hinsicht oft einen Lernprozeß durchmachen müssen, denn sie glauben häufig, daß sie von Fall zu Fall oder, wie sie manchmal meinen, in ganz „besonderen Situationen" doch noch die Entscheidungsbefugnis besitzen. Ausnahmeregelungen innerhalb des Kompetenzbereiches des Sanierungsteams zuzulassen würde jedoch bedeuten, die Mitarbeiter des kranken Unternehmens weiter zu verunsichern, zu demotivieren und sicherlich die gesamte Sanierung zu gefährden.

Bei allen Vorteilen, die der kooperative Führungsstil bietet, sind die hier beschriebenen, umfassenden Kompetenzen des Sanierungsteams eine „conditio sine qua non", über die nicht diskutiert werden kann und für die es auch keine Ausnahmen oder Einzelfälle gibt.

Bei der Diskussion der Kompetenzen stellt sich auch die Frage nach der *Ressortgebundenheit* der Mitglieder des Sanierungsteams. Wie wir an mehreren Stellen dieses Erfahrungsberichtes dargelegt haben, sind die notwendigen Maßnahmen sehr komplex und wirken sich meistens nicht nur auf einen, sondern auf mehrere Unternehmensbereiche aus. Aus diesen Gründen ist es von Vorteil, wenn die Mitglieder des Sanierungsteams nicht nur für ein bestimmtes Ressort zuständig sind, sondern die Lösung ihrer Aufgaben ressortungebunden in Angriff nehmen können. In der Praxis der Sanierung geht man dabei so vor, daß die Mitglieder des Sanierungsteams zwar vornehmlich mit Aufgaben betraut werden, deren Schwerpunkt in dem Ressort liegt, in dem sie eine besondere Erfahrung haben oder aus denen sie kommen. Jedoch dürfen die Aufgaben nicht nur auf dieses eine beschränkt bleiben. Es ist darüber hinaus notwendig, die Auswirkungen von Sanierungsmaßnahmen und die daraus zu ziehenden Folgerungen auf alle Bereiche des Unternehmens auszudehnen. Eine solche an Ressorts nicht streng gebundene Durchführung der Sanierung darf nicht mit der Einführung einer ressortlosen Unternehmensführung verglichen oder verwechselt werden. Letztere benötigt nämlich für ihre Einführung eine beachtliche Zeit, die bei einer Sanierung nicht zur Verfügung steht. Auch sind hierbei die Aufgaben der Mitglieder des Sanierungsteams weit mehr als bei einer ressortlosen Unternehmensführung mit konkreten Linienaufgaben verbunden. Die Durchführung schwieriger Maßnahmen muß nämlich nicht nur geplant, gesteuert und kontrolliert werden, sondern es ist oft unumgänglich, daß die Mitglieder des Sanierungsteams persönlich Hand anlegen müssen, wenn an einem Detail der gesamte Ablauf nicht weiterkommt. Die *Ressort-Ungebundenheit* des Sanierungsteams hat auch die Ausschaltung von Ressort-Interessen zur Folge. Außerdem wird die Lösung der vielschichtigen Aufgaben stärker in den Vordergrund gerückt, indem das Mitglied des Sanierungsteams indirekt gezwungen wird, sich auf die Planung, Steuerung und Kontrolle insgesamt stärker zu konzentrieren. Es kann damit die Vielschichtigkeit der Sanierungsaktionen besser erkennen, beobachten und verfolgen.

4

Wie eine Sanierung abläuft

Die Schritte, die das Sanierungsteam zu planen und zu praktizieren hat, müssen so ablaufen, daß sie allen Mitarbeitern des kranken Unternehmens sinnvoll und verständlich sind. Meistens sind die Prozesse des unternehmerischen Geschehens in einem kranken Unternehmen ungeordnet und unmethodisch. Entscheidungen werden oft „Hals über Kopf" und verworren getroffen. Gerade deshalb muß der *Ablauf der Sanierungsmaßnahmen* besonders geordnet erfolgen; nicht nur, um sie so effizient wie möglich zu gestalten, sondern auch um die Mitarbeiter von der bisherigen Unordnung zu befreien und ihnen wieder Übersicht und Halt zu geben. In vielen zu sanierenden Unternehmen atmen die Mitarbeiter im wahrsten Sinne des Wortes auf, wenn die ersten klaren und wohlorganisierten Schritte zur Sanierung vorgestellt werden. Sie drängen dann in der Regel geradezu danach, an der neuen Ordnung mitzuarbeiten und damit die Maßnahmen zu verwirklichen. Dieser Hinweis auf die Notwendigkeit einer klaren und anschaulichen Ordnung bei der Durchführung der Sanierungsmaßnahmen soll nicht bedeuten, daß in einem gesunden Unternehmen die Abläufe nicht geordnet erfolgen. Ganz im Gegenteil: Unsere Ausführungen sollen verdeutlichen, daß es bei einer Sanierung in noch höherem Maße auf eine klare Ordnung bei der Durchführung von unternehmerischen Entscheidungen ankommt. Man darf sich nicht unter dem Druck der Zeit und Not, in der sich das kranke Unternehmen befindet, hinreißen lassen, von der im gesunden Unternehmen üblichen Ordnung der Durchführung von Planungen abzuweichen.

Der Ablauf der Sanierungsaktivitäten erfolgt normalerweise in Stufen. Zunächst muß das Sanierungsteam eine *Ist-Aufnahme* der aktuellen Situation des Unternehmens erstellen. Es schließt sich dann die Analyse des Ist-Zustandes an. Auf der Basis dieser Erkenntnisse sind Sanierungsmaßnahmen zu erarbeiten, die in einem Plan zusammengefaßt werden müssen. Die quantifizierbaren Ziele der Sanierungsaktionen sind zu verdichten und in eine Planbilanz, Plangewinn- und Verlustrechnung sowie in eine Liquiditätsplanung zu integrieren. Schließlich sind die Maßnahmen zur Sanierung sowie deren zu erwartende quantifizierbaren und nicht quantifizierbaren Erfolge dem von der Krise betroffenen Personenkreis vorzutragen und, sofern es sachlich und psychologisch erforderlich ist, dessen Einverständnis einzuholen. Dieser setzt sich aus den *Mitarbeitervertretungen* des kranken Unternehmens, den *Kapitaleignern*, den *Banken* und den wesentlichen *Geschäftspartnern* zusammen. Ist dieser Schritt erfolgt, so werden die geplanten Maßnahmen im Unternehmen eingeführt. Dieser Ablauf der Arbeiten, die vor Beginn der eigentlichen Sanierungsmaßnahmen durchgeführt werden müssen, erscheint oft Managern, die die Verantwortung für eine Sanierung zum ersten Mal übernehmen als zu umständlich und zu zeitaufwendig. Unter dem starken Druck der finanziellen Verhältnisse versuchen manche Verantwortliche für die Sanierung viel zu rasch Hand anzulegen und die oben erwähnten Vorarbeiten während der Durchführung der ersten Aktionen nachzuholen. Ein solches Vorgehen führt meistens zu Ärger mit dem betroffenen Personenkreis und vermindert auch die Effizienz der Sanierungsmaßnahmen.

Im Gegensatz zu dem oben skizzierten Ablauf der Vorarbeiten ist die *Reihenfolge der Sanierungsmaßnahmen* nicht in jedem zu sanierenden Unternehmen gleich. Sie können hintereinander und parallel ablaufen — entsprechend der besonderen Situation des kranken Unternehmens und entsprechend einem sinnvollen und wirksamen Vorgehen. Der Aktionsplan ist also im Inhalt und im Ablauf bei jeder Sanierung anders und richtet sich nach der Größe des Unternehmens, nach der Schwere und den Ursachen, kurzum, nach den spezifischen und unterschiedlichen individuellen Momenten der Krise in einem Unternehmen. Der Plan der Sanierungsaktionen sowie die quantifizierbaren und nicht quantifizierbaren Ziele sind der Kern der eigentlichen Sanierung. Während der Plan für jeden Sanierungsfall sowie die Reihenfolge der Sanierungsmaßnahmen unterschiedlich sind, sind einige Maßnahmen selbst einander oft ähnlich. Das bedeutet, daß in kranken Unternehmen häufig die gleichen Fehler gemacht werden.

Trotz unserer Forderung nach einer klaren Ordnung, einer anschaulichen Darstellung der Vorarbeiten und der Maßnahmen, muß die Sanierung trotzdem flexibel durchgeführt werden. Die Planung und Durchführung darf nicht als starres Korsett praktiziert und empfunden werden, sondern als Richtschnur. Manchmal zeigt sich bei der praktischen Durchführung, daß im Detail große Schwierigkeiten auftreten. In solchen Fällen muß unter Umständen die Planung der Sanierung geändert und an die besondere Situation des Unternehmens angepaßt werden. Ein solches *Nachjustieren einer Planung* kommt gerade bei Sanierungsmaßnahmen häufig vor, da die Schwierigkeiten sich oft erst bei der Detialarbeit zeigen. In gesunden Unternehmen sind Schwierigkeiten, die bei der Durchführung von Maßnahmen entstehen, viel eher vorhersehbar und auch besser zu überwinden. Einerseits liegen geordnete Verhältnisse vor, und andererseits ist die Mitarbeiterqualifikation und Motivation in normalen Verhältnissen besser als bei kranken Unternehmen. Bei der laufenden Anpassung einer Sanierungsplanung darf allerdings — was häufig geschieht — nicht vergessen werden, die bereits genehmigten Planzahlen zu korrigieren und die alten Anweisungen zurückzuziehen, die durch die Anpassung überholt sind. Selbstverständlich darf als Folge dieser Anpassung bei Mitarbeitern des Unternehmens nicht das Gefühl entstehen, daß die Sanierung unsystematisch ablaufe und die Planung der Sanierungsaktion nur eine Farce ist. Deshalb müssen getroffene Anpassungsmaßnahmen den Mitarbeitern klar dargestellt und begründet werden.

4.1 Frage Nr. 1: Wie ist der Zustand des Unternehmens?

Bevor über Maßnahmen zur Überwindung einer Krise in einem kranken Unternehmen nachgedacht wird, ist es notwendig, die Situation des Unternehmens zu erkennen und zu analysieren. Die Erfahrung zeigt, daß gerade dafür nicht nur eine *Status-Aufnahme* erforderlich ist, sondern auch eine *Planbilanz*, eine *Plangewinn- und Verlustrechnung* sowie eine *Liquiditätsvorschau* für das folgende Geschäftsjahr. Die Status-Aufnahme zum Zeitpunkt des Beginns der Sanierung zeigt zwar, welche Relationen der Gewinn- und Verlustrechnung, der Bilanzstruktur sowie der Liquiditätssituation kritisch sind und verbessert werden müssen. Aber erst die Entwicklung der Zahlenstruktur und Größen gibt ein abgerundetes Bild über die tatsächliche Lage des Unternehmens und gewährleistet die richtige Wahl der geeigneten Maßnahmen zur Sanierung. Die Situation des Unternehmens wird also nicht nur in einer isolierten Momentaufnahme dargestellt, sondern durch zwei Darstellungen, das heißt, zwei Bilanzen, zwei Gewinn- und Verlustrechnungen, zwei Liquiditätsrechnungen. Damit wird dem zeitlichen Charakter des Betriebsgeschehens stärker Rechnung getragen. Diese zeitliche Auffächerung ist erforderlich, um beurteilen zu können, welche Sanierungsmaßnahmen bevorzugt im Unternehmen einzuführen sind, um die Krise zu überwinden. Bei der Beleuchtung der künftigen Situation ist zunächst davon auszugehen, daß das Sanierungsteam noch nicht vorhanden ist und das Unternehmen wie bisher weiterläuft. Diese Planrechnung, das heißt, die Planbilanz, die Plan-G+V und die Liquiditätsvorschau muß verdeutlichen, wie sich das Unternehmen für ein Jahr ohne die Mithilfe des Sanierungsteams weiter entwickeln würde. Integrierte man in dieser zweiten Momentaufnahme des kranken Unternehmens bereits die Erfolge von Sanierungsmaßnahmen, dann könnte das Sanierungsteam aus dem Vergleich dieser beiden Momentaufnahmen nicht die Auswirkung der Krise im wirklichen Ausmaß erkennen und Schlußfolgerungen für die Priorität und die Reihenfolge der Sanierungsmaßnahmen ziehen.

In kranken Unternehmen stellt man oft fest, daß das Management sich in der Sicherheit wiegt, die Gründe der Krise zu kennen. Meistens handelt es sich jedoch dabei nicht um die eigentlichen Ursachen. Diejenigen, die vor dem Beginn der Sanierung von den bisher Verantwortlichen benannt werden, sind meistens unzutreffend und stellen zumeist Umstände dar, die man vom Unternehmen her angeblich oder wirklich nicht beeinflussen kann: Umsatzrückgang auf einem schrumpfenden Markt, Veränderung der Währungsparitäten, Krise der Branche usw. Daher besteht eine der ersten Aufgaben des Sanierungsteams darin, die oben genannten zwei Momentaufnahmen selbst zu erarbeiten oder zumindest die Arbeiten dazu genauestens zu überwachen, um auch tatsächlich ein echtes Bild der Lage zu erhalten. Diese Studie soll ohne Rücksicht auf das bisherige Management und die Kapitalseigner, die manchmal noch dem Unternehmen angehören, durchgeführt werden. Im Mittelpunkt dieser Betrachtungen muß immer der Gedanke stehen, dem Unternehmen wieder den Weg aus der Krise zu zeigen. Auch sollte in keiner Weise Rücksicht auf diejenigen genommen werden, die den Weg in die Krise mitgegangen sind und die unter Umständen im Sanierungsteam mitarbeiten. Unbedingte Offenheit ist in dieser Stunde der Not oberstes Gebot. Sonst kann die Frage nach dem Überleben des Unternehmens nur mit einem klaren nein beantwortet werden. Bei diesen Arbeiten zur Feststellung der Situation des kranken Unternehmens muß großer Wert auf die Koordination aller Informationen sowie auf die Analyse der gegenwärtigen und zukünftigen Situation der einzelnen Unternehmensbereiche oder Abteilungen gelegt werden. Die Einzelinformationen und die Einzelerkenntnisse in den Abteilungen oder Bereichen sind zwar interessant und notwendig, aber erst die richtige Verdichtung dieser Informationen zu einem Gesamtbild bildet die Grundlage dafür, die echten und die wahren Gründe der Krise zu erkennen. Erfolgt die Koordination dieser Arbeiten fehlerhaft, so ist es möglich, daß man glaubt, in einer Abteilung einen Grund für die Krise gefunden zu haben, wobei in Wirklichkeit der Mißstand dieser Abteilung durch eine gegenläufige Bewegung in einer anderen herrührt. Die Entscheidung über die Durchführung von Sanierungsmaßnahmen auf der Basis von Engpässen oder miserablen Zuständen in einer Abteilung führt deshalb oft zu falschen Schlußfolgerungen. Brauchbare können erst aus der Gesamtschau des kranken Unternehmens gezogen werden.

Weiterhin ist bei der Erstellung dieser zwei Momentaufnahmen zu beachten, daß die Mitglieder des Sanierungsteams nicht mit geheimnisvollen oder verschlossenen Mienen im Betrieb herumlaufen, Daten erfragen und zusammenstellen sollen. Gerade unter dem Aspekt der Motivation ist es dringend erforderlich, daß alle Arbeiten, insbesondere aber diese ersten Vorarbeiten in aller Offenheit durchgeführt werden. Vor

Beginn der Ist-Aufnahme muß deshalb allen Mitarbeitern erklärt werden, warum welche Informationen abgefragt werden und weshalb es so bedeutsam ist, daß die Genauigkeit der einzelnen Auskünfte laufend überprüft wird. Dennoch darf die ständige Kontrolle der Sanierungsarbeiten durch das Sanierungsteam bei den Mitarbeitern niemals ein Gefühl des Mißtrauens erwecken. Um deren *Motivation* nicht negativ zu beeinflussen, muß deshalb die Erfassung der Situation des kranken Unternehmens möglichst rasch durchgeführt werden. Selbst wenn dies auf Kosten einer allzu großen Genauigkeit geht. Bei einer Sanierung ist eine hundertprozentige Genauigkeit bei der Aufnahme des gegenwärtigen Zustandes nicht unbedingt erforderlich. Es ist nur wichtig, die richtigen Größenordnungen festzustellen. Man kann sich auch deshalb ohne weiteres mit einer geringeren, beispielsweise achtzigprozentigen Genauigkeit begnügen. Präzise Informationen wird man ohnehin bei Beginn der Sanierungsarbeiten von den Mitarbeitern des kranken Unternehmens nicht erhalten. Auf dieses Problem haben wir an anderer Stelle schon des öfteren hingewiesen.

Die Mitarbeiter eines kranken Unternehmens neigen dazu, Entschuldigungen anzuführen, wenn es um die Analyse der Ursachen der Krise geht. Diese Tatsache soll andererseits die Mitglieder des Sanierungsteams nicht dazu verleiten, die Kollegen im kranken Unternehmen nicht mehr für voll zu nehmen und zu glauben, man könne am grünen Tisch aufgrund selbst ermittelter Zahlen und Informationen Gedankenkombinationen anstellen und darauf aufbauend die künftige Situation selbst abschätzen, ohne die Erfahrung anderer in die Diskussion einzubeziehen. Meistens verfügen die Mitarbeiter über umfangreiches Wissen und haben Erfahrungen über Schwachstellen an ihrem Arbeitsplatz und im Unternehmen gesammelt. Diese Informationen werden jedoch leider von den Verantwortlichen für die Sanierung oft viel zu wenig freigesetzt, ausgeschöpft und ausgewertet. Andererseits zeigt die Erfahrung, daß bei einer entsprechenden Motivation die Mitarbeiter des kranken Unternehmens gerne bereit sind, die Arbeit des Sanierungsteams nicht nur zu unterstützen, sondern auch konstruktiv kritisch zu durchleuchten. Das bedeutet, daß dessen Mitglieder zwar einerseits alle Beiträge der Mitarbeiter des zu sanierenden Unternehmens mit einem großen Fragezeichen versehen sollen, andererseits aber deren Erfahrungen bei ihren Schlußfolgerungen unbedingt berücksichtigen müssen. Diese Diskussion zwischen Mitgliedern des Sanierungsteams und Mitarbeitern des Unternehmens hat nicht nur den Vorteil, daß die Arbeiten des Teams besser an das Unternehmen angepaßt werden können. Sie hat auch zugleich einen positiven Einfluß auf die Motivation und die Begeisterungsfähigkeit der Betroffenen.

Zur Ermittlung des Ist-Zustandes und des Plan-Zustandes des kranken Unternehmens kann man grundsätzlich zwei verschiedene Methoden anwenden, nämlich:

1. Die *Detailaufnahme,* das heißt, eine bis ins einzelne gehende Ermittlung des Ist- und Plan-Zustandes.
2. Die *Grobaufnahme,* das heißt eine Beschränkung auf wesentliche Schlüssel oder Verhältniszahlen des Ist- und Plan-Zustandes.

Bei der Detailaufnahme werden alle Positionen der Bilanz, der G + V-Rechnung, der Liquiditätsrechnung für den gegenwärtigen Zeitpunkt und das Ende des folgenden Geschäftsjahres ermittelt. Da in einem kranken Unternehmen — wie bereits mehrmals erwähnt — das vorliegende Zahlenmaterial insbesondere aber — falls vorhanden — eine Statusaufnahme meistens ungenau, zu optimistisch und mit falschen Annahmen erarbeitet wurde, muß das Sanierungsteam die Erstellung dieser detaillierten Papiere wie Ist- und Plan-Bilanz, Ist- und Plan-G + V-Rechnung sowie Ist- und Plan-Liquiditätsrechnung entweder selbst vornehmen oder unter seiner strikten Kontrolle vornehmen lassen. Die Durchführung dieser Arbeiten erfordert je nach Größe des zu sanierenden Unternehmens einen Zeitaufwand von einem halben bis zu einem Jahr. Einer der Gründe, warum trotz Sanierungsbemühungen der Konkurs oft nicht abgewendet werden konnte, liegt oft darin, daß man die Analyse des Ist-Zustandes mit Hilfe von Detailaufnahmen zu aufwendig erarbeitete und damit wertvolle Zeit für schnelle und gezielte Aktionen verlor. Aus der Erfahrung ergibt sich deshalb, daß die Anwendung der ersten Methode zur Feststellung der gegenwärtigen und künftigen Situation eines kranken Unternehmens aus zeitlichen Gründen oft scheitert. Die Grobaufnahme dagegen nimmt nur einige Wochen oder Monate in Anspruch, so daß sie auch meistens vorgezogen wird. Bei ihr wird für die Analyse nur die Größenordnung verschiedener Schlüssel oder Verhältniszahlen festgestellt.

Im folgenden werden einige der vielen möglichen *Kennziffern* aufgeführt, die erfahrungsgemäß bei der Grobaufnahme zur Analyse des Ist-Zustandes, des kranken Unternehmens relevant sein können und bei Sanierungen häufig verwendet werden: Bisheriger Gesamtverlust des Unternehmens, Verlust je Jahr, Liquiditätsstruktur, Eigenkapital-Rentabilität, Cash-flow in Prozent des Gesamtkapitals, Gesamt-Kapital-Rentabilität, Umsatzrentabilität, Materialaufwand in Prozent der Gesamtleistung, Anteil des Personalaufwandes an der Gesamtleistung, Anteil des Eigenkapitals am Gesamtkapital, Eigenkapital in Prozent des Gesamtvermögens, kurz- und mittelfristige Mittel im Verhältnis zu kurz- und mittelfristigen Verbindlichkeiten, Deckungsbeitrag in Prozent des Umsatzes, Relation Herstellkosten zum Umsatz, Verwaltungskosten in Prozent des Umsatzes, Anteil der Vertriebskosten zum Umsatz, Gesamtleistung je Beschäftigten, Personalaufwand je geleisteter Arbeitsstunde, Sach- und Anlagevermögen je Beschäftigten, Umschlagszeit der Vorräte, Auftragseindeckung in Tagen, durchschnittlicher Zahlungseingang zum durchschnittlichen Debitorenbestand, durchschnittlicher Debitorenbestand zum durchschnittlichen Kreditorenbestand, durchschnittliches Bestellobligo zum durchschnittlichen Auftragsbestand, durchschnittlicher Wareneingang zum durchschnittlichen Warenverbrauch, durchschnittlicher Warenbestand zum durchschnittlichen Warenbedarf, geleistete Fertigungslohnstunden zu den in den abgelieferten Produkten errechneten Fertigungslohnstunden, abgelieferter Produktionswert im Monat zum Umsatz, Ausschuß und Nacharbeitskosten zu den Herstellkosten im Monat.

Es könnten noch weitere sinnvolle Größen und Kennziffern angeführt werden, die in der betrieblichen Praxis für die Beurteilung der Güte von kranken Unternehmen Anwendung finden. Aber nicht die Vielzahl dieser Größen ist bestimmend für die Beurteilung eines zu sanierenden Unternehmens, sondern es kommt auf die richtige Auswahl an. Diese muß nach den speziellen Gründen der Krise und nach den sie beeinflussenden Faktoren erfolgen. Insbesondere sollte aber darauf geachtet werden, daß die Berechnungsarten für diese Größen eindeutig festgelegt sind.

An dieser Stelle wird nicht diskutiert, wie eine Ist- und Plan-Bilanz, eine Ist- und Plan-Gewinn- und Verlustrechnung sowie eine Liquiditätsrechnung für die Gegenwart und für die Zukunft aufgestellt wird, denn dies gehört zum Wissensstand eines jeden Managers. Auch ist die Ermittlung von Kennziffern in der Literatur hinreichend beschrieben.

Parallel zu der Ermittlung der gegenwärtigen und zukünftigen Situation des kranken Unternehmens kann man sowohl bei der Detail- als auch bei der Grobaufnahme eine *Befragung* durchführen, die sich bei vielen Sanierungen als vorteilhaft erwiesen hat. Eine Voraussetzung für den Erfolg dieser Vorgehensweise ist allerdings, daß diese entweder vom Verantwortlichen für die Sanierung selbst oder von einem besonders sozialpsychologisch geschulten Mitarbeiter des Sanierungsteams persönlich durchgeführt wird. In der Praxis geht man dabei so vor, daß die leitenden Herren zu einer Sitzung einberufen werden, in der verkündet wird, daß sie ihre Vorstellungen über die Schwachstellen ihres kranken Unternehmens und die Methoden, wie sie beseitigt werden können, zu

Papier bringen sollten. Zugleich wird festgelegt, welche Mitglieder des Sanierungsteams zu den einzelnen Herren kommen, um im persönlichen Gespräch Klarheit über die Schwachstellen zu gewinnen, die von ihnen vorher schriftlich fixiert werden müssen. Dabei ist klar herauszustellen, daß die Befragung höchst vertraulich ist, und die Verbesserungsvorschläge nur dem Sanierungsteam bekannt gemacht werden. Die Interviews sollten sich insbesondere auf die vier folgenden Fragenkomplexe erstrecken:

1. Welche Verbesserungen schlägt der einzelne leitende Mitarbeiter für seinen eigenen Arbeitsplatz vor?
2. Welche Verbesserungen schlägt er für seine Abteilung, für seinen Bereich vor?
3. Welche Verbesserungen sollen in anderen Abteilungen oder Bereichen des Unternehmens eingeführt werden?
4. Was würde der einzelne leitende Mitarbeiter machen, wenn er die Sanierung selbst durchzuführen hätte?

Es hängt von der Größe des zu sanierenden Unternehmens ab, wie weit man diese Befragung und Diskussion über die Schwachstellen des Unternehmens in der betrieblichen Hierarchie nach unten abgrenzt. Aufgrund der Erfahrungen empfiehlt es sich, möglichst weit nach unten zu gehen. Sehr viele positive Anregungen sind nämlich vom mittleren und unteren Management zu erhalten, da diese Mitarbeiter bei der täglichen Arbeit stärker mit konkreten Problemen konfrontiert werden und daher oft klarere und praxisnähere Vorschläge machen können, als die Vorstände oder Bereichsleiter. Das vertrauliche Gespräch des Sanierungsteams mit den leitenden Mitarbeitern des kranken Unternehmens ist von großer Bedeutung, weil dabei die Vorstellung der leitenden Mitarbeiter zur Beseitigung der Schwachstellen des Unternehmens deutlich werden. Auch wird dadurch klarer, ob die Vorschläge aus der Sicht des Gesamtunternehmens realisierbar sind. Weiterhin wird bei einem solchen vertrauten Gespräch deutlich, ob die unterbreiteten Vorschläge nur der Prestigegewinnung dienen oder ob sie nur gemacht werden, um den eigenen Arbeitsbereich in der hierarchischen Ordnung besser zu stellen. Diese persönlichen Gespräche liefern auch eine gute Grundlage für die spätere Auswertung der von den leitenden Mitarbeitern schriftlich fixierten Verbesserungsvorschläge. Wenn festliegt, welche verwirklicht werden, so müssen die Anreger entsprechend belobigt werden, wobei alle Mitarbeiter des Unternehmens davon Kenntnis erhalten sollen. Nach der Ist-Aufnahme und der Prognose der Situation des kranken Unternehmens unter der Annahme, daß das Sanierungsteam nicht vorhanden ist und das Unternehmen wie bisher weiterläuft, schließt sich die Analyse der Krise an. Wie wir schon an anderer Stelle darlegten, wird bereits bei der Durchführung der Arbeiten für die beiden Momentaufnahmen des kranken Unternehmens sichtbar, welche Sanierungsmethoden vielleicht angewandt werden können, um die Krise zu beseitigen. Auch die Befragungsaktion ergibt oft weitere konkrete Ansätze dafür, welche Maßnahmen in welcher zeitlichen Reihenfolge und mit welcher Intensität durchgeführt werden müssen. Das bedeutet, daß mit Abschluß der Tätigkeiten zur Erstellung der Situation des Unternehmens bereits ein Großteil der Arbeit der Analyse getan ist. In den meisten Fällen sind deshalb in der Analysephase, die bei der Erarbeitung der gegenwärtigen und zukünftigen Situation des kranken Unternehmens gesammelten Erkenntnisse über die Schwerpunkte und die Art der einzuleitenden Sanierungsmaßnahmen in einem Gesamtzusammenhang festzustellen und durch das erarbeitete Zahlenmaterial zu erhärten. Darüber hinaus werden neue Schwerpunkte der Planung aus der Gesamtschau und aus dem Vergleich der gegenwärtigen und zukünftigen Lage des Unternehmens sichtbar.

Wenn wir auch im folgenden das Ergebnis der Analyse eines kranken Unternehmens und die daraus sich ergebenden Schlußfolgerungen kurz darstellen, so muß doch nochmals erwähnt werden, daß es keine Regel und kein Rezept gibt, nach denen man sagen könnte, an welcher Stelle mit welchen Sanierungsmaßnahmen begonnen werden muß. Die Ursache der Krise und die Situation, in denen sich kranke Unternehmen befinden, können so vielschichtig sein, daß nicht eindringlich genug vor einem schematischen Vorgehen gewarnt werden kann.

Unser Beispiel aus der betrieblichen Praxis bezieht sich auf ein Unternehmen des Maschinenbaus. Zur Analyse dieses Unternehmens wurden zwei Momentaufnahmen — wie oben beschrieben — erstellt. Weiter wurde die Situation durch eine Grobaufnahme ermittelt, da für die Detailaufnahme wegen der finanziellen Schwäche des Unternehmens keine Zeit mehr zur Verfügung stand. Die Plan-Kenngrößen für die zwei Momentaufnahmen beinhalteten keine Erfolge des Sanierungsteams, sondern wurden so ermittelt, als ob das Unternehmen weiter wie bisher geführt würde. Die Kennzahlen für die Grobaufnahme des kranken Unternehmens sowie deren Abgrenzung und Berechnung wurden bei diesem Sanierungsfall dem ZVEI-Kennzahlensystem entnommen.[1] Eine Auswahl der bei dieser Analyse ermittelten und benutzten Kennziffern ist in Tabelle 1 wiedergegeben:

1 *ZVEI-Kennzahlensystem*, Betriebswirtschaftliche Schriftenreihe des Zentralverbandes der Elektrotechnischen Industrie, 3. Aufl., Frankfurt 1976.

Tabelle 1: Beispiele von betriebswirtschaftlichen Kennzahlen eines zu sanierenden Unternehmens

1	2	3	4	5	6
lfd. Nr.	Kennzahlendefinition	Ist-Situation zu Beginn der Sanierung	Plansituation für das folgende Geschäftsjahr ohne Sanierung	Schwerpunkte der Sanierungsmaßnahmen aus Maßnahmenkatalog Abb. 9	Zielvorstellung für die Kennzahlen des Unternehmens
1	Eigenkapitalrentabilität vor Steuern	- 9,0 %	- 29 %	6.1, 7.2	+ 20 %
2	Gesamtkapitalrentabilität vor Steuern	- 2,3 %	- 7 %	7.4, 7.5 7.6, 7.8 7.10, 7.16	+ 7 %
3	Gesamtkapitalrentabilität vor Zinsen und Steuern	+ 4,0 %	- 0,5 %	7.18, 7.19 8.5, 8.8	+ 9 %
4	Umsatzrentabilität vor Steuern	- 1,5 %	- 5,0 %	9.1, 9.3 10.1, 10.4	+ 6 %
5	Cash-flow in % des Gesamtkapitals	+ 4,5 %	−	11.1, 11.2 11.5, 11.9 12.1, 12.5	+ 15 %
6	Cash-flow in % des Fremdkapitals	+ 6,4 %	−	12.8, 12.9 12.13, 12.19	+ 25 %
7	Finanzierung der Anlagenzugänge durch kalkulatorische Abschreibung	+ 80,0 %	+ 70,0 %	12.20, 12.24 12.29	+ 100 %
8	Eigenkapitalanteil am Gesamtkapital	+ 25,0 %	+ 23,0 %		+ 35 %
9	Liquidität auf kurze bis mittlere Sicht (= Mittel-Verbindlichkeiten)	+ 50,0 %	+ 40,0 %		+ 125 %

In Spalte 1 sind die laufenden Nummern der Kennzahlen eingetragen, die in Spalte 2 definiert sind. In Spalte 3 von Tabelle 1 sind die Ist-Werte dieser Kenngrößen für den Zeitpunkt vor Beginn aller Sanierungsmaßnahmen augeführt. In Spalte 4 sind für die gleichen Kenngrößen die Planwerte eingetragen, die sich ergeben, wenn das Unternehmen ein Jahr weiter bestehen würde und ohne Einsatz eines Sanierungsteams in der gleichen Weise wie bisher geführt werden würde. In dieser Spalte stehen also die Planwerte der zweiten Momentaufnahme. Das bedeutet, daß sowohl in den Werten der Spalte 3 als auch in den Werten der Spalte 4 keine Erfolge von Sanierungsmaßnahmen berücksichtigt sind. In Spalte 6 sind die Werte der in Spalte 2 aufgeführten Kennzahlen enthalten, die als Zielvorstellung des Sanierungsteams für dieses zu sanierende Unternehmen angesetzt wurden. Spalte 5 enthält die Nummern der

Maßnahmen, die bei dieser Sanierung im wesentlichen angewandt wurden, um die Kennzahlen der Spalte 4 in Richtung der Werte von Spalte 6 zu verändern. Die Numerierung der einzelnen Sanierungsmaßnahmen in Spalte 5 stimmt mit der Numerierung der Sanierungsmaßnahme in Abbildung 9 dieses Erfahrungsberichtes überein, so daß hier auf eine ausführlichere Darstellung der bei diesem Fall der Sanierung angewandten Sanierungsmaßnahmen verzichtet werden kann. Aus den Werten der Spalte 3 und 4 ergibt sich, daß dieses Unternehmen ohne Sanierung den Weg in die Insolvenz gegangen wäre. Das zeigt insbesondere die Verschlechterung der Kennzahlen 1, 2, 4, 6 und 9. Das heißt: Eine Verschlechterung der Eigenkapital-Rentabilität vor Steuern, der Gesamtkapital-Rentabilität vor Steuern, der Umsatzrentabilität vor Steuern, des Cash-flows in Prozent des Fremdkapitals und der Liquidität auf kurze bis mittlere Sicht. Zum weiteren Verständnis der Situation muß noch die Höhe der Zinsen während der Krise hingewiesen werden. Bei vielen zu sanierenden Unternehmen wird von den Banken verständlicherweise noch ein Risikofaktor hinzugerechnet, so daß beispielsweise bei diesem für das Fremdkapital ein effektiver Zinssatz von 15 Prozent zu bezahlen war. Obwohl Tabelle 1 nicht alle Kennziffern und Sanierungsmaßnahmen beinhaltet, die bei der Analyse angewandt wurden, wird aus dieser Aufstellung doch verständlich, wie schwierig die Situation eines zu sanierenden Unternehmens sein kann und wie sinnvoll es ist, Kennzahlen auch für das folgende Jahr nach Beginn der Sanierung anzusetzen. In diesem Falle wurde nach drei Jahren die in Spalte 6 der Tabelle 1 aufgeführten vorgegebenen Kennzahlen tatsächlich erreicht, so daß dann die Sanierung im wesentlichen als abgeschlossen gelten konnte.

In einer Rückschau stellte man nach der Sanierung fest, daß die in diesem Kapitel beschriebene Befragungsaktion nicht nur 30 Prozent aller Sanierungsaktionen der Spalte 5 in Tabelle 1 als Ergebnis erbrachte, sondern auch viele Mitarbeiter dadurch mitgerissen wurden, ihre eigenen Vorschläge wie die des Sanierungsteams zu verwirklichen. Die Idee dieser Befragungsaktion ist in diesem Unternehmen erhalten geblieben, zwar nicht als Sanierungsmaßnahme, sondern als Mittel um Krisen zu vermeiden. Heute sagt man dazu Schwachstellenanalyse, die im Turnus von zwei Jahren dort praktiziert wird. Auch führen keine Mitglieder eines Sanierungsteams die persönlichen Gespräche, sondern psychologisch erfahrene Mitarbeiter einer Stabsabteilung. Der sich aus dieser Befragungsaktion ergebene Maßnahmenkatalog zur präventiven Krisenbekämpfung, liefert genauso wie in diesem Buch beschrieben, die Grundlage für die Planung von Projekten zur Beseitigung von Schwachstellen.

4.2 Der Sanierungsplan

Ist die Diagnose des kranken Unternehmens erstellt, dann ist die Voraussetzung geschaffen, um geeignete Sanierungsaktionen zu planen. Die Analyse, die im Abschnitt 4.1 skizziert wurde, bietet Ansätze, an welchen Stellen welche Maßnahmen einzuleiten sind. Die Einordnung aller Maßnahmen in einen Sanierungsplan kann in der Regel nicht so vorgenommen werden, daß lediglich ein Katalog aufgestellt, die Ausführungsbestimmungen festgelegt und mit der Durchführung begonnen wird. Vielmehr muß bei der Aufstellung eines solchen Planes eine klare Abstimmung zwischen den einzelnen Erfordernissen und den Restriktionen sowie den Möglichkeiten des kranken Unternehmens erfolgen.

Eine der wesentlichsten Restriktionen bei der Sanierung ist die Geldknappheit. Allerdings muß erwähnt werden, daß aus Erfahrung viele Sanierungsaktionen mit keinem oder einem geringen Geldaufwand oft eine hohe Verbesserung des Betriebsergebnisses und der Liquidität zur Folge hatten. Der Ruf nach mehr Geld darf bei einer Sanierung nicht die Regel sein. Weiter sind in einem kranken Unternehmen die Qualifikationen der Mitarbeiter oft so unzulänglich, daß sich auch dadurch eine Einschränkung ergibt. Die Durchführung mancher Sanierungsmaßnahmen erfordert unter Umständen Jahre, so daß derartige Aktionen aus zeitlichen Gründen vorerst nicht in Frage kommen. Auch sollte man nicht zu viele Maßnahmen gleichzeitig planen, um die Übersichtlichkeit der gesamten Sanierung nicht zu gefährden. Die Erfahrung zeigt, daß wenige Sanierungsmaßnahmen oft schneller einen Erfolg gebracht haben als viele; denn die wenigen können mit größerer Intensität und Straffheit durchgeführt werden. Eine zentrale Rolle spielt bei dieser Sichtung und Auswahl der geplante Erfolg und die Erfolgswahrscheinlichkeit der einzelnen Sanierungsmaßnahmen. Schließlich muß man bei der Auswahl und Festlegung der Prioritäten der einzelnen Sanierungsmaßnahmen darauf achten, welche als Sofort-Maßnahmen gelten und welche erst in naher Zukunft in Angriff genommen werden sollen.

Diese keineswegs erschöpfende Auskunft möglicher Beschränkungen zeigt deutlich: In den Sanierungsplan können nicht alle betriebswirtschaftlich sinnvollen Aktionen aufgenommen werden. Vielmehr ist aufgrund der vorliegenden unternehmensspezifischen Beschränkungen eine Auswahl zu treffen. Dies ist in erster Linie die Aufgabe des Sanierungsteams, die zu den wichtigsten, aber auch zu den schwierigsten im Rahmen einer Sanierung zählt. An deren Auswahl sollten außerdem die Personen mitwirken, die von der Krise betroffen sind, sofern es sachlich und psychologisch notwendig ist. Das sind insbesondere die Mitarbeitervertretungen des kranken Unternehmens, die Kapitaleigner und die Banken. Normalerweise erfolgt diese Mitwirkung in der Weise, daß besonders kritische und einschneidende Maßnahmen in Vorgesprächen diskutiert werden. Erfolgt eine solche Abstimmung erst, wenn der gesamte Sanierungsplan vorgelegt wird, dann besteht die Gefahr, daß viele Berichtigungen erzwungen werden, die so gravierend sein können, daß unter Umständen eine völlig neue Erarbeitung des Planes erforderlich wird. Dadurch könnte die Sanierung unnötigerweise verzögert oder sogar gefährdet werden. Deshalb ist es in der Regel sinnvoll, wenn eine Großabstimmung mit dem Kreis der Personen, die später den Sanierungsplan zu befürworten und zu unterstützen haben, bereits bei dessen Aufstellung erfolgt. Trotzdem kann es dann bei der Vorstellung des Sanierungsplanes noch Beanstandungen oder Beschränkungen geben, die aber in der Regel diskutiert und berücksichtigt werden können, ohne daß ein vollkommen neuer aufgestellt werden muß.

Es folgt eine genaue Spezifizierung für jede der vorgesehenen Maßnahmen in Form eines Projektes. Diese Arbeit umfaßt die Bestimmung eines Projekt-Verantwortlichen, die Beschreibung der quantifizierbaren und nicht quantifizierbaren Ziele des Projektes sowie die Festlegung der Metholden, die für dessen erfolgreiche Bearbeitung erforderlich sind. Die geplanten Erträge sowie die Aufwendungen aller dieser Sanierungsprojekte sind, abgegrenzt nach Geschäftsjahren oder, falls erforderlich, nach Quartalen, für das gesamte Unternehmen aufzusummieren. Die Planerfolge, die aus den Sanierungsmaßnahmen für das kommende Geschäftsjahr resultieren, sind in die Plan-Bilanz, Plan-G+V sowie in die Liquiditätsvorschau einzubauen, die zunächst ohne Berücksichtigung der Planerfolge der Sanierungsmaßnahmen aufgestellt wurden, wie in Abschnitt 4.1 beschrieben. Die so zusammengefaßten Pläne ergeben ein Bild über die finanzielle Lage des kranken Unternehmens unter Berücksichtigung der aus den geplanten Sanierungsaktionen resultierenden Erfolge. Aus diesen Zahlen muß nicht nur hervorgehen, daß es sich lohnt, das Unternehmen zu sanieren, sondern es sollte auch eine grobe Schätzung der Zeitdauer daraus ersichtlich sein. Die Verdichtung der Daten der einzelnen Sanierungsmaßnahmen und deren Berücksichtigung in der Bilanz, G+V-Rechnung sowie in Liquiditätsrechnungen kann individuell unterschiedlich für jeden Fall einer Sanierung erfolgen. Trotzdem ist es aufschlußreich, die Methodik einer solchen Verdichtung an einem Beispiel aus der betrieblichen Praxis nachzuvollziehen, um auch in diesem Zusammenhang die Vorteile eines Projektmanagements bei Sanierungen zu erkennen. Zur Vereinfachung skizzieren wir im folgenden lediglich den Zusammenhang der betriebswirtschaftlichen Daten der einzelnen Sanierungsaktionen einerseits und nicht alle, sondern nur eine Reihe von Relationen und Zahlen der Bilanz und G+V-Rechnung sowie die Liquiditätsvorschau andererseits.

Das Unternehmen, das diesem Beispiel zugrundeliegt, hat einen Umsatz zwischen 100 und 200 Millionen DM und stammt aus dem Bereich der Fertigungsindustrie in Europa. Das Sanierungsteam bestand aus fünf Personen — einen Vorsitzenden und vier Mitarbeiter. Der Aufbau des Sanicrungsplanes umfaßte mehrere Formblätter, in denen die Daten der einzelnen Maßnahmen, deren Verflechtung sowie deren Auswirkungen auf das Betriebsergebnis und die Liquidität sichtbar wurden. Diese Formulare wurden zwar spezifisch für dieses Unternehmen entworfen, doch haben sie sich in der hier aufgezeigten Fassung mit unbedeutenden Änderungen auch in anderen Fällen von Sanierungen bewährt. Die angeführten Formblätter, die in den Abbildungen 2 bis 7 wiedergegeben sind, wurden ausschließlich zur Planung und Kontrolle von Sanierungsmaßnahmen entwickelt. Sie dienten nicht der detaillierten Erfassung und Prognose jedes einzelnen konkreten Schrittes einer Sanierungsmaßnahme. Solche genauen Rechnunen, die jeder mit einer speziellen Sanierungsmaßnahme Beauftragte für sich selbst erstellen mußte, waren über die Planungs- und Kontrollblätter hinausgehend natürlich notwendig. Auf diese Weise wurde jeder Rechenschritt, auch der kleinste, im einzelnen nachvollziehbar, so daß eventuelle Fehler in der Planung und Durchführung leicht entdeckt werden konnten. Unsere Darstellung würde aber zu unübersichtlich, wenn auch diese Details und die entsprechenden Formulare noch beschrieben werden würden.

Die Abbildungen 2 und 3 beziehen sich auf das einzelne Sanierungsprojekt. Während in Abbildung 2 die wichtigsten Daten des Projektes, dessen Aufwendungen und Erfolge zusammengefaßt eingetragen sind, ergibt sich aus Abbildung 3 die zeitliche Aufteilung der Kosten und der Verbesserungen des Projektes nach Quartalen. Auf den Kopfteil in Abbildung 2 und auf die Daten selbst soll in diesem Zusammenhang nicht im Detail eingegangen werden, da diese von Sanierung zu Sanierung anders gestaltet werden müssen. Vielmehr wird nur auf besonders wesentliche Angaben hingewiesen. Die Verknüpfung der einzelnen Projekte untereinander, die in der 8. Zeile mit dem Text „Dieses Projekt hängt zusammen mit den Projekten . . ." eingetragen werden muß, ist beispielsweise sehr wichtig. Bei der Beschreibung unseres Maßnahmenkataloges in Kapitel 5 müssen wir oft auf andere verweisen, die eng mit den einzelnen Maßnahmen verbunden sind und die daher nur in enger Abstimmung mit den anderen Sanierungsaktionen durchgeführt werden können. Es ist wichtig, daß bei jedem Projekt auf diese Verknüpfung geachtet wird, weil anderenfalls Doppelarbeit entsteht oder die Durchführung von Sanierungsmaßnahmen wegen fehlender Koordination der gegenseitigen Beziehungen Verzögerungen eintreten. Neben der Verknüpfung zu anderen Projekten ist die Zeile „Ertrag des Projektes" im Kopfteil der Abbildung 2 ebenfalls von besonderer Bedeutung. Aus dieser Zahl ergibt sich der als Ziel angestrebte konkrete Geldbetrag, resultierend aus der Reduzierung der Kosten oder Verbesserung des Deckungsbeitrages einerseits und den entsprechenden Aufwandsarten andererseits.

In den Spalten 1 und 2 der Abbildung 2 ist die Beschreibung der Arbeitsfolge und der für ihre Durchführung Verantwortliche eingetragen. Aus Vereinfachungsgründen ist in der Spalte 3 keine Zeiteinteilung angebracht. Es ist selbstverständlich, daß in der praktischen Handhabung dieses Planschemas die Balken in Spalte 3 exakt die Anfangs- sowie die Endtermine und die Zeitdauer einer Arbeitsfolge wiedergeben müssen. In dem beschriebenen Fall wurde in dem tatsächlich benutzten Schema daher für diese Spalte eine größere Breite gewählt, so daß die Termine auf Wochen genau aus Abbildung 2, Spalte 3 entnommen werden konnten. Die weiteren Details, noch exaktere Termine usw., waren in gesonderten Arbeitsblättern eingetragen, die hier nicht wiedergegeben sind. In Spalte 4 mit den Unterspalten 4.1, 4.2, 4.3 ist der gesamte Aufwand für ein Projekt enthalten, der über das Budget des kranken Unternehmens hinausgeht. Es sind unter Umständen zusätzliche Geldausgaben für eine Sanierungsaktion nötig, die über das Ausgabenvolumen hinausgehen, das bei Unterlassung der Sanierungsmaßnahmen im kranken Unternehmen erforderlich gewesen wären. In der Praxis wird oft vergessen, in die Sachkosten auch die Abschreibungen mit einzubeziehen, die nur für das Sanierungsprojekt getätigt werden müssen und in unserem Fall beispielsweise in Spalte 4.3, einzutragen sind. In Spalte 5 mit den Unterspalten 5.1, 5.2, 5.3, 5.4 sind die Erfolge des Sanierungsprojektes aufzuführen. Während die Abgrenzung der Begriffe "Kostenreduktion der Personal- und Sachkosten" sowie „Liquiditätsverbesserung" eindeutig ist, muß auf Spalte 5.3, das heißt die Angabe der Deckungsbeitragsverbesserung noch näher eingegangen werden. Diese Spalte wurde in unserem Beispiel deshalb eingeführt, weil einige Sanierungsmaßnahmen ausschließlich darauf hinausliefen, nicht die Kosten zu reduzieren, sondern die Nettoerlöse und dadurch den Deckungsbeitrag zu verbessern. Im Zuge einer klaren Systematisierung aller Formulare waren in diesem Unternehmen alle Blätter einer Verdichtungsstufe gleich aufgebaut. Deshalb wurden für Maßnahmen, die Deckungsbeitragsverbesserungen, aber keine Kostenreduzierungen brachten, kein neues Formblatt entworfen, obwohl klar war, daß bei gleichbleibenden Preisen bestimmte Kostenreduzierungen auch eine Verbesserung des Deckungsbei-

Abbildung 2: Formular eines Sanierungsprojektes

Gesamtverantwortlicher des Projektes: *NN*   Projekt-Nr.: *4712/1*

Projektbezeichnung: *Rationalisierung*

Ziel des Projektes, quantifizierbar: *Senkung der Kosten*

Ertrag des Projektes DM: $\dfrac{(5.1 + 5.2 + 5.3)}{- (4.1 + 4.2)} = 0{,}6$

nicht quantifizierbar: *Vereinfachung der Abläufe*

Aufwand-Ertrags-Relation (= 4.1 + 4.2 zu 5.1 + 5.2 + 5.3) = *0,25*

Sonstige Erläuterungen: ....

Dauer des Projektes: *2 Jahre*

Genehmigung des Projektes ....

Besondere Schwierigkeiten des Projektes: *Kostenabgrenzung beachten*

Dieses Projekt hängt zusammen mit den Projekten: *4714/2*

	1	2	3	4			5			
				Projektaufwand zusätzl. zum Budget			Projekterfolg			
							Kostenreduktion		Deckungs-beitrags-verbesse-rung	Liquiditäts-verbesserung $(5.1 + 5.2 + 5.3) - (4.1 + 4.2 + 4.3)$
Lfd. Nr.	Beschreibung der Arbeits-folge	Verantwort-licher der Arbeitsfolge	Anfang, Ende, Zeitbedarf der Arbeitsfolge	Perso-nal-kosten	Sach-kosten	Investi-tion	Personal-kosten	Sach-kosten		
				4.1	4.2	4.3	5.1	5.2	5.3	5.4
1										
2										
3										
4										
5										
6										
7										
ges.				0	0,2	0,4	0,3	0,5	—	0,2

trages zur Folge haben. In den Durchführungsbestimmungen für das Ausfüllen der Formulare war eindeutig geregelt, daß derartige Deckungsbeitragsverbesserungen nicht in Spalte 5.3, sondern in Spalte 5.1 oder 5.2, nämlich unter Kostenreduktion einzutragen sind. Beispielsweise wurden in diesem Unternehmen Produkte hoher Qualität mit einem zu hohen Preis angeboten, so daß der Markt an die Konkurrenz verlorenging, weil die Kunden das hohe Qualitätsniveau nicht honorierten. Im Rahmen einer Sanierungsmaßnahme wurde die Qualität den Marktanforderungen angepaßt, so daß der Preis reduziert werden konnte. Die Konsequenzen waren höhere Absätze, die den Deckungsbeitrag verbesserten. Diese Deckungsbeitragsverbesserung wurde in Spalte 5.3 eingetragen. Auch alle anderen Erfolge hinsichtlich einer Verbesserung der Nettoerlöse wurden in Spalte „Deckungsbeitragsverbesserung" eingetragen.

Im Planungsschema, das in Abbildung 3 wiedergegeben ist, sind die Aufwendungen und die durch die entsprechende Sanierungsmaßnahme geplanten Verbesserungen der betrieblichen Daten für das Plan- und Vorschaujahr nach Quartalen aufgeschlüsselt eingetragen. Unter Planjahr wurde in diesem Unternehmen das nächste Jahr nach Beginn der Sanierung, unter Vorschaujahr das darauffolgende Jahr verstanden. Die zeitliche Aufteilung der Aufwendungen und Erträge der Sanierungsprojekte ist für die laufende Erfolgskontrolle der Sanierungsaktionen wichtig, um Abweichungen früh genug erkennen und rechtzeitig eingreifen zu können. In Abbildung 4 sind alle Projekte zusammengefaßt, für die jeweils ein Mitglied des Sanierungsteams verantwortlich ist. Verantwortlich sein heißt in diesem Sinne nicht, daß das jeweilige Mitglied alle Sanierungsmaßnahmen selbst durchführen muß, sondern er kann diese Arbeiten oder Teile davon an leitende Mitarbeiter des Unternehmens delegieren. Er bleibt aber trotzdem voll verantwortlich für alle in Abbildung 4 eingetragenen Sanierungsmaßnahmen und berichtet in dieser Verantwortung dem Sanierungsteam laufend über den erzielten Fortschritt. Die Informationen in Abbildung 4 sind verdichtet aus den einzelnen Informationen der Abbildung 2 und 3 der unterschiedlichen Sanierungsprojekte eines Mitgliedes des Sanierungsteams für Planungs- und Kontrollzwecke zusammengefaßt.

In Spalte 3 der Abbildung 4 sind die Projekte eingetragen, die mit den Sanierungsmaßnahmen, deren Projektnummer in Spalte 1 eingetragen sind, zusammenhängen. Diese Verknüpfungen sind für den Leiter des Sanierungsteams von großer Bedeutung, der auf die Wechselbeziehungen zwischen den einzelnen Sanierungsprojekten achten muß. Die Koordination der Sanierungsmaßnahmen gehört zu den vornehmlichsten Aufgaben des Teamleiters. Neben dieser Funktion wird er auch noch

Abbildung 3: Zeitliche Aufteilung der Kosten, die zusätzlich zum Budget anfallen und der Ergebnisse eines Sanierungsprojektes in Jahresquartalen

Projekt-Nummer 4712/1
Projekt-Verantwortlicher NN

	Planjahr TDM					Vorschau TDM				
	I. Quartal	II. Quartal	III. Quartal	IV. Quartal	Gesamt	I. Quartal	II. Quartal	III. Quartal	IV. Quartal	Gesamt
Projektkosten zusätzlich zum Budget Personalkosten										
Sachkosten	25	25	25	25	100	25	25	25	25	100
Gesamt					100					100
Verbesserungen Personalkosten	–	20	30	50	100	50	50	50	50	200
Sachkosten	25	50	50	75	200	75	75	75	75	300
Deckungsbeitrag										
Gesamt	25	70	80	125	300	125	125	125	125	500
Saldo Kosten / Verbesserungen	0	+ 45	+ 55	+100	200	+ 100	+ 100	+ 100	+ 100	400
Investitionen	200	200			400					0
Liquiditätsverbesserung	-200	- 155	+ 55	+ 100	- 200	+ 100	+ 100	+ 100	+ 100	+ 400

Abb. 4: Zusammenfassung aller Sanierungsmaßnahmen eines Mitglieds des Sanierungsteams

Verantwortlicher für die Projekte: NN										
1	2	3	4	5	6			7		
Pro-jekt Nr.	Pro-jekt-be-zeich-nung	Pro-jekt-ver-flech-tung	Pro-jekt-dauer (Jahre)	Ertrags/Auf-wands-rela-tion	Ergebnisverbesserung			Liquiditätsverbesserung		
					Plan-jahr	Vor-schau	gesamt	Plan-jahr	Vor-schau	gesamt
4712/0 4712/1 4712/2 4712/3 4712/4	Ratio-nalisie-rung	4714/2	2	0,25	0,2	0,4	0,6	- 0,2	+ 0,4	+ 0,2
4712 Gesamt					0,6	1,0	1,6	0,0	1,0	1,0

die Verantwortung für einzelne Projekte übernehmen müssen, die ein besonderes Fingerspitzengefühl und eine reiche Erfahrung im Umgang mit Menschen voraussetzen: Verhandlungen mit Geschäftspartnern, im besonderen mit Banken, Vorgabe von Zielen, Kapitalschrumpfung, Kapitalerhöhung, geeigneten Führungsstil einführen usw. Wie bereits in Kapitel 4 ausgeführt, sollte der Vorsitzende persönlich mehrere Sanierungsprojekte übernehmen, deren Ziele in quantifizierter Weise beschrieben werden können. Damit kann er nicht nur den Mitgliedern, sondern auch den Mitarbeitern des zu sanierenden Unternehmens zeigen, daß er nicht nur auf der obersten Ebene wirken kann, sondern auch in der Lage ist, Linienverantwortung erfolgreich zu übernehmen.

In Spalte 4 von Abbildung 4 ist die Dauer der einzelnen Sanierungsprojekte eingetragen. Die für die Bestimmung der Priorität wichtige Ertragsaufwandrelation ist aus Spalte 5 ersichtlich. Die Spalten 6 und 7 enthalten die Planerfolge der einzelnen Sanierungsprojekte, nämlich Verbesserung des Betriebsergebnisses und der Liquidität.

In den Abbildungen 5, 6 und 7 sind die Auswirkungen aller geplanten Maßnahmen auf das Betriebsergebnis, auf die Liquidität sowie auf andere wichtige Finanzrelationen des kranken Unternehmens angegeben.

Aus Abbildung 5 ist ersichtlich, daß im ersten Jahr nach Beginn der Sanierung die Liquidität um insgesamt 1,7 Mio DM verbessert werden soll. Trotzdem wird zunächst im ersten Quartal die Liquidität um 1,4

Abb. 5: Übersicht und zeitliche Aufteilung der Liquiditätsverbesserung der Sanierungsmaßnahmen des Sanierungsteams

Mitglied des Sanierungsteams	Verantwortlich für Sanierungsprojekte	Planjahr Liquiditätsverbesserung (Mio DM)					Vorschaujahr Liquiditätsverbesserung (Mio DM)				
		I. Quartal	II. Quartal	III. Quartal	IV. Quartal	Gesamt	I. Quartal	II. Quartal	III. Quartal	IV. Quartal	Gesamt
H. NN.	4711	0	0	0,3	0,3	0,3	0,3	0,3	0,3	0,3	1,2
H. NN.	4712/1–4	-0,5	0,1	0,2	0,2	0	0,2	0,2	0,3	0,3	1,0
H. NN.	4713	-0,9	+0,3	0,3	0,4	+0,1	0,4	0,4	0,4	0,4	1,6
H. NN.	4714	0	0,1	0,2	0,3	0,6	0,4	0,4	0,5	0,5	1,8
H. NN.	4715	0	0	0,2	0,2	0,4	0,4	0,6	0,6	0,8	2,4
Gesamt Mio DM		-1,4	+0,5	1,2	1,4	1,7	1,7	1,9	2,1	2,3	8,0

Abb. 6: Übersicht und zeitliche Aufteilung der Ergebnisverbesserung der Sanierungsmaßnahmen des Sanierungs-teams

Mitglied des Sanierungs-teams	Verantwortlich für Sanierungs-projekte	Planjahr Ergebnisverbesserung (Mio DM)					Vorschaujahr Ergebnisverbesserung (Mio DM)				
		I. Quartal	II. Quartal	III. Quartal	IV. Quartal	Gesamt	I. Quartal	II. Quartal	III. Quartal	IV. Quartal	Gesamt
H. NN.	4711	0	0,1	0,2	0,2	0,5	0,2	0,2	0,3	0,3	1,0
H. NN.	4712/1–4	0,1	0,1	0,2	0,2	0,6	0,2	0,2	0,3	0,3	1,0
H. NN.	4713	0	0,2	0,2	0,3	0,7	0,3	0,3	0,3	0,4	1,3
H. NN.	4714	0,1	0,1	0,1	0,2	0,5	0,2	0,2	0,3	0,4	1,1
H. NN.	4715	0	0	0,1	0,1	0,2	0,1	0,1	0,2	0,2	0,6
Gesamt (Mio DM)		0,2	0,5	0,8	1,0	2,5	1,0	1,0	1,4	1,6	5,0

Abb. 7: Zusammenfassung der betrieblichen Daten ohne und mit Berücksichtigung der Erfolge des Sanierungsplanes

1	2	3	4	5
Finanzgrößen und Relationen	Planjahr ohne Sanierungsmaßnahmen	Planjahr einschl. Sanierungsmaßnahmen	Vorschaujahr ohne Sanierungsmaßnahmen	Vorschaujahr einschl. Sanierungsmaßnahmen
Gewinn/Verlust (Mio DM)	- 1,7	+ 0,8	- 5,0	+ 3,3
Finanzbedarf (Mio DM)	8,0	6,3	14,0	6,0
Eigenkapitalrentabilität (%)	-9,4	4,4	-29,4	15,7
Gesamtkapitalrentabilität (%)	-2,4	1,1	-7,1	4,7
Umsatzrentabilität (%)	-1,7	0,8	-5,0	3,3
Cash flow in % des Gesamtkapitals	4,7	9,7	–	12,0
Cash flow in % des Fremdkapitals	6,4	13,1	–	17,0
Eigenkapitalanteil in % vom Gesamtkapital	25,7	27,5	23,0	30,0
Anlagendeckung in % durch Eigenkapital	60	65	55	85
Kurz- und mittelfristige Liquidität	50	60	40	80

Mio DM verschlechtert. Deren eigentliche Verbesserung erfolgt erst im zweiten Jahr, in dem die Liquidität durch die realisierten Sanierungsmaßnahmen deutlich verbessert wurde (siehe letzte Zeile Abbildung 5). Aus Abbildung 6 ist die Verbesserung des Jahresüberschusses deutlich sichtbar: Im Planjahr, das heißt im ersten Jahr nach Beginn der Sanierung betrug diese 2,5 Mio DM, während sie im Vorschaujahr, das heißt im zweiten Jahr mit 5,0 Mio DM prognostiziert wurde.

Abbildung 6 zeigt anschaulich, wie sich die erfolgten Sanierungsmaßnahmen in den einzelnen acht Quartalen des zweijährigen Betrachtungszeitraumes entwickelt haben.

Abbildung 7 zeigt schließlich die Auswirkungen auf einige Größen und Relationen der Finanzstruktur des kranken Unternehmens: Spalte 2 und Spalte 4 enthält die Entwicklung der Werte, die ohne Berücksichtigung von Sanierungsmaßnahmen entstanden wären: Der Verlust würde von -1,7 Mio DM auf -5,0 Mio DM, der Finanzbedarf von 8,0 Mio DM auf 14,0 Mio DM ansteigen. Die Eigenkapital-Rentabilität bzw. die Gesamtkapital-Rentabilität würden sich in diesem Zeitraum von -9,4 Prozent bzw. -2,4 Prozent auf 29,4 Prozent bzw. auf -7,1 Prozent verschlechtern. Ohne auf die weiteren Angaben in Abbildung 7 einzugehen, würde das kranke Unternehmen zumindest einen Vergleichs- oder einen Konkursantrag stellen müssen, wenn nicht eine Sanierung eingeleitet werden würde. Die geplanten Erfolge der Sanierungsmaßnahmen bzw. deren Auswirkungen auf die Finanzstruktur werden aus den Zahlen in Spalte 3 und Spalte 5 der Abbildung 7 deutlich. Insbesondere aus den Daten der Spalte 5 ist ersichtlich, daß im zweiten Jahr Zahlenrelationen als Ziel angesetzt waren, die in gesunden Unternehmen üblich sind. Die gesetzten Ziele der Sanierungsaktion wurden in diesem Unternehmen in etwa drei Jahren erreicht.

Die Aufzählung und Auswahl der Daten in dieser Abbildung trifft nur für den beschriebenen Sanierungsfall zu; in anderen Fällen können anders definierte Finanzgrößen und Relationen angemessener sein. Auf diese Problematik wurde bereits in Kapitel 4 hingewiesen. Dieses Ergebnis legt keinesfalls den Schluß nahe, jede Sanierung könne in etwa drei Jahren erfolgreich beendet werden. Das beschriebene Beispiel wurde deshalb ausgewählt, weil es sich um ein Projekt handelte, das sehr kompakt in relativ kurzer Zeit abgewickelt werden konnte und deshalb für eine kurze und übersichtliche Skizzierung des Schemas, wie ein Sanierungsplan aufgestellt und realisiert wird, besonders geeignet war. Der Sanierungsplan bei diesem zu sanierenden Unternehmen umfaßte alle hier dargestellten Abbildungen 1 bis 7. Das Kernstück waren die Abbildungen 5, 6 und 7, weil aus diesen Blättern einerseits alle geplanten Sanierungsaktionen und deren Erfolg im zeitlichen Ablauf hervorgingen, andererseits die Auswirkungen auf die Finanzgrößen und Finanzrelationen des kranken Unternehmens sichtbar wurden.

4.3 Der Sanierungsplan muß verkauft werden

In diesem Erfahrungsbericht wurde bereits mehrfach betont, daß Offenheit gegenüber den Beteiligten eine notwendige Voraussetzung dafür ist, daß ein krankes Unternehmen rasch saniert werden kann.

Die von der Krise des Unternehmens betroffenen Personenkreise sind im wesentlichen die Mitarbeiter, die Kapitaleigner und die Banken. Unter Umständen müssen auch bestimmte Teile des Sanierungsplanes mit Geschäftspartnern auf der Absatz- oder auf der Beschaffungsseite diskutiert werden. Es läßt sich keine generelle Regel dafür aufstellen, in welcher Reihenfolge bestimmte Personenkreise darüber informiert werden müssen und mit welchen Partnern die Sanierungsaktionen zu diskutieren sind. Jeder Fall ist in dieser Hinsicht anders gelagert.

Im Rahmen einer gezielten und raschen Sanierung kommt es sehr darauf an, daß eine gute und faire Zusammenarbeit zwischen den Mitarbeitern des kranken Unternehmens und ihren Vertretungen, wie Betriebsräte, Wirtschaftsausschüsse usw. einerseits und dem Sanierungsteam andererseits besteht. Auch ein gutes Verhältnis zu den entsprechenden *Gewerkschaften* wirkt sich positiv aus. Das soll selbstverständlich nicht bedeuten, daß diese guten Beziehungen nur im Hinblick auf die Überwindung einer Krise aufgebaut werden sollen, ganz im Gegenteil: In schlechten wie in guten Zeiten sollte eine enge Zusammenarbeit zwischen Unternehmensführung, der Belegschaft, den *Belegschaftsvertretern* und der entsprechenden Gewerkschaft angestrebt werden. In Krisenzeiten kann sich dann diese in guten Zeiten praktizierte Kooperation bewähren.

Die Erfahrungen bei Sanierungen machen deutlich, daß bei der Belegschaft das Verständnis auch für unangenehme Maßnahmen und die Bereitschaft zur Zusammenarbeit umso größer sind, je offener das Sanierungsteam den Mitarbeitern und ihren Vertretungen gegenübertritt. Der Verantwortliche sollte, wie erwähnt, deshalb den Mitarbeiter-Vertretungen mehr Informationen geben als vielleicht gesetzmäßig vorgeschrieben ist, um zu demonstrieren, daß ein echtes partnerschaftliches Verhältnis zwischen ihnen, dem Sanierungsteam und der Belegschaft angestrebt wird.

Offenheit ist nicht nur erforderlich bei der Vorstellung der einzelnen Sanierungsmaßnahmen, vielmehr müssen auch die unter Umständen unangenehmen Konsequenzen dieser Maßnahmen besonders klar und offen ausgesprochen werden. Anderenfalls können vermeidbare Spannungen während des Ablaufs der Sanierungen auftreten. Der Leiter und die Mitglieder des Sanierungsteams müssen gerade bei der Behandlung der unangenehmen Folgen mit viel Fingerspitzengefühl vorgehen. Oft ist eine solche Einsicht bei allen zwar vorhanden, sie wird aber in der täglichen Arbeit oft wegen der physischen und psychischen Anspannung vergessen. Das ist ein großer Fehler, der sich — wie viele Beispiele aus der betrieblichen Praxis zeigen — sehr negativ auswirkt. Es ist einleuchtend, daß die negativen Aspekte der Auswirkungen von Sanierungsmaßnahmen wie Entlassungen, Ableisten von Überstunden ohne Bezahlung, Urlaubssperre oder sogar Schließung von Betriebsstätten, nicht in aller Breite und in den schwärzesten Farben dargelegt werden sollten. Deren Darstellung muß im Ansatz positiv und für die Zukunft optimistisch

116

sein. Diese Offenheit bei der Darstellung der positiven und negativen Seiten der Sanierungsmaßnahmen bedeutet keineswegs, daß man sich als Diskussionsforum Betriebsversammlungen aussuchen sollte. Dort sollte nur über generelle Maßnahmen der Sanierung gesprochen werden, weil dieses Gremium für Diskussionen zu groß ist. Die wirklichen Details, die angenehmen wie die unangenehmen, sollten im kleineren Kreis der Belegschaftsvertretungen diskutiert werden. Nur so können die Mitarbeiter-Vertretungen ein tieferes Verständnis für die geplanten Maßnahmen zur Erholung des Unternehmens bekommen. Sie werden dann eher bereit sein, auch die für die Belegschaft unangenehmen Aktionen mit Nachdruck zu unterstützen.

Von besonderer Bedeutung ist die Diskussion der Pläne mit den *Kapitalseignern*. Die Konsequenzen aus den geplanten Sanierungsmaßnahmen müssen ihnen klar vor Augen geführt werden, insbesondere dann, wenn für deren Durchführung zusätzliches Kapital erforderlich ist. In dieser Frage zeigen sich die Kapitalseigner meistens von ihrer hartnäckigsten Seite. Das ist einmal darin begründet, daß sie tatsächlich oft kein Geld mehr besitzen, denn vor Beginn der Sanierung haben sie unter Umständen zur Abwendung der Krise bereits ihr gesamtes Privatvermögen in das Unternehmen gebracht, um die Krise zu verhindern. Die Aussage, die Krise könne nur dann überwunden werden, wenn weiteres Kapital zufließt, wird von den Kapitalseignern in diesen Fällen besonders skeptisch aufgenommen, denn es kann nicht erwartet werden, daß von dieser Seite finanzielle Mittel zur Verfügung gestellt werden. Es müssen andere Finanzierungsquellen gesucht werden.

Oftmals sind die Verhandlungen mit den Kapitalseignern über das Problem, welche Sanierungsmaßnahmen durchzuführen sind, nicht schwierig, insbesondere dann, wenn die Kapitalseigner selbst Schuld an der Krise tragen, weil sie vielleicht zukunftsorientierte Investitionen nicht genehmigt, zuviel Geld aus dem Unternehmen genommen haben oder zu hoch gesteckte Ziele zu realisieren versuchten. In der Krise erkennen sie dann oftmals ihre Fehler und sind für alles aufgeschlossen, was das Unternehmen aus der Krise führen könnte.

Auf der anderen Seite ist es durchaus möglich, daß das bisherige Management des kranken Unternehmens die Kapitalseigner über die wahre Situation des Unternehmens nicht rechtzeitig und umfassend informierte und diese deshalb die Krise erst zu einem sehr späten Zeitpunkt erkennen konnten. In Abschnitt 2.2 wurde diese Thematik der Verschleierung des Zustandes einer Untenehmung bereits behandelt. Die Manager wollen es oft nicht wahrhaben, daß sie versagt haben und daher das Unternehmen in eine schwere Krise geraten ist. Sie sind deshalb oft versucht, Kapitalseigner und Aufsichtsratsorgane durch Scheinbilanzen oder durch bewußte Falschinformationen über den wahren Zustand des Unternehmens im Unklaren zu lassen. Auch in solchen Fällen ist der Kapitalseigner der Durchführung von Sanierungsmaßnahmen gegenüber meistens sehr aufgeschlossen, auch wenn er dann grundsätzlich gegenüber jedem Manager, auch den Mitgliedern des Sanierungsteams, eine skeptische Haltung einnimmt. Er wurde von diesem Kreis enttäuscht und damit verunsichert. In solchen Fällen möchte der Kapitalseigner nicht die gesamte Führungsmacht aus der Hand geben und verlangt oft über bestimmte Sanierungsmaßnahmen jeweils vor deren Durchführung und über den täglichen Ablauf der Sanierungen im Detail informiert zu werden. Die Praxis zeigt, daß ein solches Verhalten der Kapitalseigner innerhalb des Sanierungsteams Spannungen erzeugt, weil deren Leiter nicht mit den umfassenden Kompetenzen, die er benötigt, ausgestattet ist und die dauernden Rückfragen bei den Kapitaleignern den zeitlichen Ablauf allzu stark hemmen. Der Leiter des Sanierungsteams muß deshalb auf jeden Fall erreichen, daß der Sanierungsplan, wenn er genehmigt ist, mit allen Konsequenzen durchgeführt werden kann und in der Durchführungsphase keine Störung durch den Kapitalseigner erfolgen kann. Auch sollte letzterer nicht versuchen, das Steuer des noch kranken Unternehmens selbst wieder in die Hand zu nehmen, wenn sich die ersten Erfolge der Sanierung zeigen. Der Verantwortliche für die Sanierung muß sich in seinem Anstellungsvertrag gegen solche Fälle eindeutig absichern.

Der Sanierungsplan muß auch der *Hausbank* und den anderen Bankinstituten, die Geldgeber des kranken Unternehmens sind, vorgestellt werden. Dabei sollten auch alle Details der Sanierungsmaßnahmen sowie deren zeitlicher Ablauf und geplante Erfolge erklärt werden. Durch die Offenlegung aller Sanierungsaktionen und deren Konsequenzen sollen die Banken Vertrauen zu dem Leiter der Sanierung fassen. Den Banken sollte anhand überschaubarer Planungen der Weg gezeigt werden, auf dem das Unternehmen wieder aus der Krise herausgeführt werden kann. Es sind kaum Fälle bekannt geworden, daß die Banken kein Verständnis für die Bitte nach weiterem Stillhalten für die Zeit der ersten Phase der Sanierung gezeigt hätten. Dies setzt jedoch voraus, daß die Sanierungsmaßnahmen klar vorgestellt werden und die Methoden der Durchführung realisierbar und verständlich sind und die Zeitdauer der Abläufe dieser Aktion nicht zu lange sind. Diese Präsentation bei den Bankinstituten ist von entscheidender Bedeutung für eine Sanierung. Es gibt sogar Fälle, in denen selbst bei einem total überschuldeten Unternehmen die Hausbank bereit war, weitere Finanzmittel einfließen zu lassen, wenn das Sanierungsteam nachweisen konnte, daß bestimmte Maßnahmen sicher und schnell zur Gesundung beitrügen. So war beispielsweise in einem Fall einer Sanierung eine Bank bereit, ausschließlich nur zum Zweck der Skontierung weitere Mittel zu kreditieren. Damit konnte die Liquidität des kranken Unternehmens über die Skontoerträge wesentlich verbessert werden. Auch an dieser Stelle muß daran erinnert werden, daß der Kontakt zu den Banken nicht nur in Zeiten der Krise von Bedeutung ist, vielmehr muß stets eine verantwortungsvolle Beziehung zwischen den Managern des Unternehmens und den Banken bestehen, ob die Zeiten für das Unternehmen gut oder schlecht sind.

Dann zeigt es sich, ob eine Bank bereit ist, das einzuhalten, was während der guten Zeit meist zugesagt wird, nämlich daß sie auch in Notzeiten mit Rat und Tat zur Seite steht.

Schließlich sind entsprechend der Situation des zu sanierenden Unternehmens und, falls es sachlich und psychologisch dienlich ist, neben den Mitarbeitern, den Kapitalseignern und den Banken noch weitere von der Sanierung betroffene Personen zu informieren, wie etwa besonders wichtige *Geschäftspartner* auf der Beschaffungs- wie auf der Absatzseite. Selbstverständlich sind die Sanierungsmaßnahmen diesem Personenkreis nur soweit darzulegen, wie ihre Interessen berührt werden. Bei Zulieferanten wirkt es sich normalerweise bei der Festlegung neuer Zahlungsbedingungen positiv aus, wenn offengelegt wird, mit welchen Maßnahmen die Krise des Unternehmens überwunden werden soll. Auch bei Kunden wirkt sich dies unter Umständen positiv aus, indem ihre Sorge nach Lieferfähigkeit insbesondere von Ersatzteilen abgebaut wird. Selbstverständlich sollte man nicht mit dem Sanierunsplan bei den Geschäftspartnern hausieren gehen, aber normalerweise kann man davon ausgehen, daß sowohl die Lieferanten als auch die Kunden von der Krise des Unternehmens, mit dem sie geschäftlich verbunden sind, genaue Kenntnisse haben und es deshalb für die geschäftlichen Beziehungen nur förderlich sein kann, wenn ein offenes Gespräch geführt wird.

4.4 Wie setze ich den Sanierungsplan in die Tat um?

Bei der *Verwirklichung des Krisenplanes* treten in der Regel größere Schwierigkeiten auf als bei der Realisierung eines Planes in einem gesunden Unternehmen. Das ist auf die besondere Situation des kranken Unternehmens zurückzuführen, in dem die Mitarbeiter oft durch falsches Verhalten und durch falsche Anordnungen des Managements verunsichert, mutlos, verstört und ohne Leistungswillen sind. Da nicht der Plan selbst, sondern die Mitarbeit der Beschäftigten bei der Verwirklichung eines Planes die eigentliche Voraussetzung für dessen Gelingen darstellt, muß auf die besonderen physischen, psychologischen und sozialpsychologischen Momente bei der Verwirklichung eines Sanierungsplanes Rücksicht genommen werden.

Werden Maßnahmen eingeführt, die von dem einen oder anderen Mitarbeiter des kranken Unternehmens selbst vorgeschlagen und von dem Sanierungsteam für gut befunden wurden, so ist es unerläßlich, daß die Namen dieser Mitarbeiter veröffentlicht werden, damit jeder weiß, von wem die Anregungen stammen. Damit wird die Mitarbeit und die Begeisterung für die Sanierung unter den Beschäftigten wesentlich gefördert. Wird eine Befragungsaktion wie in Abschnitt 4.1 beschrieben durchgeführt, dann kommen in der Regel 20 Prozent der gesamten Sanierungsmaßnahmen von den Mitarbeitern selbst. Bei der Frage, welche Sanierungsmaßnahmen von den Mitarbeitern oder von Mitgliedern des Sanierungsteams vorgeschlagen wurden, sollte man nicht kleinlich verfahren. Man muß das besondere psychologische Moment nutzen und den Mitarbeitern das Gefühl zu geben, daß sie den Wagen wieder selbst aus dem „Dreck" ziehen können. Diese Erkenntnis läßt ungeahnte Kräfte bei den Mitarbeitern des kranken Unternehmens entstehen, die keineswegs vernachlässigt werden dürfen, sondern im Gegenteil als tragende Säule der Sanierung angesehen werden müssen.

Die Verwirklichung des Sanierungsplanes hängt nämlich in erster Linie davon ab, ob es gelingt, die menschlichen Kräfte in einem Unternehmen zu aktivieren, die Mitarbeiter aus ihrer Gleichgültigkeit herauszuholen, ihre Leistungsbereitschaft und Leistungsfähigkeit zu mobilisieren, ihre Begeisterungsfähigkeit zu reaktivieren und ihren Wurschtigkeitsstandpunkt zu beseitigen. Ihnen müssen nicht nur Ziele gesetzt werden, sondern sie müssen befähigt werden, an diese zu glauben. Sie müssen begeistert werden, um nicht nur mit vergleichbaren Unternehmen gleichzuziehen, sondern diese noch zu überholen. Die Erfahrung bei der Sanierung lehrt, daß es oft nicht genügt, als Ziel nur das Gleichsetzen mit anderen Unternehmen zu propagieren, vielmehr ist eine nachhaltige Begeisterung bei der Belegschaft nur dann zu erzielen, wenn man das Ziel setzt, besser zu sein als vergleichbare Konkurrenten. Bei der Verwirklichung des Sanierungsplanes zeigt es sich auch, ob die Mitglieder des Sanierungsteams versuchen, psychologische und sozialpsychologische Erkenntnisse zu praktizieren, die sie nur aus Büchern über Psychologie oder Sozialpsychologie kennen. Es kommt darauf an, daß sie bereits Erfahrung in der Anwendung dieser Einsichten haben und dieses Wissen geschickt anwenden können und sich nicht erst die Hörner ablaufen müssen. Den Erfolg bei der Anwendung dieser psychologischen und sozialpsychologischen Momente kann man oft nicht unmittelbar, sondern nur mittelbar messen. Er wird oft sichtbar, indem Sanierungsaktionen unter Umständen vielschichtiger, weitreichender, kurzum besser und schneller durchgeführt werden, als im Sanierungsplan vorgesehen. Auch ein größeres Maß an Kreativität oder ein stärkeres unternehmerisches Mitempfinden der Mitarbeiter weist auf ein psychologisch richtiges Verhalten des Sanierungsteams hin. Die Erfahrung zeigt, daß bei Sanierungen die Ansätze von Maßnahmen zur Überwindung der Krise oft richtig waren. Entscheidende Fehler aber wurden jedoch bei ihrer Durchführung gemacht, weil das Sanierungsteam nicht die Techniken und die Anwendung dieser psychologischen und sozialpsychologischen Instrumentarien beherrschte.

Besondere Aufmerksamkeit bei der Verwirklichung des Sanierungsplanes muß der laufenden Kontrolle gewidmet werden. In zahlreichen Fällen hat es sich bewährt, zur Verwirklichung des Sanierungsplanes die Systematik von *selbstregelnden Informationskreisen* zu benutzen, wie etwa in Abbildung 8 wiedergegeben. Als Führungsgröße dieses Regelkreises zur Durchführung einer Sanierungsaktion dient das Ziel der Sanierungsmaßnahme. Der Verantwortliche für eine Maßnahme, das heißt der Projektmanager (Rechteck 1) legt die Mittel, Methoden und Durchführungsrichtlinien für Sanierungsmaßnahmen in Zusammenarbeit mit dem Sanierungsteam fest, überwacht und kontrolliert den Ablauf. Dieser wird in der Regel (Rechteck 2) von innerbetrieblichen und außerbetrieblichen Störgrößen beeinflußt. Innerbetriebliche Störgrößen sind zum Beispiel: Versagen einzelner Mitarbeiter, falsche Planvorgaben, Störungen an Maschinen usw. Unter außerbetrieblichen Störgrößen kann eine weitere unvorhergesehene Schrumpfung des Marktes, die Abwerbung guter Mitarbeiter, ein Preisanstieg auf der Beschaffungsseite usw. verstanden werden. Diese Störgrößen sind als nicht bekannt und als nicht vorhersehbar zu betrachten, da die bekannten negativen Größen und Schwierigkeiten des kranken Unternehmens bereits bei der Erstellung des Sanierungsplanes, das heißt bei der Auswahl der durchzuführenden Sanierungsmaßnahmen berücksichtigt wurden. So muß beispielsweise eine wahrscheinliche Schrumpfung des Marktes bereits bei der Festlegung von Sanierungsmaßnahmen beachtet werden. Wenn oben bei der Beschreibung des Regelkreises unter den externen Störgrößen ebenfalls die Schrumpfung des Marktes erwähnt wird, dann ist dies so zu verstehen, daß sie zum Zeitpunkt der Festlegung der Sanierungsmaßnahme zwar bekannt war und dementsprechend berücksichtigt wurde, aber während des Ablaufes der Maßnahmen eine weitere ur-

Abbildung 8: Ablaufschema einer Sanierungsmaßnahme, die als Projekt nach Art eines kybernetischen Regelkreises abgewickelt wird

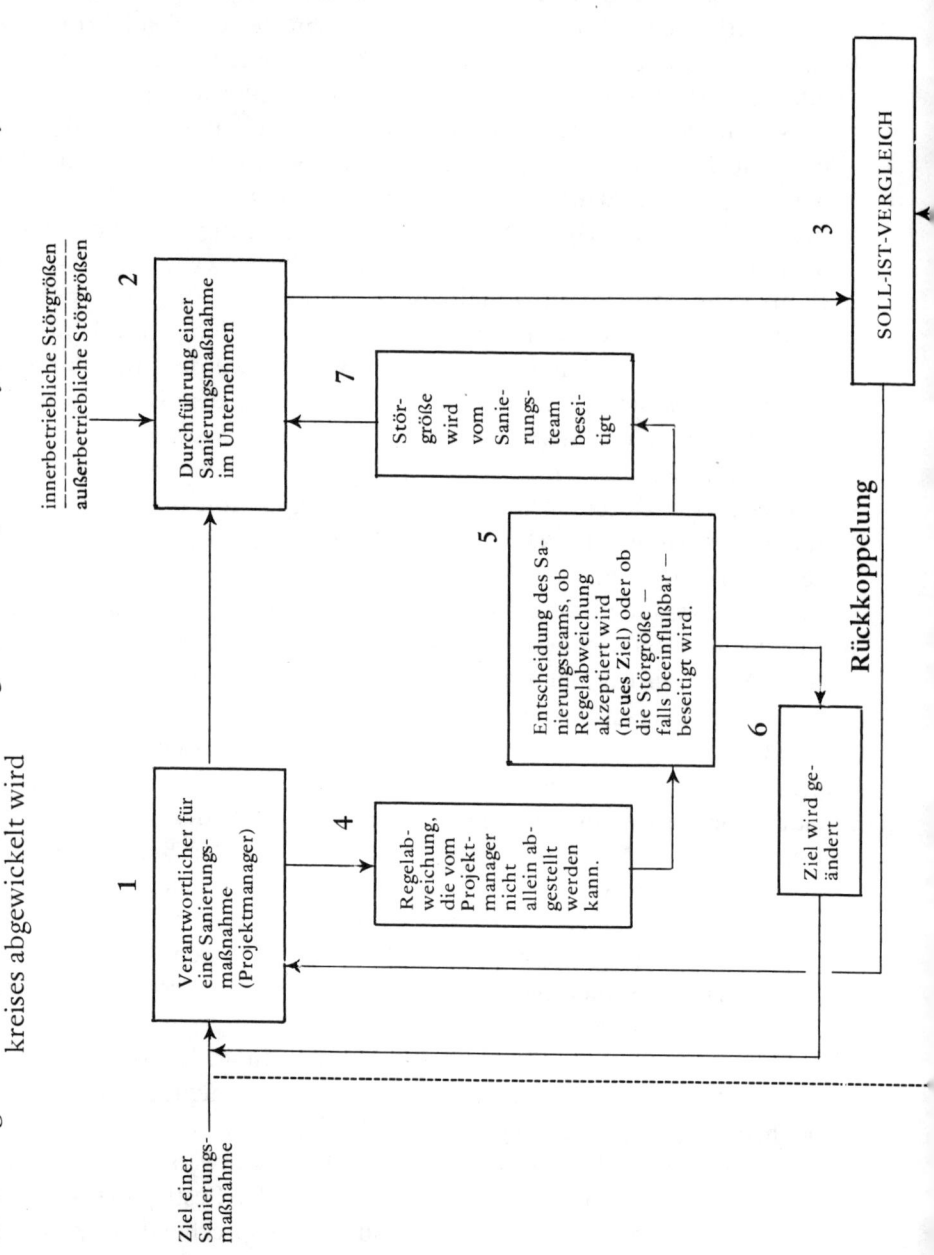

sprünglich nicht vorhersehbare Schrumpfung des Marktes eintrat. Alle Störgrößen, die bei diesem Regelkreis in Abbildung 8 den Ablauf einer Sanierungsmaßnahme stören, sind deshalb als nicht planbar zu bezeichnen. Sie sind Hindernisse bei der Verwirklichung einer Sanierungsmaßnahme und erschweren das Erreichen des Zieles.

Wegen diesen Störgrößen weichen die Ist-Werte oder die tatsächlich erreichten Werte von den geplanten Zwischen- oder Endergebnissen in der betrieblichen Praxis ab. Diese Soll-Ist-Abweichungen (Rechteck 3 in Abbildung 8) müssen über eine Informationsrückkoppelung an den Verantwortlichen für die Durchführung der Sanierungsmaßnahme gemeldet werden. Kann dieser die Störung selbst beseitigen, geht der Infomationskreislauf normal weiter (Rechteck 1 → Rechteck 2). Im anderen Fall gibt der Projektmanager die Regelabweichung an das Sanierungsteam weiter (Rechteck 4). Dabei ist darzulegen, warum welche inner- und außerbetrieblichen Störgrößen verhindern, daß das Zwischen- oder Endergebnis einer Sanierungsaktion überhaupt nicht oder nur zu einem gewissen Prozentsatz erreicht werden kann. Das Sanierungsteam, in dem der Verantwortliche für diese Sanierungsmaßnahme Sitz und Stimme hat, entscheidet über das weitere Vorgehen (Rechteck 5): Entweder sind die Abweichungen tragbar, so daß das ursprünglich festgelegte Ziel verändert wird (Rechteck 6) oder die Störgrößen sind — sofern dies aus der übergeordneten Entscheidungsebene des Sanierungsteams möglich ist — zu beseitigen (Rechteck 7).

Ein solches Durchspielen eines Regelkreises im Verlaufe der Durchführung einer Sanierungsmaßnahme muß — so zeigt die Erfahrung — öfter erfolgen, da sich gerade in zu sanierenden Unternehmen viele nicht vorhersehbare Störgrößen bei der praktischen Durchführung zeigen. Die Diskussion der oft zahlreichen Soll-Ist-Abweichungen gehört zur täglichen Arbeit bei der Verwirklichung des Sanierungsplanes. Dabei machen nicht nur die Mitglieder des Sanierungsteams, sondern auch die leitenden Mitarbeiter des zu sanierenden Unternehmens einen Lernprozeß durch, der sehr förderlich für die Sanierung selbst ist.

Neben den Regelkreisen der einzelnen Sanierungsaktionen, in denen die Mitarbeiter des Sanierungsteams die „Regelung", das heißt die laufende Feinanpassung des Ablaufes einer Aktion an die Gegebenheiten des kranken Unternehmens vornehmen, sind von den Mitgliedern des Sanierungsteams horizontale und vertikale Arbeitskreise mit den leitenden Mitarbeitern des kranken Unternehmens zu bilden, in denen der Ablauf der Einzelaktivitäten einer Sanierungsmaßnahme gleichsam als untergeordnete Struktur von Regelkreisen, ähnlich wie oben beschrieben, erfolgt. Damit wird nicht nur gewährleistet, daß über die Rückkoppelung der Regelkreise rechtzeitig Abweichungen und Schwierig-keiten im Detail bekannt werden, sondern es läuft in diesen zahlreichen Regelkreisen ebenfalls ein Lernprozeß ab, der die Qualifikation der Mit-arbeiter wesentlich erhöht. Auf die Vorteile dieses Lernens in der Grup-pe wurde bereits im Abschnitt 2.5 bei der Beschreibung der Beeinflus-sung der Qualifikation der Mitarbeiter eines kranken Unternehmens hin-gewiesen. Im Zusammenhang mit dem Ablauf solcher Regelkreise wird die Bedeutung des Vorteiles des Gruppenlernens bei zu sanierenden Un-ternehmen noch augenscheinlicher.

5

In Europa
bewährte Sanierungsmaßnahmen

5.1 Die Checkliste

5.1 Die Checkliste

Während im folgenden nur eine grobe Übersicht über *Sanierungsmaß-nahmen* gegeben wird, die in zahlreichen Unternehmen in Europa mit Erfolg angewandt wurden, erfolgt deren nähere Beschreibung in den Kapiteln 6 bis 12. Da dieses Buch ein Erfahrungsbericht ist, in dem in der Praxis erprobte Wege zur Überwindung einer Krise dargestellt werden, umfaßt der Maßnahmenkatalog auch solche, die selbst einem in der Sanierung unerfahrenen Manager sofort auffallen. Trotzdem werden auch diese dargestellt, weil die Verhältnisse in kranken Unternehmen so wie sie sind und nicht beschönigt wiedergegeben werden sollen. In Unternehmen, die in der Krise sind, werden nämlich oft derart leicht erkennbare Fehler gemacht, daß es unbegreiflich ist, warum diese nicht schon lange erkannt und beseitigt wurden. Der Grund dafür liegt in der besonderen sozialpsychologischen Sphäre eines kranken Unternehmens.

Einige Sanierungsmaßnahmen werden im folgenden durch Beispiele illustriert. Diese Fälle aus der praktischen Arbeit eines Sanierungsteams werden vereinfacht dargestellt und spiegeln nur die wesentlichen Daten und Fakten wieder, um die Wiedergabe der Erfahrungen übersichtlich zu gestalten.

Obwohl jede Krise und jede Sanierung in jedem Unternehmen anders gelagert ist und deshalb die Auswahl der Maßnahmen zur Überwindung der Krise verschieden sein muß, ist es zweckmäßig, die Sanierungsmaß-nahmen in großen Zügen in eine Ordnung zu bringen.

Zunächst bietet es sich an, diese entweder als *Senkungs-* oder als *Stei-gerungsmaßnahmen* zu bezeichnen und entsprechend einzuordnen, da sie entweder den Charakter einer Aufwandsminderung oder einer Ertragsverbesserung haben. Steigerungsmaßnahmen laufen auf eine Erhöhung der Effizienz der Leistungserstellung eines Unternehmens in der Krise hinaus, während Senkungsmaßnahmen auf eine Verringerung der Aufwandsseite abzielen. Eine solche Einteilung aller Sanierungsaktionen, die in diesem Erfahrungsbericht beschrieben werden nach ihren Wirkungen und Zielen, kann aber für viele Maßnahmen nicht eindeutig vorgenommen werden, weil sie sowohl Senkungs- als auch Steigerungseffekte haben. Die „Straffung der Organisation" bringt beispielsweise eine Kostenreduzierung durch Freisetzung von Mitarbeitern und zugleich eine Steigerung der Effizienz der Mitarbeiter durch bessere Arbeitseinteilung mit sich.

Eine weitere Unterscheidung kann nach dem zeitlichen Ablauf erfolgen. Bei der Überwindung einer Krise sind nämlich oft sofort nach der Entscheidung, daß eine Sanierung durchgeführt werden soll, Maßnahmen durchzuführen. Dazu gehören Entlassungsaktionen, Kapitalschrumpfungsmaßnahmen usw. Andere Sanierungsaktionen empfiehlt es sich erst mittelfristig in Angriff zu nehmen, wie „Straffung des Fertigungssortimentes" oder „Beschaffungs- und Absatzseite unabhängiger machen". Schließlich gibt es Sanierungsmaßnahmen, die erst in einer späten Phase begonnen werden können, wenn die finanzielle Not nicht mehr so drückt. Zu dieser Kategorie zählen zum Beispiel ein „Mach-esbesser-Programm" oder eine „Strategische Unternehmensplanung einführen". Nach diesen Merkmalen könnte man die Sanierungsmaßnahmen in *Sofortmaßnahmen, mittelfristige* und *langfristige Maßnahmen* einteilen.

Aus der Erfahrung bei der Überwindung von Krisen bietet sich eine weitere Einteilung der Sanierungsmaßnahmen danach an, ob der Schwerpunkt ihres Ansatzes und ihrer Durchführung in einem Unternehmensbereich liegt oder ob die Sanierungsmaßnahmen übergeordnete Bedeutung haben. Diese letzteren Arten sind entweder in allen Unternehmensbereichen zu praktizieren oder betreffen nur das Unternehmen als Einheit. „Teambeziehungen verbessern, Dienstwege optimieren, Gewinndenken einführen, Mitarbeiter motivieren" usw. betreffen beispielsweise alle Unternehmensbereiche. Die Sanierungsmaßnahmen mit übergeordneter Bedeutung sind deshalb unter der Überschrift „Allgemeines Management" einzuordnen.

Bei der folgenden Beschreibung verwenden wir die Einordnung und Unterscheidung in einem Katalog nach dem Schwergewicht des Ansatzes und der Durchführung einer Maßnahme. Eine solche Einteilung gibt eine bessere Übersicht, in welchen Bereichen eines kranken Unternehmens welche Maßnahmen angesetzt werden könnten und ist daher für die praktische Anwendung dieses Erfahrungsberichtes zweckmäßiger. Bei der Aufstellung des *Kataloges von Sanierungsmaßnahmen* werden folgende Unternehmensbereiche unterschieden: Personal, Finanzen, Produktion, Entwicklung, Materialwesen und Vertrieb, die in den einzelnen Kapiteln 6 bis 12 näher beschrieben werden.

In Abbildung 9 sind nach dieser Einteilung alle in diesem Erfahrungsbericht aufgeführten Sanierungsmaßnahmen zusammengefaßt. Daraus wird sichtbar, daß die meisten Sanierungsmaßnahmen in diesem Erfahrungsbericht unter der Überschrift „Allgemeines Management" beschrieben werden. Die zweitgrößte Zahl bezieht sich auf den Finanzbereich.

Dieses Bild wird in vielen veröffentlichten, statistischen Analysen über Sanierungen bestätigt: Die meisten Fehler, die zur Krise in einem Unternehmen führen und bei der Sanierung beseitigt werden müssen, werden dort gemacht. Deshalb muß auch hier der Schwerpunkt liegen.

Die fortlaufende Numerierung der Maßnahmen im Katalog der Abbildung 9 hat den Zweck, jede Sanierungsmaßnahme eindeutig zu kennzeichnen, so daß im Text auf eine eventuelle Verknüpfung mit anderen übersichtlich verwiesen werden kann. Der Verkettung von Sanierungsmaßnahmen ist eine besondere Aufmerksamkeit insofern zu schenken, als bei manchen Aktionen einige gleiche Detailarbeiten durchzuführen sind. Durch eine Koordination aller Sanierungsmaßnahmen werden daher Doppelarbeiten vermieden. Beispielsweise ist bei der Einführung oder Verbesserung der Deckungsbeitragsrechnung die Abgrenzung der proportionalen Kosten eine Voraussetzung für die gezielte Anwendung dieses Steuerungselementes. Andererseits stellt sich die gleiche Abgrenzungsproblematik bei der Frage nach der Wirtschaftlichkeit der Produkte. Wegen der Verkettung vieler Sanierungsmaßnahmen ist es erforderlich, bei jedem Projekt (wie zum Beispiel im Kopfteil von Abbildung 2) anzugeben, mit welchem anderen sie verknüpft ist. Auf die wesentlichen Verkettungen der Sanierungsmaßnahmen werden wir im Text hinweisen.

Bevor wir die einzelnen Sanierungsmaßnahmen beschreiben, müssen wir auf folgendes nochmals mit aller Deutlichkeit hinweisen:

Für jede Sanierungsmaßnahme, die im Sanierungsplan eines kranken Unternehmens aufgenommen und angewandt wird, ist ein Projekt zu definieren, für das ein *Projektverantwortlicher* zuständig ist. Das Arbeitsblatt jedes dieser Projekte kann in Anlehnung an Abbildung 2 aufgebaut werden. Dabei ist es gleichgültig, ob ein meßbares oder nicht meßbares Ziel dafür festgelegt werden kann. Die *Definition von Projekten* für alle durchzuführenden Sanierungsmaßnahmen ist, wie die Erfahrung immer wieder zeigt, eine erste Voraussetzung für einen Erfolg. Auf ähnliche oder gleiche Weise sind die Detailaktivitäten der einzelnen Sanierungsmaßnahmen zu planen und zu kontrollieren, so daß diese Systematik des Denkens und Arbeitens in Projekten bis zum letzten Mitarbeiter des kranken Unternehmens vordringt und praktiziert wird.

Abbildung 9: Katalog der Sanierungsmaßnahmen aus Kapitel 6 bis 12

Kapitel 6 Personalwesen	Kapitel 7 Finanzen		Kapitel 8 Produktion	Kapitel 9 Entwicklung	Kapitel 10 Materialwesen
6.1 Einstellungsstopp	7.1 Kapitalschrumpfung	7.14 Monatliche Soll-Ist-Vergleiche einführen	8.1 Produktionsrückstände abbauen	9.1 Entwicklungsprojekte durchleuchten	10.1 Lagerbestände abbauen
6.2 Kurzarbeit	7.2 Kapitalerhöhung		8.2 Qualitätsniveau prüfen	9.2 Vorteile von Produktänderungen analysieren	10.2 Versandzeiten minimieren
6.3 Mitarbeiter entlassen	7.3 Abgrenzung der Kosten prüfen	7.15 Kostenvergleich in der Branche anstellen	8.3 Fertigungszeiten senken		10.3 Qualitätszertifikate vom Lieferanten fordern
6.4 Keine außertariflichen Lohn- und Gehaltssteigerungen	7.4 Fixe Kosten senken	7.16 Deckungsbeitragsrechnung richtig praktizieren	8.4 Auf Eigenfertigung übergehen	9.3 Sparversion kann zum Bumerang werden	10.4 Lieferkonditionen der Zulieferanten verbessern
6.5 Außertarifliche Zulagen anrechnen	7.5 Proportionale Kosten überprüfen	7.17 Leasing prüfen	8.5 Füllaufträge beschaffen	9.4 Produkte auf ausländische Spezifikationen ausrichten	10.5 Beschaffungsseite unabhängiger machen
6.6 Außertarifliche Gehälter überprüfen	7.6 Wirtschaftlichkeit der Produkte untersuchen	7.18 Finanplanung verbessern	8.6 Flexibilität der Produktion erhöhen		10.6 Kostenminimale Verpackung prüfen
6.7 Vorzeitige Pensionierung	7.7 Forderungen reduzieren	7.19 Funktionsfähiges Controlling aufbauen	8.7 Fertigungssortiment straffen		
6.8 Mitarbeiter schulen	7.8 Skonti besser ausnutzen		8.8 Wertanalysen durchführen		
	7.9 Währungsrisiken absichern				
	7.10 Genehmigte Investitionen überprüfen				
	7.11 Risiken durch Versicherungen abdecken				
	7.12 Verfahren zur Investitionsentscheidung überprüfen				
	7.13 Kalkulation überprüfen				

Abbildung 9: Katalog der Sanierungsmaßnahmen

Kapitel 11 Vertrieb		Kapitel 12 Allgemeines Management		
11.1 Absatzmärkte analysieren	11.15 Werbeaktionen durchführen	12.1 Mitarbeiter motivieren	12.16 Prioritäten für alle Arbeiten festlegen	12.29 Unternehmensplanung verbessern
11.2 Preisgestaltung überprüfen	11.16 Öffentlichkeitsarbeit überprüfen	12.2 Effizienz der Mitarbeiter erhöhen	12.17 Mechanisierung von Routinen durchführen	12.30 Kooperation zwischen den Unternehmensbereichen verbessern
11.3 Sonderverkaufsaktionen durchführen		12.3 Geeigneten Führungsstil einführen		
11.4 Kundenzufriedenheit steigern		12.4 Geeignete Führungskräfte holen	12.18 Teambeziehungen verbessern	
11.5 Exportchancen überprüfen		12.5 Gewinndenken einführen	12.19 Zielorientierung einführen	12.31 Kybernetische Regelkreise einführen
11.6 Serviceleistungen analysieren		12.6 Profitcenter einrichten	12.20 Rationalisierung in allen Unternehmensbereichen	12.32 Lernprozesse beobachten
11.7 Verkaufsleistung im Außendienst prüfen		12.7 Aussagekraft von Informationen überprüfen	12.21 Konferenzwesen verbessern	12.33 Standortfragen stellen
11.8 Prämien für Verkäufe ansetzen		12.8 Aufgeblähte Zahlen reduzieren	12.22 Begeisterung dämpfen	12.34 Innovation einführen
11.9 Zahlungsbedingungen beeinflussen		12.9 Erfolgskontrolle einführen	12.23 Katalog der tausend Kleinigkeiten	
11.10 Vertriebswege analysieren		12.10 Straffe Organisation einführen	12.24 Mach-es-besser-Programm	
11.11 Absatzseite unabhängiger machen		12.11 Gezieltes Informationssystem einführen	12.25 Sensitivitätsanalyse durchführen	
11.12 Vertriebssortiment straffen		12.12 Projektsystematik einführen	12.26 Unternehmensfunktion streichen	
11.13 Angebotssortiment ausweiten		12.13 Terminüberwachung einführen	12.27 Unternehmensstrategie festlegen	
11.14 Lager- und Auslieferungsfunktionen für andere Firmen übernehmen		12.14 Planungs- und Dispositionshilfen schaffen	12.28 Unternehmenskonzeption überprüfen	
		12.15 Disposition flexibel gestalten		

131

6

Personalwesen

6.1 Einstellungsstopp anordnen

Ein allgemeiner *Einstellungsstopp* ist bei jeder Sanierung eine der ersten Maßnahmen, um die Personalkosten nicht noch weiter zu erhöhen. Es ist aber durchaus möglich, daß zur Steigerung der Effizienz des kranken Unternehmens bestimmte Fachleute benötigt werden, denen im Rahmen früherer Entlassungsaktionen gekündigt wurde oder die selbst gingen. Solche Fachleute müssen gesucht und wieder bzw. neu eingestellt werden. Es ist selbstverständlich, daß derartige Ausnahmen vom allgemeinen Einstellungsstopp nur mit Genehmigung des Sanierungsteams vorgenommen werden dürfen.

6.2 Kurzarbeit wird oft überbewertet

In kranken Unternehmen wird meistens versucht, durch *Kurzarbeit* die *Personalkosten* zu senken. Diese Maßnahme hat aber nicht zur Folge, daß beispielsweise eine 20prozentige Kurzarbeit die Personalkosten ebenfalls um 20 Prozent reduziert. Der Zusammenhang zwischen Kurzarbeit und Reduzierung der Personalkosten wird anhand eines einfachen Beispieles aus der Praxis verdeutlicht: Ein Unternehmen des Maschinenbaus hat 1.100 Mitarbeiter, von denen in der Fertigung 500, in Nebenbetrieben 150, im Vertrieb 100 sowie in der Verwaltung 350 Mitarbeiter beschäftigt sind. Die Kurzarbeit soll 20 Prozent betragen, das heißt: Statt der 5-Tage-Woche wird die 4-Tage-Woche eingeführt. Die 100 Mitarbeiter, die im direkten Verkauf tätig sind, sollen nicht kurzarbeiten, weil sie für Sonderverkaufsaktionen eingesetzt werden. Weiter sind folgende Daten des kranken Unternehmens für dieses Beispiel interessant:
   Der Lohn oder das Gehalt pro Tag und pro Mitarbeiter beträgt im Durchschnitt 100,– DM. Das gesamte Kostenvolumen des Personals ohne das direkte Verkaufspersonal ergibt 3,3 Mio DM je Monat, wenn von 20 Arbeitstagen pro Monat ausgegangen wird. Der Anteil des Sozialaufwandes in diesem Unternehmen beträgt 65 Prozent der gesamten Personalkosten, wobei wiederum 30 Prozent variabel und 35 Prozent fix sind. Unter fixem Sozialaufwand sind zum Beispiel die gesetzlichen sozialen Aufwendungen, Urlaubsgeld, Weihnachtsgeld usw. zu verstehen. Während der variable Teil des Sozialaufwandes durch die Kurzarbeit verändert wird, bleibt der fixe Teil in seiner Höhe bestehen.
   Die Reduzierung der Kosten in der Fertigung, in den Nebenbetrieben und in der Verwaltung bei einer Kurzarbeit von 20 Prozent ergibt nachfolgende Rechnung:

a) Berechnung der gesamten Personalkosten ohne Kurzarbeit

Personalkosten je Monat . . . . 2.000.000,– DM
+ variable Sozialkosten . . . . 600.000,– DM
+ fixe Sozialkosten . . . . 700.000,– DM

gesamte Personalkosten ohne Kurzarbeit . . . . 3.300.000,– DM
================

b) Berechnung der Einsparung durch 20prozentige Kurzarbeit

Personalkosten je Monat . . . . 2.000.000,– DM
+ variable Sozialkosten . . . . 600.000,– DM

gesamte Personalkosten . . . . 2.600.000,– DM
================

Die Einsparung durch 20prozentige Kurzarbeit ergibt sich als Reduzierung der Personalkosten in Höhe von 2,6 Mio DM um 20 Prozent, nämlich zu 520.000,– DM. Auf das gesamte Personalvolumen von 3,3 Mio DM – ohne das direkte Verkaufspersonal bezogen – beträgt die Einsparung nur 15,75 Prozent.

Aus diesem Beispiel ergibt sich auch, daß rein rechnerisch Kurzarbeit immer den Verlust erhöht oder den Gewinn eines Unternehmens verringert. In der Wirklichkeit der betrieblichen Praxis zeigt sich aber, daß die *psychologischen Momente einer Kurzarbeit* den rechnerischen Verlust oft aufwiegen.

Die Erfahrung zeigt, daß es vom psychologischen Standpunkt aus besser ist, wenn alle Mitarbeiter – ausgenommen das direkte Verkaufspersonal – der Kurzarbeit unterworfen werden, um nicht zwischen Angestellten und Arbeitern oder anders ausgedrückt, zwischen Mitarbeitern in Verwaltungsstellen und in direkten Abteilungen ein Spannungsfeld zu erzeugen. Auf der anderen Seite kann es aber angebracht sein, daß Mitarbeiter, die zwar nicht im direkten Verkauf tätig, aber mit der Abwicklung von Aufträgen beschäftigt sind, von der Kurzarbeit ausgeschlossen werden. Ein Beispiel soll dies verdeutlichen: In einem Unternehmen des Großmaschinenbaus wurden in der sich zuspitzenden Krise von den Vertretern und Verkäufern immer mehr Sonderwünsche der Kunden akzeptiert. In dieser Krisensituation war es nämlich den Verkäufern ausnahmsweise gestattet, auf die Kundenwünsche stärker einzugehen als bisher, um überhaupt zu weiteren Aufträgen zu kommen. Das hatte zur Folge, daß die Mitarbeiter der Konstruktionsabteilung, obwohl das ganze Unternehmen kurzarbeitete, Überstunden machen mußten, um diese Lawine an Mehrarbeit bewältigen zu können. Dieses Beispiel macht deutlich, daß es Ausnahmen von der allgemeinen Entscheidung geben kann, möglichst alle Mitarbeiter sollen Kurzarbeit machen. Diese Fälle sollten aber tatsächlich Ausnahmen bleiben.

Auf einen besonderen Effekt bei der Kurzarbeit, der bei Sanierungsmaßnahmen oft vergessen wird, ist noch hinzuweisen: Diese hat zunächst den Effekt, daß die *mengenmäßige Ausbringung* in der Produktion und die Gesamtleistung in anderen Unternehmensbereichen nicht um den gleichen Prozentsatz wie die angesetzte Kurzarbeit fallen, sondern relativ steigen. Das bedeutet, daß die Effizienz der Mitarbeiter durch die psychologische Wirkung der Kurzarbeit größer wird. Auch nimmt der Krankenstand in diesen Fällen in der Regel beachtlich ab. Beim Übergang von der 5-Tage- auf die 4-Tage-Woche, also einer Reduzierung der Arbeitszeit um 20 Prozent werden in der Produktion unter Umständen genauso viele Mengen an Produkten hergestellt wie vorher. Dieser Effekt kann bis zu einem Vierteljahr lang anhalten. Bei längerer Kurzarbeit, nach diesem Erfahrungsbericht bei einer Dauer von einem halben Jahr, sinkt die Effizienz der Mitarbeiter und fällt oft sogar unter das normale Maß ab. Nach diesen Erkenntnissen ist es daher falsch, erst dann im Produktionsbereich eines Unternehmens Kurzarbeit einzuführen, wenn die Läger bereits überquellen, denn die Lagerbestände steigen während des ersten Vierteljahres der Kurzarbeit noch mehr, sofern der Absatz nicht erhöht werden kann. Bei einer Rezession ist deshalb Kurzarbeit anzusetzen, wenn vorhersehbar ist, daß der Absatz abnimmt und der Markt schrumpft.

6.3 Mitarbeiter nicht voreilig entlassen

Die *Entlassung* von Mitarbeitern ist die unangenehmste Arbeit im Rahmen einer Sanierung. Wenn das Sanierungsteam seine Arbeit in einem kranken Unternehmen beginnt, so zeigt sich oftmals, daß Entlassungen von Mitarbeitern schon in einer Zeit durchgeführt wurden, als das alte Management, das die Krise zumindest mitverschuldet hatte glaubte, die Schwäche des Unternehmens selbst beseitigen zu können. In vielen Fällen wurden die Verluste durch eine solche Entlassungsaktion zwar reduziert, die Krise jedoch dadurch nicht beseitigt. Oftmals wurde diese auch nicht in der richtigen Art und Weise durchgeführt, so daß nicht nur mittelmäßige, sondern auch hochqualifizierte Mitarbeiter ausschieden, die zur Überwindung der Krise benötigt worden wären.

Die unmittelbare Folge einer Entlassungsaktion ist die *Senkung der Personalkosten* ab dem nächsten Kündigungstermin. Allerdings kann dabei die Aufstellung eines Sozialplanes notwendig werden, so daß unter Umständen die Personalkosten zunächst ansteigen. Die positiven Folgen einer solchen Sanierungsmaßnahme werden dann erst zu einem späteren Zeitpunkt sichtbar. Mitarbeiter, die Erfolge nachweisen können, werden sich sehr schnell um Positionen in anderen Unternehmen bemühen, sobald Anzeichen dafür vorliegen, daß Entlassungsaktionen geplant werden. Oft lassen sich diese qualifizierten Mitarbeiter selbst durch interessante Versprechungen des bisherigen Managements nicht bewegen, weiterhin im Unternehmen zu bleiben; denn sie wissen, daß solche meistens nicht gehalten werden können. Bewährte Mitarbeiter verlassen im allgemeinen ein krankes Unternehmen schneller als man den mittelmäßigen kündigen kann.

Daneben müssen bei Entlassungsaktionen die sozialen Aspekte berücksichtigt werden. Mitarbeiter, die lange Jahre dem Unternehmen angehörten, können nicht entlassen werden. Das führt dazu, daß die Altersstruktur im zu sanierenden Unternehmen oft zu den älteren Jahrgängen hin verschoben ist.

Aus diesen Erfahrungen ergibt sich, daß es für die Verwirklichung des Sanierungsplanes vorteilhafter ist, wenn diese Entlassungsaktionen erst vom Sanierungsteam durchgeführt werden. Es hat unter diesen Umständen die Möglichkeit, diese Maßnahmen mit den übrigen Sanierungsarbeiten abzustimmen. Dabei stellt sich oftmals heraus, daß es nicht notwendig ist, die Belegschaft so zu reduzieren, wie ursprünglich geplant war. Eine Reihe von Mitarbeitern kann unter Umständen gezielt zur Erfüllung der Sanierungsmaßnahmen eingesetzt werden. Dieser Erfahrungsbericht ergibt, daß es keineswegs nur eine soziale Angelegenheit ist, in Krisenzeiten Entlassungen zu vermeiden, sondern daß es Teil der Sanierung selbst ist, über andere Maßnahmen, wie „Kurzarbeit", „besondere Anstrengungen im Vertrieb" usw. die Gehaltsstruktur in Relation zu den Erlösen zu verbessern. Erst wenn nachweislich klar ist, daß die Anpassung der Kapazitäten des kranken Unternehmens an die Absatzmöglichkeiten durch keine anderen Maßnahmen erfolgen kann, sollten Entlassungen vorgenommen werden. Nachträglich kann man bei Sanierungen oft feststellen, daß bei falsch geplanten Entlassungsaktionen praktisch Geld zum Fenster hinausgeworfen wurde, weil unter Umständen mittelfristig für das Anlernen neuer Mitarbeiter beachtliche Summen ausgegeben werden müssen.

6.4 Keine außertariflichen Lohn- und Gehaltssteigerungen

Die Mitarbeiter eines kranken Unternehmens haben oft Verständnis dafür, daß während der Zeit der Krise keine *außertariflichen Lohn- und Gehaltssteigerungen* vorgenommen werden können. Aus der Erfahrung hat sich gezeigt, daß diejenigen, die trotzdem auf außertarifliche Lohn- und Gehaltssteigerungen bestehen, weil ihnen vielleicht von anderer Seite entsprechende Angebote vorliegen, auch nicht die geeigneten Menschen sind, die Sanierung des Unternehmens tatkräftig unterstützen. Man sollte sie nicht daran hindern, das Unternehmen zu verlassen, weil anderernfalls Ausnahmen vom generellen Verzicht auf außertarifliche Lohn- und Gehaltssteigerungen *Unzufriedenheit* bei den anderen hervorrufen.

6.5 Außertarifliche Zulagen anrechnen

In der ersten Sanierungsphase sollte grundsätzlich von der Möglichkeit Gebrauch gemacht werden, *außertarifliche Zulagen* gegen notwendig werdende und nicht vermeidbare Tariferhöhungen wenigstens teilweise aufzurechnen. In zu sanierenden Unternehmen stimmt häufig die Lohn- und Gehaltsstruktur der tariflichen Mitarbeiter nicht; solche Fälle werden von allen als ungerecht empfunden. Das Sanierungsteam muß derartige Ungereimtheiten der Vergangenheit entschlossen angehen. Das bedeutet nicht, daß diese Mißstände sofort beseitigt werden könnten, sondern dies kann nur stufenweise in bestimmten Zeitabständen erfolgen. Für die Mitarbeiter, die in der Vergangenheit nicht so bevorzugt behandelt wurden, ist es für ihre *Effizienz* jedoch wichtig zu erkennen, daß ihr Problem erkannt und angepackt wird.

6.6 Außertarifliche Gehälter überprüfen

Die Forderung, daß das Sanierungsteam den Aspekt der Gerechtigkeit in den Mittelpunkt der Maßnahmen stellen soll — wie in Kapitel 4 ausgeführt — führt auch zu der Frage, ob die *Gehaltsstruktur der außertariflichen* Mitarbeiter des kranken Unternehmens gerecht aufgebaut ist. Es kann beobachtet werden, daß dessen Management einem Teil der außertariflichen Mitarbeiter aus Gründen, die meistens nichts mit der Leistung zu tun hätten, großzügige Gehälter genehmigte. Es ist deshalb nicht nur wegen des *Prinzips der Gerechtigkeit,* sondern auch um Spannungen im Unternehmen abzubauen, von Bedeutung, die Gehaltsstruktur der außertariflichen Mitarbeiter zu analysieren und aus dem Rahmen springende Gehälter zu reduzieren. Mit den betroffenen Mitarbeitern muß der Vorsitzende des Sanierungsteams in aller Offenheit ein persönliches Gespräch führen. Allein die Tatsache, daß selbst die kritischen Gehaltsfragen vom Sanierungsteam gezielt angegangen werden, wirkt auf alle Mitarbeiter motivierend und steigert ihre Effizienz.

6.7 Vorzeitige Pensionierung anstreben

Die *vorzeitige Pensionierung* von Mitarbeitern ist eine Sanierungsmaßnahme, die im Vergleich zu anderen relativ geringe Kostenreduzierungen zur Folge hat. Trotzdem sollte man auch diese in die Überlegungen mit einbeziehen, denn alle erdenklichen Einsparungsmomente müssen berücksichtigt werden. Dabei darf allerdings nicht vergessen werden, daß die Erfahrung und der *Leistungswille älterer Mitarbeiter* bei der Sanierung sehr nützlich sein können. Aus diesem Grunde erhalten oft leistungsfähige Frührentner von den zu sanierenden Unternehmen Beraterverträge.

6.8 Mitarbeiter schulen

Die *Schulung von Mitarbeitern* ist eine der wichtigsten Sanierungsmaßnahmen. Da diese zeitaufwendig ist und der Erfolg sich oft erst in Monaten, wenn nicht gar in Jahren zeigt, wird bei der Festlegung der Sanierungsaktivitäten meistens die Schulung der Mitarbeiter vergessen oder in die Zukunft verschoben. Häufig wird dieses Vorgehen damit begründet, daß die Mitarbeiter mit ihrer täglichen Arbeit an ihrem Arbeitsplatz sowie mit ihrem zusätzlichen Einsatz bei den Sanierungsmaßnahmen vollauf beschäftigt sind und deshalb keine Zeit für Schulungen erübrigen können. Trotzdem sollten in keinem Sanierungsplan die Schulungsmaßnahmen fehlen, wenn auch zunächst die zeitliche Inanspruchnahme der Mitarbeiter für diese Schulungsmaßnahmen auf ein Minimum beschränkt werden sollte. Im Gegensatz dazu sollte mit einer umfassenden *Schulung des Managements* des kranken Unternehmens, das heißt mit der Schulung der leitenden Mitarbeiter der ersten und zweiten Linie sofort begonnen werden. Diese Führungskräfte müssen zwar ebenso wie die übrigen Mitarbeiter des kranken Unternehmens ihre tägliche Arbeit im Rahmen des unternehmerischen Geschehens leisten und zusätzlich bei den Sanierungsmaßnahmen aktiv mitarbeiten. Von diesem Kreis von Mitarbeitern kann man aber verlangen, daß sie in der Zeit der Not auf einen Teil ihrer Freizeit verzichten und nach ihrer Arbeit im Unternehmen an Kursen teilnehmen.

Die Fortbildung der Führungskräfte kann nach verschiedenen Gesichtspunkten und zahlreichen Methoden erfolgen, die in der Literatur hinreichend beschrieben worden sind. Im folgenden wird eine besondere Methode dargestellt, die sich gerade bei kranken Unternehmen im Rahmen der Überwindung von Krisen mit Erfolg bewährt hat: Das *Senior-Management-Training*. Dabei schulen sich die Teilnehmer im wesentlichen zunächst selbst. Später werden externe Vortragende zur Abrundung der Unterrichtsthemen eingeladen. Im Grunde soll aber dieses Senior-Management-Training eine Selbstschulung sein und bleiben. Diese Schulung wird durchgeführt, indem in bestimmten Zeitabständen, meistens 14tägig, die Mitarbeiter der ersten und entweder alle oder ausgewählte Mitarbeiter der zweiten Führungsebene zusammenkommen, um einen Vortrag eines Mitgliedes dieses Senior-Management-Kreises zu hören. Nach dem Referat werden die vorgetragenen Erkenntnisse eingehend diskutiert. Wichtig ist bei dieser Schulung, daß alle Mitglieder des Kreises anwesend sind. Entschuldigungen aus geschäftlichen Gründen dürfen nicht gelten, weil anderenfalls die Geschlossenheit des Trainings leidet, die gerade die Voraussetzung für den Erfolg dieser Selbstschulung ist. Jeder Vortragende aus dem Kreis des Senior-Management-Trainings spricht über das gleiche Thema, nämlich die besondere Problematik und die Schwierigkeiten seines Aufgabengebietes, wie Beschreibung seiner Aufgaben und Verantwortlichkeiten, Schwierigkeiten bei der Durchführung der Arbeiten, welche Entwicklungstendenzen sich für seinen Bereich abzeichnen usw. Da dieses Thema sehr vielschichtig und vielseitig ist und immer wieder neue Aspekte durch die tägliche Arbeit erhält, sind diese Vorträge über das gleiche Thema auch nach Jahren noch interessant und bieten immer wieder Stoff für anregende und lange Diskussionen. Durch diese *Selbstschulung* wird auch das Zusammengehörigkeitsgefühl der leitenden Mitarbeiter der ersten und zweiten Führungsebene wesentlich gestärkt. Die Zusammenfassung dieser leitenden Mitarbeiter zu einer Gruppe, die gemeinsam die Probleme der Arbeitsplätze der einzelnen Bereiche des Unternehmens diskutiert, hat zur Folge, daß sowohl ein individueller als auch ein kollektiver Lernprozeß abläuft. Mit dieser Selbstschulung wird auch noch eine Nebenwirkung erzielt: Die Mitglieder des Senior-Management-Trainings wachsen fachlich und persönlich zusammen, so daß ein zusammengeschweißtes Team entsteht. Schließlich wird durch das Senior-Management-Training ein fruchtbarer Boden für die Entwicklung einer *Gruppendynamik* geschaffen, der für die Sanierung ebenfalls von Bedeutung ist. Die zahlreichen Diskussionen in diesem Management-Kreis dienen auch dazu, daß sowohl der Vortragende als auch die Zuhörer eigene Schwachstellen erkennen. Es wird deutlich, wo Informationslücken bestehen und daß an jedem Arbeitsplatz mit menschlichen Unzulänglichkeiten zu rechnen ist. Mit einem solchen Senior-Management-Training wird nicht nur der Erkenntnisstand der Teilnehmer auf ein höheres Niveau gebracht, sondern es ergeben sich auch Ansätze für weitere Sanierungsmaßnahmen. Deshalb ist es auch für alle Mitglieder des Sanierungsteams obligatorisch, an allen Sitzungen und Schulungen des Senior-Management-Trainings teilzunehmen.

Neben diesem Senior-Management-Training haben sich bei der Schulung der obersten Führungskräfte Unternehmensspiele bestens bewährt. Der Vorteil von *Unternehmensspielen* für die Schulung von Führungskräften in kranken Unternehmen liegt darin, daß materielle Verluste, vielleicht auch Frustrationen, die durch fehlerhaftes Verhalten einzelner Vorstandsmitglieder oder Geschäftsführer entstehen könnten, vermieden werden. Da die Vorstandsmitglieder wissen, daß es nur ein Spiel ist, erweitern sie die Entscheidungspalette, die sie normalerweise in der betrieblichen Praxis anwenden würden; denn im Spiel treten positive, affektive Seiten der Manager erheblich mehr in den Vordergrund als in der täglichen Arbeit, weil sie sich hier infolge der Unsicherheiten, die in der unternehmerischen Praxis liegen, vorsichtiger verhalten.

Mit den Schulungen für die übrigen Mitarbeiter des kranken Unternehmens sollte erst dann im umfassenden Rahmen begonnen werden, wenn das Training für die obersten Führungskräfte bereits läuft. Einzelne spezifische Abende für diesen Mitarbeiterkreis sollten — die bereits erwähnt — schon früher durchgeführt werden. Durch diese zeitliche Verschiebung der Schwerpunkte der Schulungen wird nicht nur das Training in der hierarchischen Ordnung richtigerweise von oben nach unten durchgeführt, sondern in dieser weiteren Phase haben sich oftmals schon die ersten Erfolge der Sanierungsmaßnahmen eingestellt, so daß die Mitarbeiter der untergeordneten Ebenen aufgeschlossener sind und es sich zeitlich eher leisten können, an den Schulungsabenden teilzunehmen. Diese Aus- und Weiterbildung von Mitarbeitern des kranken Unternehmens unterscheidet sich nicht wesentlich von der in gesunden Unternehmen. Die Schwerpunkte dieser Seminare ergeben sich allerdings nicht nach generellen Gesichtspunkten, sondern aus den Schwerpunkten des Sanierungsplanes.

7

Finanzen

7.1 Kapitalschrumpfung

Die finanzielle Not eines Unternehmens kann dazu zwingen, das Kapital zusammenzulegen. Es bieten sich in diesem Zusammenhang mehrere Möglichkeiten an: Nennwert der Aktien herabsetzen, Aktien zusammenlegen, Aktien einziehen, Grundkapital reduzieren usw. Welche Art der *Kapitalschrumpfung* gewählt wird, ergibt sich nicht nur nach betriebswirtschaftlichen Gesichtspunkten, sondern es kommt auf die jeweilige juristische Struktur des kranken Unternehmens an. Diese Sanierungsmaßnahme darf man nicht überbewerten, denn sie hilft in den wenigsten Fällen, die Krise nachhaltig zu überwinden. Vielmehr sind ergänzende Entscheidungen erforderlich, um die eigentlichen Ursachen der Krise zu beseitigen.

7.2 Kapitalerhöhung

Bei Sanierungen ist es immer vorteilhaft, wenn neue finanzielle Mittel in das Unternehmen eingebracht werden können. Normalerweise aber hat das Sanierungsteam damit zu rechnen, daß eine *Kapitalerhöhung* nicht erfolgen kann, weil die Unsicherheiten für die Geldgeber zu hoch sind oder der Kapitaleigner kein weiteres Geld in das Unternehmen einschießen kann. Die Überwindung der Krise muß dann mit eigener Kraft des kranken Unternehmens erfolgen.

Da bei Aktiengesellschaften eine Ausgabe von Aktien unter pari verboten ist, kann bei dieser Gesellschaftsform, sofern Aktien einer zu sanierenden AG unter pari gehandelt werden, eine Kapitalerhöhung nicht durch Abgabe von Stammaktien durchgeführt werden. Das Sanierungsteam muß deshalb zunächst versuchen, durch Kapitalschrumpfung den Börsenkurs wieder über 100 Prozent zu bringen. Ist dies nicht möglich, so können die jungen Aktien mit speziellen Vorrechten versehen werden, um einen besonderen Anreiz zu bieten, Aktien eines zu sanierenden Unternehmens zu kaufen.

Bei Familien-Aktiengesellschaften, GmbH's und Personengesellschaften ist der Kreis der möglichen Geldgeber begrenzt. Die Besitzer solcher Gesellschaften wurden vor der eigentlichen Sanierung schon zu oft um weiteres Kapital gebeten, so daß sie meist nicht bereit und auch nicht in der Lage sind, weiteres Kapital einfließen zu lassen.

7.3 Abgrenzung der Kosten prüfen

Die Zuordnung der einzelnen Kosten zu den entsprechenden Leistungen ist nicht nur bei vielen kranken, sondern auch bei zahlreichen gesunden

Unternehmen unzureichend oder falsch. Gerade bei der Überwindung von Krisen machen sich diese Fehler unangenehm bemerkbar, da wegen einer ungenauen Kostenstruktur Sanierungsaktionen an den falschen Stellen angesetzt werden. Es ist deshalb bei jeder Sanierung zu prüfen, ob die *Abgrenzung* der einzelnen *Kosten* richtig ist und an welchen Positionen Berichtigungen vorgenommen werden müssen. Die Voraussetzung bei einer solchen Aktion ist, daß das System der Abgrenzung der Kosten eindeutig ist und im ganzen Unternehmen gleich angewandt wird. Wird die Deckungsbeitragsrechnung praktiziert, dann ist nicht nur auf die klare Trennung zwischen proportionalen und fixen Kosten zu achten, sondern auch darauf, ob tatsächlich alle zurechenbaren Kosten als solche erkannt und entsprechend in der Kostenrechnung angesetzt werden. Oft wird nämlich aus Bequemlichkeit ein Teil der proportionalen Kosten in den großen Topf der fixen Kosten geworfen. Dadurch verfälscht sich die Kostenstruktur und die darauf aufbauenden Folgerungen entsprechen nicht den tatsächlichen Verhältnissen.

Eine der wichtigsten Abgrenzungen ist die Unterscheidung der proportionalen und der fixen Kosten. Das Problem dabei ist, daß es nicht nur in der Praxis, sondern auch in der Theorie leider keine einheitliche Auffassung über die Definition dieser Begriffe gibt. In der betrieblichen Praxis ist es weniger bedeutsam, die Nuancen der einzelnen Auslegungen dieser Begriffe laufend zu diskutieren, sondern es ist wichtig, sich auf eine Definition festzulegen, die dann für das ganze Unternehmen allgemein gültig ist. Aus der Erfahrung ergibt sich in diesem Zusammenhang, daß es zweckmäßig ist, die Abgrenzung der proportionalen Kosten klar zu definieren und die fixen Kosten als Rest der gesamten Kosten anzusehen, um die Einteilung der Kosten in fix und proportional einfacher zu gestalten.

Welche falschen Schlüsse eine falsche Zuordnung der Kosten ergeben können, soll an einem Bespiel dargestellt werden: In einem Fall ergab die Kalkulation eines Produktes, daß die Kosten bei vollautomatischer Fertigung höher waren als bei halbautomatischer. Das Sanierungsteam fand heraus, daß der vollautomatischen Anlage bei der Berechnung des Platzbedarfes der Einfachheit halber eine nahegelegene, nicht genutzte Ecke zugeschlagen wurde, so daß die fixen Raumkosten der vollautomatischen Maschine unangemessen hoch waren und das Management veranlaßten, die halbautomatische Fertigung zu bevorzugen, weil diese nach der Kalkulation kostengünstiger war, obwohl an diesen Aggregaten mehr Mitarbeiter arbeiten mußten. Die Erkenntnisse des Sanierungsteams bei der Prüfung der Abgrenzung und Zuordnung der fixen Kosten führten dazu, daß die vollautomatische Einrichtung wieder genutzt und die halbautomatische stillgelegt wurde, so daß sich die Mitarbeiterzahl und damit die Kosten der Produktion reduzierten. Damit ergab sich eine günstigere Kalkulation, die die auf dieser Linie gerfertigten Produkte konkurrenzfähiger auswies.

7.4 Fixe Kosten senken

Bei den meisten Unternehmen, die zu sanieren sind, ist der Block der *fixen Kosten* viel zu hoch. Infolge der ungenügenden Auslastung der Produktionskapazitäten wirkt sich diese Tatsache in den Gesamtkosten um ein Vielfaches stärker aus. Eine der wichtigsten Sanierungsmaßnahmen muß deshalb heißen: Senkung der fixen Kosten.

Dies ist mit zahlreichen anderen Maßnahmen zur Gesundung des Unternehmens verknüpft, wie Rationalisierungsprojekte (12.20), Erhöhung der Effizienz der Mitarbeiter (12.6), Leasing-Überlegungen anstellen (7.17) usw.

Die Senkung der fixen Kosten erfolgt in der Regel im Hinblick auf vier Kostenbereiche:
1. *Fixe Personalkosten.*
2. *Fixe Materialkosten,* das heißt Kosten von Material, die nicht unmittelbar in die Produkte eingehen.
3. *Abschreibungen.*
4. Sonstige fixe Kosten.

Bei der Analyse der fixen Personalkosten erkennt man oft, daß zu viele Menschen in den oberen Ebenen der Hierarchie eines Unternehmens beschäftigt sind. Diese ergehen sich häufig in der Erstellung von immer neuen Planungen, Hochrechnungen und Statistiken, so daß das Sanierungsteam das Gefühl bekommt, die Geschäftsleitung wollte die Krise durch Aufstellen von immer neuen Statistiken und Hochrechnungen beseitigen. Bei der Senkung der fixen Personalkosten hat sich erfahrungsgemäß folgende Methode in der Praxis bewährt: Die Leiter der einzelnen Unternehmensbereiche werden beauftragt, für jeden Mitarbeiter, der fixe Personalkosten verursacht, den schriftlichen Beweis zu erbringen bzw. erbringen zu lassen, daß seine Entlassung die Sanierung gefährden würde. Auch wenn bei dieser Aktion die Führungskräfte des kranken Unternehmens nicht selbst in der Lage sein sollten zu erkennen, welche Mitarbeiter aus dem Fixkostenblock freigestellt werden können, so erhält dennoch das Sanierungsteam durch diese Beweisführung einen guten Überblick, was diese Mitarbeiter tun. Es kann dann entscheiden, auf welchen Teil dieser Arbeiten verzichtet werden kann, so daß die entsprechenden Mitarbeiter freigesetzt und damit die fixen Personalkosten gesenkt werden können. In den Zeiten der Not kann nämlich ein

Teil der üblichen Verwaltungsarbeiten wegfallen oder zumindest sehr stark vereinfacht werden. Bei diesen Arbeiten bestehen Verknüpfungspunkte zu anderen Aktivitäten unseres Maßnahmenkatalogs, beispielsweise zu 12.17, 12.29 usw.

Die Anstrengungen zur Senkung der fixen Materialkosten sind oft schnell vom Erfolg gekrönt, weil für diese Position in kranken Unternehmen meist eine exakte Planung fehlt und daher der Verbrauch gerade bedingt durch die psychologische Situation der Mitarbeiter eines Unternehmens in der Krise oft stark überhöht ist. Diese Kosten ergeben sich aus dem großzügigen Verbrauch des *Gemeinkostenmaterials*, wie zum Beispiel Instandhaltungsmaterial, Öl, Verpackungsmaterialien, Kleinteile usw.

Die *Senkung der Abschreibungen* ist viel schwieriger durchzuführen als die der fixen Material- und Personalkosten. Man kann in diesem Zusammenhang oft nur den Verkauf der Anlagen, für die die Abschreibungen anzusetzen sind, in Erwägung ziehen. Die Erfahrung zeigt jedoch, daß es nicht leicht ist, Käufer für solche Objekte zu finden. Oft ist auch die teilweise oder vollständige Nutzung dieser Anlage zum Fortbestehen des Unternehmens erforderlich. In diesen Fällen können die Abschreibungen nur durch den Verkauf der Anlagen und deren anschließendem *Leasing* gesenkt werden. Diese Problematik wird bei der Sanierungsmaßnahme 7.17 näher beschrieben.

Unter den sonstigen fixen Kosten sind alle übrigen fixen Kosten zu verstehen, die bisher nicht erwähnt wurden. Dieser Kostenblock ist bei jedem Unternehmen sehr unterschiedlich zusammengesetzt, und daher in jedem Fall einer Sanierung anders beeinflußbar, so daß keine allgemein gültigen Vorschläge zur Senkung dieser Kosten gemacht werden können. Zu diesen Kostenarten gehören: *Energie, Miete, Pacht,* Telefon, *Versicherungen, Reisekosten,* Bewirtung, *Repräsentationskosten* usw.

Aus der Erfahrung bei Sanierungen ergibt sich, daß generell bei der Senkung der fixen Kosten zunächst für diese umfassende Sanierungsmaßnahme ein Großprojekt definiert wird, das dann anschließend in viele kleinere Unterprojekte aufgefächert wird. Es hat sich auch als vorteilhaft erwiesen, daß ein Mitglied des Sanierungsteams für dieses Großprojekt die Verantwortung trägt. Die Unterprojekte können dann an ausgewählte Führungskräfte des kranken Unternehmens delegiert werden.

7.5 Proportionale Kosten überprüfen

Die *proportionalen Kosten*, das heißt die Kosten, die das Produkt nach seiner technischen Struktur zu sich selber braucht, damit es physisch existiert[1], wurden bei vielen kranken Unternehmen bereits vor Beginn einer Sanierung oft stark reduziert. Deshalb sind bei diesen oft keine Reserven zur weiteren Senkung in der ersten Phase der Sanierung vorhanden. Unter Umständen müssen die proportionalen Kosten sogar erhöht werden, wenn beispielsweise im Rahmen der Sanierungsmaßnahme 3.3 festgestellt wurde, daß mit Sparversionen die proportionalen Kosten ohne Rücksicht auf die Qualität der Produkte gesenkt wurden. Das Finanzressort kann bei den proportionalen Kosten zunächst nur prüfen, ob die *Mengenstruktur* kostenmäßig richtig bewertet wurde. Die Mengenstruktur selbst kann nur durch Sanierungsmaßnahmen der Unternehmensbereiche Produktion und Entwicklung verbessert werden. Wenn andere Maßnahmen, wie zum Beispiel die Senkung der Fertigungszeiten (8.5), Erfolge zeigen, so sind diese Reduzierungen ebenfalls in diese Maßnahme zu integrieren. Die Bemühungen zur Minderung der proportionalen Kosten führen in kranken Unternehmen meistens nur mittelfristig zum Erfolg, wenn die Herstellungsverfahren geändert oder besondere Methoden zur Senkung des Ausschusses eingeführt sind. Auch die Erfolge anderer Aktivitäten, die außerhalb des Finanzbereiches zum Beispiel in der Entwicklung, Produktion, Einkauf, Personalwesen durchgeführt werden, tragen unter Umständen zur Verringerung der proportionalen Kosten bei. Deren Überprüfung ist andererseits eine Voraussetzung für die richtige Durchführung der Deckungsbeitragsrechnung und der darauf aufbauenden Maßnahmen.

7.6 Wirtschaftlichkeit der Produkte untersuchen

Die Analyse der *Wirtschaftlichkeit* der Produkte eines kranken Unternehmens ist eine wichtige Sanierungsmaßnahme, um eventuell verlustbringende Erzeugnisse im Produktions- und Vertriebsprogramm zu streichen. Dabei sind quantifizierbare und nicht quantifizierbare Größen zu berücksichtigen. Die Auswirkungen der nicht quantifizierbaren sind dabei soweit wie möglich abzuschätzen, damit auch diese in der Rechnung berücksichtigt werden können. Quantifizierbare Größen sind der *Deckungsbeitrag* je Produkt oder Gewinn je Produkt usw. Eine nicht quantifizierbare Größe ist beispielsweise die Forderung von Kun-

---

1 A. Deyle, Grenzkosten und Fixkosten: Neue Definition, Controller Magazin 6/76, S. 41 ff.

den, nur dann das Produkt A zu kaufen, wenn auch das Produkt B gelie-
fert werden kann. Unter Umständen muß aus diesem Grund das Produkt B gefertigt werden, obwohl es aus wirtschaftlichen Überlegungen
vom Programm gestrichen werden sollte. In diesem Zusammenhang
ist auch die Frage des Zukaufs dieses Produktes zu untersuchen. Wird
dies verneint, so ist diese zunächst nicht quantifizierbare Größe durch
Schätzung des Verlustes bei Ausfall des einen oder anderen Kunden in
eine quantifizierbare umzuwandeln, um eine Größenordnung der Wirtschaftlichkeit der Produktkombination A und B zu erhalten.

Mit diesem Beispiel und dem Hinweis auf nicht quantifizierbare Einflußgrößen bei Abschätzung der Wirtschaftlichkeit von Produkten soll
folgende Erfahrung bei kranken Unternehmen verdeutlicht werden: Bei
den meisten Diskussionen über die Wirtschaftlichkeit von Produkten
werden oft im wesentlichen nicht quantifizierbare Momente angeführt.
Denen ist das Sanierungsteam nicht gewachsen, weil es die Detailkennt-
nisse zur Prüfung dieser Gründe nicht besitzt. Wird aber verlangt, wenigstens die Größenordnung der finanziellen Folgen von nicht quantifizierbaren Einflußgrößen abzuschätzen, so stellt sich unter Umständen heraus, daß Ausnahmen oft als Regelfälle vorgetragen werden. Diese Erfahrungen wurden gerade in größeren kranken Unternehmen gemacht, in
denen die Beziehung zwischen Unternehmensführung und direktem
Verkäufer nicht mehr so eng ist und sich deshalb die nicht quantifizierbaren Momente stärker kumulieren können.

Bei vielen Entscheidungen über die Wirtschaftlichkeit von Produkten
wird der Deckungsbeitrag als Maßstab angesetzt. In der ersten Phase der
Sanierung ist jedes Produkt wirtschaftlich interessant, das einen positiven Deckungsbeitrag erbringt, sofern die Produktionskapazitäten nicht
ausgelastet sind. Bestehen *Engpaßstellen* in der Fertigung, so bestimmen
diese die Rangordnung der Wirtschaftlichkeit der Produkte. In einer
späteren Phase der Sanierung kann, wenn die Liquiditätsenge nicht
mehr unmittelbar das Fortbestehen des Unternehmens gefährdet, die
Wirtschaftlichkeit der Produkte allein nach der Maximierung der
Deckungsbeiträge absolut oder relativ ausgerichtet werden. Ein Beispiel
aus der Praxis verdeutlicht diesen Sachverhalt:

In einem zu sanierenden Unternehmen bestand in der Fertigung, in
der die drei Produkte A, B, C produziert wurden, an einer Maschine
ein Engpaß. In der Tabelle 2 sind für diese Situation die Daten dieser
Produkte wiedergegeben: In Zeile 2 sind die Nettoerlöse pro Stück, in
Zeile 3 die proportionalen Stückkosten, in den weiteren Zeilen der Dek-
kungsbeitrag je Stück, die gefertigte Menge pro Stunde an der Engpaßmaschine und schließlich die Rangordnung der Produkte hinsichtlich
der Wirtschaftlichkeit eingetragen. Aus dem Deckungsbeitrag an der

Tabelle 2: Ermittlung der Wirtschaftlichkeit der Produkte A, B, C bei einer Engpaßsituation

1	Produkt	A	B	C
2	Nettoerlös pro Stück	600	450	280
3	Proportionale Kosten pro Stück	320	300	150
4	Deckungsbeitrag pro Stück	280	150	130
5	Gefertigte Stücke pro Stunde an Engpaßmaschine	0,8	2,3	1,4
6	Deckungsbeitrag pro Stunde an Engpaßmaschine	224	345	182
7	Rangordnung	2	1	3

Engpaßmaschine ergibt sich, daß das Produkt B die höchste *Rangordnung* hat, dann folgt das Produkt A und schließlich das Produkt C. Die Reihe lautet damit B – A – C, wie aus Zeile 7 hervorgeht. Über eine Sanierungsmaßnahme im Bereich der Produktion konnte der Engpaß an dieser Maschine beseitigt werden, so daß diese Stelle fortan nicht mehr die Folge der Vorteilhaftigkeit der Produkte A, B, C bestimmte. Jetzt konnten alle Aufträge vom zu sanierenden Unternehmen angenommen werden, die einen positiven Deckungsbeitrag erbrachten, so lange sich kein neuer Engpaß einstellte und die Kapazitäten noch nicht ausgelastet waren. Durch besondere Anstrengungen im Verkauf konnten nach einiger Zeit so viele Aufträge hereingeholt werden, daß die Kapazitäten nahezu ausgelastet waren. Nach den neuen Gegebenheiten war nicht die Tatsache, daß ein Auftrag einen positiven oder negativen Deckungsbeitrag erbrachte als Kriterium für die Wirtschaftlichkeit der Produkte bestimmend, sondern die Maximierung der Deckungsbeiträge. In Tabelle 3 ist die Berechnung der Rangordnung nach dem absoluten und relativen Deckungsbeitrag, der auf dem Markt erzielt werden kann, für die Produkte A, B und C dargestellt. In Spalte 2 sind die Netto-Erlöse, in Spalte 3 die proportionalen Kosten aufgeführt. Die Differenz der Werte in Spalte 2 und 3, das ist der absolute Deckungsbeitrag, ist in Spalte 4 eingetragen. Schließlich ergibt sich aus Spalte 5 der in Spalte 4 ausgewiesene Deckungsbeitrag in Abhängigkeit der Nettoerlöse, oder anders ausgedrückt, der relative Deckungsbeitrag. Die Rangordnung ist nach dieser neuen Betrachtung nicht mehr B – A – C, sondern A – B – C, wenn die absoluten Deckungsbeiträge ein Kriterium für die Wirtschaftlichkeit sind (vgl. Spalte 6). Die relativen Deckungsbeiträge in Spalte 7 ergeben eine andere Reihenfolge; nämlich hier nimmt das Produkt B die zweite Stelle ein, während die Produkte A und C gleichrangig vor dem Produkt B liegen.

Tabelle 3: Ermittlung der Rangordnung der Wirtschaftlichkeit ohne Engpaßkapazität

	Nettoerlöse (NE) (TDM)	proportionale Kosten (TDM)	Deckungsbeitrag (absolut) (TDM)	Deckungsbeitrag (relativ) (% v. NE)	Rangordnung (absolut)	Randordnung (relativ)
A	6.000	3.200	2.800	47	1	1
B	4.500	3.000	1.500	33	2	2
C	2.800	1.500	1.300	46	3	1
Summe	13.300	7.700	5.600	42		
Fixe Kosten			4.000			
Gewinn			1.600			

Mit der Untersuchung der Wirtschaftlichkeit der Produkte sind andere Sanierungsmaßnahmen eng verknüpft, beispielsweise 7.3, 7.5 usw. Bei vielen kranken Unternehmen konnte man feststellen, daß über die Wirtschaftlichkeit der Produkte keine klaren Vorstellungen vorhanden waren und deshalb insbesondere durch diese Sanierungsmaßnahme weitere wesentliche Verluste vermieden werden konnten.

7.7 Forderungen reduzieren

Eine der Möglichkeiten, die Liquidität zu erhöhen, liegt in dem beschleunigten Einzug der *Forderungen.* Diese Sanierungsmaßnahme erfordert aber ein schlagkräftiges Mahnwesen, das in kranken Unternehmen oft nicht vorhanden ist. Bei schnellerer Erfüllung der Forderungen steigt nicht nur die Liquidität des Unternehmens, sondern es sinken zugleich auch die Zinskosten. Der Verkauf von Forderungen wird von kranken Unternehmen sehr selten durchgeführt, weil mit Factoring häufig noch wenig Erfahrung vorhanden sind. Auch ist der Verkauf von Forderungen gerade bei zu sanierenden Unternehmen oft schwierig und nicht kostengünstiger, weil die Bonität schlecht ist. Trotzdem sollte bei der Festlegung von Sanierungsmaßnahmen das *Factoring* in die Überlegungen einbezogen werden.

7.8 Skonti besser ausnutzen

In kranken Firmen werden oft die *Skonti* nicht ausgenutzt. Die Kosten im Einkauf sind in diesen Fällen sofort dadurch zu senken, indem mit den Banken über einen speziellen Kredit für die Skontoausnutzung verhandelt wird. Bei einer derartigen Bindung des Kredites sind die Banken meistens bereit, ihre Kreditlinien ausnahmsweise auch bei einer schwierigen Finanzlage eines Unternehmens zu erweitern.

Welche Vorteile sich aus dieser Sanierungsmaßnahme ergeben können, zeigt folgendes Beispiel aus der betrieblichen Praxis:

Die *Zahlungskonditionen* eines kranken Unternehmens waren wie folgt:

Bei Zahlung 60 Tage nach Lieferung — kein Skonto;
bei Zahlung 30 Tage nach Lieferung — 2 % Skonto;
bei Zahlung 15 Tage nach Lieferung — 3 % Skonto.

Das skontierfähige Einkaufsvolumen betrug 30 Mio DM.

Von der Hausbank wurde zu einem Zinssatz von 8 % ein Kredit in Höhe von 3,75 Mio DM für die Ausnutzung des Skontos zur Verfügung gestellt. Dadurch konnten nach Abzug der Zinsen für diesen Kredit 600.000,— DM eingespart werden, ein Betrag, der die Liquidität des kranken Unternehmens beachtlich erhöhte.

7.9 Währungsrisiken absichern

Bei kranken Unternehmen kann man unter Umständen feststellen, daß Verluste durch Währungsdifferenzen eingetreten sind, weil in fremden Währungen fakturiert wurde. Derartige Schäden können wesentlich vermindert werden, indem man zwar in der entsprechenden Landeswährung weiter fakturiert, aber zum Zeitpunkt der Rechnungszustellung den entsprechenden ausländischen Währungsbetrag kauft. Ein Beispiel für dieses Vorgehen ist in Tabelle 4 wiedergegeben. Die angeführten 6 Exportaufträge nach Frankreich und Italien ergeben, daß durch das oben angeführte *Devisen-Termingeschäft* die Nettopreise in DM weniger stark infolge der Verschiebung der Währungsparitäten beeinflußt werden. Beim Auftrag nach Frankreich in Zeile 2, bei dem der Zeitpunkt der Fakturierung der 1. Juli 1976 ist, reduziert die Veränderung der Währungsparitäten den Preis um 9 %, während mit Hilfe des entsprechenden Termingeschäftes die Reduzierung unbedeutend ist, nämlich nur 0,7 %. Der Auftrag in Zeile 5 nach Italien mit der Fakturierung 1. Juli 1976 hat infolge der Währungsverluste eine Preisreduzierung von 21,4 % zu tragen, während über ein Devisen-Termingeschäft sich nur 0,3 % ergeben.

Neben dem Termingeschäft gibt es in der Praxis noch zahlreiche andere Möglichkeiten, die Währungsrisiken zu verringern: Die Umstellung auf *DM-Fakturierung*, mit *diskontierfähigen Währungswechseln* arbeiten, der Abschluß von Versicherungen oder *Kompensationsgeschäfte*.

Tabelle 4: Absicherung von Währungsrisiken durch Termingeschäfte
(Die Zahlen in ( ) beziehen sich auf die Numerierung der Spalten (1) bis (10)

	Zeitpunkt der Fakturierung	Fälligkeitstermin in der Rechnung	Kasse Brief zum Zeitpunkt der Fakturierung (1)	Termingeschäft zum Zeitpunkt der Fakturierung (1)	Abschlag (3) bis (4) Gewinn/Verlust bei Termingeschäft	Kasse Brief zum Fälligkeitstermin in (2)	Währungsverlust/Gewinn ohne Termingeschäft (3) − (6)	Währungsverlust/Gewinn zwischen Termingeschäft und Kasse Brief zum Fälligkeitstermin (4) − (6)	% Preisreduzierung durch Termingeschäft (5) : (3)	% Preisreduzierung ohne Termingeschäft (7) : (3)
1	1	2	3	4	5	6	7	8	9	10
						Rechnungsbetrag: 1 Mio Franc				
1	31.12.75	31. 3.76	586.300	585.000	1.300	544.200	42.100	40.800	0,2	7,2
2	1. 7.76	30. 9.76	544.000	540.000	4.000	494.900	49.100	45.100	0,7	9,0
3	30. 9.76	30.12.76	494.000	489.000	5.000	475.500	18.500	13.500	1,0	3,7
						Rechnungsbetrag: 100 Mio Lire				
4	31.12.75	31. 3.76	385.000	383.500	1.500	302.800	82.200	80.700	0,4	21,4
5	1. 7.76	30. 9.76	308.200	298.000	10.200	283.400	24.800	14.600	3,3	8,1
6	30. 9.76	30.12.76	283.400	275.000	8.400	270.600	12.800	4.400	3,0	4,5

Die Erfahrung zeigt allerdings, daß bei kranken Unternehmen die Umstellung auf DM-Fakturierung bei den Kunden auf Widerstand stößt, weil diese die Notlage oft kennen und lieber keine Aufträge erteilen, wenn sie auch noch das Währungsrisiko zu tragen haben. Aber selbst wenn das Exportgeschäft weitgehend in DM kontrahiert wird, ergeben sich Probleme, weil bei Kursänderungen zu Ungunsten der Kunden die Abnehmer Zugeständnisse verlangen. Das sind im wesentlichen Preiszugeständnisse, Vereinbarungen von Währungsklauseln, Verbesserung der Zahlungsbedingungen usw. Schließlich muß erwähnt werden, daß kranke Unternehmen beachtliche Verluste durch *Kursveränderungen* erlitten haben, wenn die Zahlungen für Lieferungen in das Ausland verzögert durchgeführt werden. Gerade wenn der Exportanteil eines Unternehmens sehr hoch ist, muß sich das Sanierungsteam mit diesen Fragen der Absicherung der Währungsrisiken eingehend befassen.

7.10 Genehmigte Investitionen überprüfen

Eine der Sanierungsmaßnahmen sollte darin bestehen, alle bis zum Beginn der Arbeit des Sanierungsteams bereits genehmigten *Investitionen* danach zu überprüfen, ob diese in der Stunde der Not tatsächlich alle realisiert werden müssen. Im Zweifelsfalle sind die entsprechenden Anschaffungen zu streichen. Auch bereits bestellte Investitionen sollen kein Hindernisgrund sein, daß für sie diese Analyse ebenfalls durchgeführt wird. Oft kann in Verhandlungen mit Lieferfirmen erreicht werden, daß die Lieferverträge annulliert werden, wenn das Fortbestehen des bestellenden Unternehmens gefährdet ist. Solche Gespräche können nur von einem Mitglied des Sanierungsteams geführt werden, weil es neutraler verhandeln kann. Der Lieferant zieht es in den meisten Fällen vor, alsbald wieder ein genesendes Unternehmen zum Kunden zu haben, als auf einer Lieferung an ein krankes zu bestehen, bei denen nicht sicher ist, ob diese Lieferung überhaupt wegen Illiquidität bezahlt werden kann.

7.11 Risiken durch Versicherungen abdecken

Risiken sind in kranken Unternehmen oft nicht hinreichend abgedeckt. Auch ist es durchaus möglich, daß im Rahmen von Kostensenkungsmaßnahmen Versicherungen gekündigt wurden, um die Prämie zu sparen. Bei einer Sanierung empfiehlt es sich daher zu untersuchen, ob die überschaubaren Risiken des Unternehmens mit *Versicherungen* hinreichend abgedeckt sind. Die Erfahrung zeigt, daß manche Manager meinen, in Zeiten der Not kann man die Prämien für die Feuer- bzw. Betriebsunterbrechungsversicherung sparen oder den Deckungsumfang entscheidend einschränken. Auch wird häufig auf die jährlichen *Nachversicherungen* verzichtet, um die Kosten des Unternehmens nicht zu erhöhen. Das Sanierungsteam muß darauf achten, daß zwar nicht alle möglichen Risiken versichert sind, aber doch die Sanierung nicht durch eine unzureichende *Basisversicherung* gefährdet ist. Hier sind insbesondere die Sachversicherungen wie Feuerversicherung, Betriebsunterbrechungsversicherung, Transportversicherungen usw. zu nennen. In diesem Zusammenhang ist auch das immer größer werdende Risiko der Produkthaftung zu nennen. Obwohl diese in der letzten Zeit viel zu hoch gestiegene *Produkthaftpflicht* wirtschaftlich ruinös ist, müssen sich die Unternehmer dagegen absichern. Andererseits gibt es bereits in den USA Fälle, daß mittlere Unternehmen schließen mußten, weil sie die hohen Haftpflichtprämien nicht mehr bezahlen konnten.

7.12 Verfahren zur Investitionsentscheidung überprüfen

Ein Sanierungsteam stellt häufig fest, daß nur falsche oder dürftige Investitionsberechnungen im kranken Unternehmen vorhanden sind. In diesen Fällen ist die Einführung von geeigneten und praktikablen Methoden der *Investitionsrechnung* in den Sanierungsplan aufzunehmen. Dabei sollte man darauf achten, daß nicht sofort die kompliziertesten Techniken verwendet werden. Es genügt, wenn man zunächst mit einem einfachen Verfahren, zum Beispiel mit der Payback-Rechnung arbeitet. In erster Näherung liefert dieses Verfahren der Investitionsrechnung nämlich die gleichen Ergebnisse wie die komplizierteren Methoden der dynamischen Investitionsrechnung, internen Zinsfuß- und Gegenwartsmethode, falls die *Pay-back-Zeit* nicht größer als zwei Jahre ist. Die Erfahrung bei Sanierungen lehrt, daß die meisten Investitionsobjekte für Maschinen in dieser Zeitspanne liegen. Obwohl diese Investitionsrechnung in dieser Phase einfach sein sollte, so muß sie doch genau sein und alle wesentlichen beeinflussenden Kostenkomponenten entsprechend ihrer Gewichtung berücksichtigen. Auch ist darauf zu achten, daß alle Daten der Rechnung später auch nachkontrolliert werden können. Wenn die Notlage des kranken Unternehmens nicht mehr so groß ist, kann dann eine kompliziertere Investitionsrechnung praktiziert werden, die auch die gesamte Lebensdauer der Investition und die Verteilung der Wahrscheinlichkeiten von Veränderungen der Einflußkomponenten erfaßt, so daß das Risiko einer Investition noch deutlicher wird. Bei vielen Sanierungen hat eine Überprüfung der Investitionen ergeben. daß die Annahmen der Rechnung oftmals unrealistisch waren. So wurden beispielsweise die *Kosten des Lernens* in der Anlaufphase nicht berücksichtigt oder die Auslastung des Investitionsobjektes wurde zu hoch geschätzt und nicht auf die einzelnen Produkte im Absatzplan bezogen. Auch werden oft die Umsatzerwartungen zu optimistisch in der Investitionsrechnung angesetzt. Im Rahmen dieser Sanierungsmaßnahme muß daher der Projekt-Verantwortliche nicht nur darauf achten, daß das Verfahren der Investitionsrechnung richtig angewandt wird, sondern daß auch die Einflußgrößen realistisch geschätzt in die Rechnung eingehen.

7.13 Kalkulation überprüfen

Die *Vorkalkulation* und — wenn sie überhaupt durchgeführt wird — die *Nachkalkulation* der Produkte ist bei kranken Unternehmen oft falsch, weil nicht nur die *Abgrenzung der Kostenarten* unzureichend ist, sondern weil zu hohe fixe Kosten angesetzt werden. Da die Kalkulation für die Beurteilung der Vorteilhaftigkeit eines Preises oder für die Preisfindung bei Spezialprodukten, für die kein Marktpreis vorhanden ist, ein wesentliches Instrument der Unternehmensführung ist, bedeutet diese Sanierungsmaßnahme eine wichtige Voraussetzung für die Gesundung des Unternehmens. Oft wurde bei kranken Unternehmen festgestellt, daß in *Kalkulationen* die tatsächlichen fixen Kosten angesetzt wurden, obwohl die Fertigungskapazitäten nur zu 50 oder 60 Prozent ausgelastet waren. Konkurrenzunternehmen, die ihre Fertigungskapazitäten vergleichsweise nicht so sprunghaft ausgeweitet hatten wie das in Not geratene, konnten deshalb mit niedrigeren fixen Kosten in ihrer Kalkulation arbeiten. Denn die Fertigungskapazitäten waren zu 90 oder zu 100 Prozent, also höher als bei kranken Unternehmen ausgelastet. In zu sanierenden Unternehmen muß daher bei der „Überprüfung der Kalkulation" darauf geachtet werden, daß nicht die rechnerischen fixen Kosten angesetzt werden, sondern nur diejenigen, die der anhaltenden niedrigen Beschäftigung des Unternehmens entsprechen; damit werden die kalkulierten Kosten hinsichtlich der Auslastung auf eine realistischere Basis zurückgeführt. Als Maxime muß nämlich gelten, daß alle Kostenelemente danach zu untersuchen sind, ob sie realistisch, das heißt, auf die Krisensituation des Unternehmens zugeschnitten sind, oder ob sie entsprechend modifiziert werden müssen. Wenn Kostenarten nicht tatsächlich reduziert werden können, wie zum Beispiel Teile der fixen Kosten, so müssen diese wenigstens in der Kalkulation rechnerisch angepaßt werden. Es ist selbstverständlich, daß damit noch andere Aktionen aus unserem Maßnahmenkatalog verknüpft sind, wie Senkung der fixen Kosten (7.4), Proportionale Kosten überprüfen (7.5), Abgrenzung der Kosten prüfen (7.3) usw.

7.14 Monatlichen Soll-Ist-Vergleich einführen

Das Sanierungsteam muß nicht nur den Ablauf der Maßnahmen und deren Zwischenerfolge mindestens vierwöchentlich überprüfen, sondern auch das Gesamtbild des Unternehmens monatlich analysieren. Dazu sind *Monatsbilanzen, monatliche Gewinn- und Verlustrechnungen* und *monatliche Cash-flow-Analysen* notwendig. Die Ist-Zahlen werden bei diesem Vergleich den Soll-Zahlen der Planbilanzen, Plangewinn- und -verlustrechnungen, der Planfinanzstruktur gegenübergestellt, um die Veränderung der wirtschaftlichen Lage des kranken Unternehmens laufend verfolgen zu können. Diese Sanierungsmaßnahme muß mit anderen, wie zum Beispiel „Abgrenzung der Kosten prüfen" (7.3) oder „Finanzierung verbessern" (7.18) usw. in einem Zusammenhang stehen.

Bei der Überwindung von Krisen zeigt sich immer wieder, daß verständlicherweise die geplanten Erfolge nicht sofort eintreten und somit die Finanzstruktur des kranken Unternehmens nicht plötzlich besser wird. In dieser Phase einer Sanierung kann sich das finanzielle Bild des Unternehmens deshalb ohne weiteres verschlechtern. Das Sanierungsteam, aber auch die Mitarbeiter, Kapitaleigner und die Banken dürfen sich dadurch nicht beeinflussen oder sich unter Umständen zu Kurzschlußreaktionen hinreißen lassen. Vielmehr muß in Ruhe und mit Zielstrebigkeit der Sanierungsplan verwirklicht werden. In dieser Phase zeigen sich die Vorteile, die Sanierungsmaßnahmen nach der Methode des Projekt-Managements zu planen und zu kontrollieren: Die Klarheit und Übersichtlichkeit der Durchführung der einzelnen Schritte aller Maßnahmen zeigt die Fortschritte im Detail der einzelnen Projekte viel früher als die Zahlen des Rechnungswesens. Denn in diesen sind viele Einflüsse saldiert. Wenn in den monatlichen Soll-Ist-Vergleichen die Zahlen noch nicht ein besseres Bild zeigen, muß beim Sanierungsteam und bei allen Mitarbeitern sich die Stimmung bereit machen: „Jetzt erst recht!"

7.15 Kostenvergleiche in der Branche anstellen

Es ist vorteilhaft, wenn direkt oder indirekt *Kostenvergleiche* mit anderen Unternehmen der Branche angestellt werden. Häufig stößt man innerhalb der Branche auf Verständnis für ein solches Anliegen; es muß allerdings darauf hingewiesen werden, daß solche Gespräche mit Konkurrenzunternehmen vom Vorsitzenden des Sanierungsteams ein hohes Maß an Fingerspitzengefühl erfordern. Auch ist diese Maßnahme nur bei kranken Unternehmen anzusetzen, die nicht Marktführer sind. Schwierigkeiten zeigen sich bei diesen Kostenvergleichen von Unternehmen zu Unternehmen, weil die Abgrenzung der Kosten unterschiedlich ist. Eine Lösung dieses Problems ergibt sich, indem man die den Kosten zugrunde liegenden Mengenstrukturen vergleicht. In der Produktion sind dies zum Beispiel die Fertigungszeiten, der Mengenverbrauch an den Fertigungsmaterialien. Erfahrungsgemäß werden auch solche Mengenstrukturen von Konkurrenzunternehmen eher zur Verfügung gestellt als die Kosten. Die Kostenrelationen können dann vom Sanierungsteam aufgrund dieser Aufwandsrelationen oft relativ genau ermittelt werden. Zunächst sollte der Marktführer der Branche angesprochen werden, der — wie sich oft gezeigt hat — dem Sanierungsteam doch zumindest Anhaltspunkte über die Größenordnung dieser Zahlen gibt.

7.16 Deckungsbeitragsrechnung richtig praktizieren

Falls die *Deckungsbeitragsrechnung* im Unternehmen noch nicht eingeführt ist, so ist dies dringend erforderlich, um den Beitrag jedes Produktes zur Deckung der fixen Kosten ermitteln zu können. In der heutigen Zeit kann man davon ausgehen, daß in den meisten Unternehmen nicht ein Produkt, sondern mehrere oder Produktgruppen hergestellt werden, so daß neben der *Vollkostenrechnung* unbedingt die Deckungsbeitragsrechnung erforderlich ist. Wird diese bereits praktiziert, so zeigt sich im Rahmen von Sanierungsbemühungen leider allzu oft, daß sie nicht richtig angewandt wird. Wie wichtig es ist, eine exakte Deckungsbeitragsrechnung einzuführen, aber auch wie falsch sie gehandhabt werden kann, geht aus dem folgenden Zitat eines erfahrenen Wirtschaftsprüfers hervor[2] :

Ein Unternehmen stellte jahrelang Produkte her, die einen negativen Deckungsbeitrag erbrachten. Dies führte zu Illiquidität. Obwohl über Jahre hin der negative Deckungsbeitrag dieser Produkte bekannt war, wurde das Prinzip der Deckungsbeitragsrechnung und die Konsequenzen nicht verwirklicht. Auch wurde der negative Deckungsbeitrag nicht mit den Werten der Unternehmensplanung verglichen, so daß der Ge-

---

2 Willi Jung, Zeitschrift für betriebswirtschaftliche Forschung und Praxis, Heft 2, 1975, S. 144.

schäftsführung immer zusammen mit den anderen Produkten ein positiver Deckungsbeitrag gemeldet wurde.

Die Sachlage wurde erst entdeckt, als das Unternehmen aus Liquiditätsgründen verkauft werden mußte. Die Unternehmensbewertung ergab, daß in dieser Produktgruppe bereits Verluste von über 20 Mio DM entstanden waren. Der Fehler in diesem Fall war die Annahme, daß die anderen Produkte einen entsprechend höheren Deckungsbeitrag erbringen, so daß der gesamte zufriedenstellend positiv war. Das traf zwar einige Jahre zu, aber dann wurde der Umsatz des Produktes mit dem negativen Deckungsbeitrag so hoch, daß der der anderen Produktgruppen nicht ausreichte, um den gesamten Gemeinkostenblock abzudecken.

Dieses zitierte Beispiel aus der Praxis zeigt außerdem, daß ein zufriedenstellendes Ergebnis für kurze Zeit in einer besonderen Situation kein Beweis ist, daß alle unternehmerischen Entscheidungen richtig sind.

Ein häufiger Fehler in der Praxis ist, daß die Mitarbeiter den Deckungsbeitrag mit dem Gewinn verwechseln. Solche Fälle kommen gerade bei kranken Unternehmen häufig vor. Auch stellt man oft folgendes fest: Wird den Mitarbeitern des Vertriebs das Ziel gesetzt, monatlich einen bestimmten Deckungsbeitrag zu erwirtschaften, dann ist die Gefahr latent, daß sie, sofern sie in der dritten Woche eines Monats bereits den von ihnen zu erbringenden Deckungsbeitrag für den Gesamtmonat in Form von gezeichneten Aufträgen erreicht haben, in der vierten Woche des Monats die Produkte zu Preisen verkaufen, die einen unter dem Durchschnitt liegenden Deckungsbeitrag ergeben. Das gleiche Verhalten kommt vor, wenn der Deckungsbeitrag eines ganzen Jahres als Ziel gesetzt wird und die Vertriebsbeauftragten früher das Planergebnis erreicht haben, und sie im vierten Quartal die Produkte mit höheren Preisabschlägen verkaufen, um mit Leichtigkeit und Sicherheit ihr Jahreseinkommen zu verbessern. Mit einem solchen Verhalten wird oft das gesamte Preisgefüge auf dem Markt negativ beeinflußt, eine Konsequenz, die sich wiederum ungünstig auf kranke Unternehmen auswirkt. Es genügt also nicht, den Vertriebsabteilungen nur einen bestimmten Deckungsbeitrag vorzugeben, sondern es sind weitere Rahmenbedingungen festzulegen: Einhaltung der Planstückzahl, Maximalrabatte, Engpaßsituationen einzelner Produkte oder Produktlinien.

Es könnten hier noch viele Beispiele angeführt werden, wie falsch die Deckungsbeitragsrechnung in der Praxis oft angewandt wird, wodurch die Erfahrung bestätigt wird, daß die Aktion „Deckungsbeitragsrechnung richtig praktizieren" in jedem Sanierungsplan erscheinen sollte.

7.17 Leasing prüfen

Bei der Sanierung muß die Anwendung von Leasing in zweifacher Hinsicht überprüft werden: Die Vorteile von *Leasing* im Vertrieb als Verkaufsargument sowie Leasing im Unternehmen zur Verbesserung der Liquidität und zur Verminderung des Risikos bei Investitionen. Es kommt auf die Produktpalette eines Unternehmens an, ob bei dem Übergang von Barzahlung auf Leasing neue Kunden gewonnen werden. Meist wird Leasing als Methode der *Verkaufsförderung* in der Investitionsgüterindustrie angewandt. Aber selbst, wenn sich die Produkte für Leasing eignen, gibt es Kunden, die die Barzahlung vorziehen. Da bei kranken Unternehmen die Liquidität angespannt ist, müssen solche Geschäfte als Verkaufsunterstützung über Leasinggesellschaften laufen und können nicht vom Unternehmen in eigener Regie durchgeführt werden. Die zweite Anwendungsmöglichkeit dieser Finanzierungsart ist, wie oben beschrieben, das Leasing innerhalb des Unternehmens. Da die Bonität und die Ertragslage von kranken Unternehmen schlecht ist, sind die Leasing-Unternehmen an solchen Geschäften oft nicht interessiert. Auch wird zur Abdeckung des erhöhten Risikos meistens in solchen Fällen die Leasinggebühr mit einem Risikozuschlag versehen. Andererseits fällt der steuerliche Vorteil des Leasings bei Firmen weg, die Verluste machen. Die großen Vorteile des Leasings für kranke Unternehmen liegen darin, daß zur Verbesserung des oftmals veralteten Maschinenparks durch neue maschinelle Anlagen kein eigenes Kapital benötigt wird. Ferner fallen die überhöhten Anzahlungen bei Abschluß des Kaufvertrages weg. Auch sind oft keine besonderen *Sicherheiten,* im Gegensatz zu den Vorstellungen von Kreditinstituten notwendig. Das finanzielle Risiko spielt bei *Investitionen* im Zuge der Sanierung keine Rolle, wenn Maschinen „geleast" werden. Leasing-Überlegungen als Sanierungsmaßnahmen sind aber nicht nur anzustellen, wenn es um den Kauf von maschinellen Anlagen geht, sondern auch, wenn zur Verbesserung der Liquidität bestehende Gebäude verkauft werden können, um sie anschließend wieder zu „leasen". Das folgende Beispiel des Verkaufs eines Verwaltungsgebäudes eines kranken Unternehmens an eine Leasing-Gesellschaft und dessen anschließendes Leasing durch das kranke Unternehmen zeigt, daß zwar die *Liquiditätslage* wesentlich verbessert wurde, aber auf lange Sicht die gesamten Kosten doch noch höher sind: Bei diesem Beispiel aus der betrieblichen Praxis war folgende Situation gegeben:

1. Das Unternehmen hatte einige Jahre Verluste gemacht und deshalb waren beim Verkauf des Gebäudes keine Ertragssteuern zu bezahlen.

2. Zwar konnten die jährlichen Verluste in den folgenden Jahren nach dem Verkauf des Gebäudes durch Sanierungsmaßnahmen beseitigt werden, aber der kumulierte Verlustvortrag war so hoch, daß in einem Zeitraum von fünf Jahren keine gewinnabhängigen Steuern zu bezahlen waren.

3. Der Verkaufswert des Verwaltungsgebäudes betrug 10 Mio DM.

4. Die Leasing-Kosten betrugen 11,1 % pro Jahr.

5. Das Gebäude war mit 4,5 Mio DM belastet.

6. Die Laufzeit des Leasing-Vertrages betrug 20 Jahre.

Die quantifizierbaren Vorteile des Leasings wurden nach diesen Zahlenangaben in zweifacher Hinsicht berechnet, nämlich die Auswirkung auf die Liquidität einerseits und den Ertrag andererseits. Es können hier nicht die detaillierten Rechnungen wiedergegeben werden, sondern es genügt zur Darstellung der Problematik, nur die wesentlichen Ergebnisse aufzuzeigen: Die Liquidität des kranken Unternehmens erhöhte sich durch das Leasing des Verwaltungsgebäudes sofort um 5,5 Mio DM. Wenn die laufenden Leasing-Gebühren des Unternehmens den Zinsen und der Tilgung des Darlehens bei Nichtverkauf gegenübergestellt werden, so liegen nach elf Jahren die kumulierten Mehrausgaben im Falle von Leasing in der Größenordnung von 5,5 Mio DM. Das entspricht etwa der Liquiditätsverbesserung im ersten Jahr, nämlich 5,5 Mio DM. Elf Jahre lang wird also die Liquidität durch Verkauf und Leasing des Gebäudes verbessert. Die steuerliche Seite wurde bei dieser Rechnung nicht berücksichtigt, weil in den ersten fünf Jahren voraussichtlich keine Steuern zu zahlen waren und für den weiter in der Zukunft liegenden Zeitraum die Steuerbetrachtung als zu unbestimmt angenommen werden mußte.

Die Rechnung über die Auswirkung des Leasings des Gebäudes auf den Ertrag sieht ungünstiger aus: Wird der Leasing-Aufwand von 1,1 Mio DM dem Aufwand bei Nichtverkauf, also Abschreibungen und Zinsen gegenübergestellt, dann ergibt sich aus der kumulierten Differenz, daß nach fünf Jahren etwa 2 Mio DM Mehrkosten im Falle von Leasing entstanden sind. In den ersten Jahren würde sich also — sofern keine Steuern zu zahlen sind — die Ertragslage verschlechtern.

Das Management dieses Unternehmens beschloß, das Gebäude zu verkaufen und anschließend zu leasen, weil der Liquiditätsengpaß Vorrang hatte gegenüber den Auswirkungen auf den Ertrag. Dadurch wurde nicht nur der Liquiditätsengpaß sofort beseitigt, sondern es wurde auch Zeit gewonnen, um die Sanierungsaktionen zur Überwindung der Krise durchführen zu können.

7.18 Finanzplanung verbessern

In kranken Unternehmen zeigt es sich häufig, daß die Vorschau der Bilanz, der Gewinn- und Verlustrechnung und der Liquidität sowie die daraus abgeleiteten Planungen unrealistisch und ungenau erstellt wurden, so daß die Krise des Unternehmens viel zu spät erkannt wurde. Das Sanierungsteam muß in diesen Fällen deshalb das gesamte *Planungssystem* analysieren und neu gestalten. Eine moderne Planung in einem Unternehmen hat nicht nur die quantifizierbaren Größen mathematisch zu einem Gesamtbild zusammenzufassen, sondern es müssen auch die intuitiven Vorstellungen über die weitere Entwicklung des Unternehmens in der Planung berücksichtigt werden. Diese Entwicklungstendenzen müssen insbesondere mit den leitenden Mitarbeitern des kranken Unternehmens diskutiert werden. Durch dieses Gespräch erhalten sie wieder ein sicheres Gefühl für realistische Zahlen, so daß die Planung wirklichkeitsnäher gestaltet werden kann. Sie soll weder zu optimistisch noch zu pessimistisch, sondern realistisch sein, auch wenn die Zahlen beschämend schlecht sind.

Weiter zeigt sich bei Sanierungen, daß eine *kurz-* oder *mittelfristige Planung,* das heißt für einen Zeitraum von ein bis zwei Jahren relativ genau aufgestellt werden kann, während eine weitergehende für drei bis fünf Jahre meistens zu ungenau und deshalb wertlos wird. Wenn beispielsweise detaillierte Bilanzen und Gewinn- und Verlustrechnungen über die nächsten fünf Jahre ermittelt werden, wird die Planung oft zum Selbstzweck. Es ist in solchen Fällen besser, wenn für den Zeitraum nach zwei Jahren lediglich einzelne globale *Bilanz-* und *Finanzrelationen* ermittelt und als Rahmen für die künftige Entwicklung vorgegeben werden.

7.19 Funktionsfähiges Controlling aufbauen

In Unternehmen, die in der Krise sind, zeigt sich immer wieder, daß kein funktionsfähiges *Controlling* vorhanden ist. Die Aufgabe des Sanierungsteams ist dann, ein wirkungsvolles Controlling aufzubauen. Selbst wenn im Organigramm des Unternehmens eine Abteilung oder ein Bereich mit der Bezeichnung "Controlling" vorhanden ist, so muß dennoch die Effizienz der Mitarbeiter dieser Arbeitsgruppen überprüft werden. Bei jeder Krise stellt sich nämlich die Frage, ob das Controlling frühzeitig genug die Krise erkannt und der Unternehmensführung berichtet hat. Zu den wesentlichen Aufgaben der Mitarbeiter des Controlling gehört nämlich, Schwächen und Stärken im Prozeß der Gewinnerzielung eines Unternehmens frühzeitig zu erkennen und aus ihrer Sicht Vorschläge für die Steigerung der unternehmerischen Effizienz zu machen.

Da für den Aufbau oder die Reorganisation eines Controllings entsprechend qualifizierte Mitarbeiter erst ausgesucht und ausgebildet werden müssen, ist bei dieser Sanierungsmaßnahme nur mittelfristig mit einem Erfolg zu rechnen, auch wenn mit den entsprechenden Vorarbeiten schon zu Beginn der Sanierung begonnen werden kann.

8

Produktion

8.1 Produktionsrückstände abbauen

Im kranken Unternehmen werden Kundenaufträge oft nicht termingemäß, sondern verspätet ausgeliefert. Dieser Mißstand, der jedes Unternehmen in immer größere Schwierigkeiten bringt, kann einmal in der Beschaffung begründet sein, weil das Fertigungsmaterial nicht rechtzeitig und in der geforderten Qualität zur Verfügung steht. (Auf diese Problematik wird bei der Beschreibung der Sanierungsmaßnahmen 10.3 eingegangen.) Zum anderen kann der Grund für eine Verzögerung der Auslieferung von Produkten in Produktionsschwierigkeiten liegen.

Geraten Unternehmen in finanzielle Schwierigkeiten, so werden häufig die *Wartung* und *Reparatur* von maschinellen Anlagen und Gebäuden vernachlässigt, um Kosten zu sparen. Die Folge ist, daß an den Maschinen häufiger Störungen auftreten, die Ursache von Verzögerung der Produktion sein können. Auch werden bei kranken Unternehmen, um den Umsatz um jeden Preis zu steigern, oft Aufträge angenommen, die nicht in den Terminplan der Fertigung passen und daher die gesamte Terminierung umstoßen. Schließlich werden häufiger *Sonderwünsche von Kunden* erfüllt, wodurch die Produktion öfter zu Umdispositionen gezwungen wird. Diese besondere Situation in der Produktion führt auch häufig dazu, daß nicht alle Aufträge im Fertigungsplan mit dem Vertrieb eindeutig abgestimmt sind. Fallen dazu Maschinen in der Produktion aus oder steht das Fertigungsmaterial nicht rechtzeitig zur Verfügung, so wird oft die gesamte Fertigungsplanung überstürzt nur nach den Gesichtspunkten der Produktion geändert. Die Folge dieser Fehler ist, daß viele Aufträge nicht rechtzeitig an die Kunden angeliefert werden können, die dadurch verärgert reagieren und unter Umständen zögern oder es sogar ablehnen, neue Aufträge zu erteilen.

Um die *Produktionsrückstände* abzubauen, hat es sich in der Praxis bewährt, eine *Rückstandsliste* einzuführen, die erstaunlich einfach aufgebaut sein kann: Sie enthält einerseits die Soll- und Ist-Produktionszahlen der Fertigung pro Woche und Monat und andererseits den monatlichen sowie kumulierten Produktionsrückstand. Diese Rückstandsliste bringt rasche Erfolge und kann wieder wegfallen, sobald die Produktionsrückstände abgebaut sind. Mit einer in der Zwischenzeit aufgebauten gezielten kurz- und mittelfristigen Absatz- und Produktionsplanung, die zwischen Produktion und Vertrieb abgestimmt sein muß, werden die verspäteten Auslieferungen auf ein tragbares Mindestmaß reduziert. Die Rückstandsliste ist daher nur vorübergehend im Einsatz. Gleichzeitig mit der Kontrolle des Abbaues der verzögerten Lieferungen mit Hilfe dieser Liste sind natürlich auch alle ursächlichen Mißstände zu beseitigen, die zu dem hohen Stand an Produktionsrückständen geführt haben. Dabei ergeben sich bei der Arbeit mit dieser Rückstandsliste viele Hinweise für die Ursachen dieser Mißstände. Aus diesem Grund ist die Sanierungsmaßnahme „Produktionsrückstände abbauen" verkettet mit einer ganzen Reihe anderer Sanierungsmaßnahmen unseres Kataloges.

8.2 Qualitätsniveau prüfen

Das Management kranker Unternehmen versucht oft, durch Minderung der Qualität die Kosten der Produktion zu senken und dadurch die Krise abzuwenden. Eine solche Maßnahme wird vom Markt früher oder später registriert, so daß *Absatzschwierigkeiten* nicht ausbleiben. In diesem Fall muß das Sanierungsteam das Qualitätsniveau anheben und deren Kontrolle verstärken. Dadurch können diese Mißstände oft kurzfristig beseitigt werden, so daß nur noch Produkte mit einer Qualität das Unternehmen verlassen, die kundengerecht und dem Marktniveau angepaßt ist. Ob und wie schnell der Markt auf diese Aktion reagiert, hängt weitgehend vom Grad der Verärgerungen der Kunden und von der Fähigkeit des Vertriebes ab, den Kunden das neue Qualitätsbewußtsein nachhaltig zu verkaufen. Deshalb besteht ein enger Zusammenhang zwischen dieser Maßnahme und den entsprechenden Verkaufsschulungen. Selbst wenn dadurch zunächst der innerbetriebliche Ausschuß steigt und damit erhöhte Kosten anfallen, ist es für das Fortbestehen des Unternehmens unumgänglich, die Qualität der Produkte kunden- und marktgerecht abzusichern. Neben dieser Sofortmaßnahme zur Anpassung des Qualitätsniveaus sind darüber hinaus mittelfristig angelegte Projekte zu definieren, die zu Qualitätsverbesserungen in allen Produktionsabteilungen führen müssen. Dabei ist dem Produktionspersonal auf allen Führungsebenen immer wieder der Grundsatz einzuhämmern, daß Qualität gefertigt werden muß und nicht erst bei der Qualitätskontrolle entsteht. Diese Maßnahmen zur Qualitätsverbesserung erfordern zum Teil nicht unerhebliche Investitionen (für die ein Wirtschaftlichkeitsnachweis oft sehr schwierig ist) und vor allen Dingen den Einsatz erfahrener Mitarbeiter aus Entwicklung, Qualitätskontrolle und Produktion. Wichtig ist hierbei, daß die *Qualitätskontrolle,* die in kranken Unternehmen oftmals ein Mauerblümchen-Dasein führt, eine starke Stellung bekommt. Leider wird häufig die Meinung vertreten, daß die in diesem Bereich eingesetzten Mitarbeiter nicht besonders gut bezahlt werden müssen, weil sie ja nur kontrollieren. Eine solche Einstellung war oft der Ruin eines Unternehmens. Anhand eines Beispiels aus der Praxis wird im folgenden gezeigt, wie sich die Kosten zur Beseitigung einer unzureichenden Qualität verhalten:

In Abbildung 10 sind die kumulierten Kosten zur Beseitigung eines Qualitätsmangels einer Baugruppe eingetragen. Dieses elektromechanische Produkte besteht aus 9 Baugruppen, die auf der Abszisse eingezeichnet sind. Auf der Ordinate sind die kumulierten Kosten eingetragen, die entstehen, wenn ein Fehler der ersten Baugruppe erst nach der Montage der zweiten, dritten, vierten entdeckt und beseitigt wird. Aus Abbildung 10 ist ersichtlich, daß bei diesem elektromechanischen Produkt die gesamten Kosten der Beseitigung des Fehlers der ersten Baugruppe — wenn sie beispielsweise erst nach dem Einbau der neunten Baugruppe entdeckt werden — genauso hoch sind wie die Herstellkosten selbst. Diese Kurve verläuft eo ipso nicht für alle Produkte gleich, aber die Aussage ist allgemein gültig: Je später ein Qualitätsmangel entdeckt wird, desto höher sind die Kosten zur Beseitigung dieses Fehlers. Die

Abb. 10: Kosten zur Beseitigung eines Qualitätsmangels in Prozent der Herstellkosten des Produktes in Abhängigkeit der Anzahl der zusammengebauten Baugruppen, nach denen ein Qualitätsmangel der ersten Baugruppe entdeckt wird.

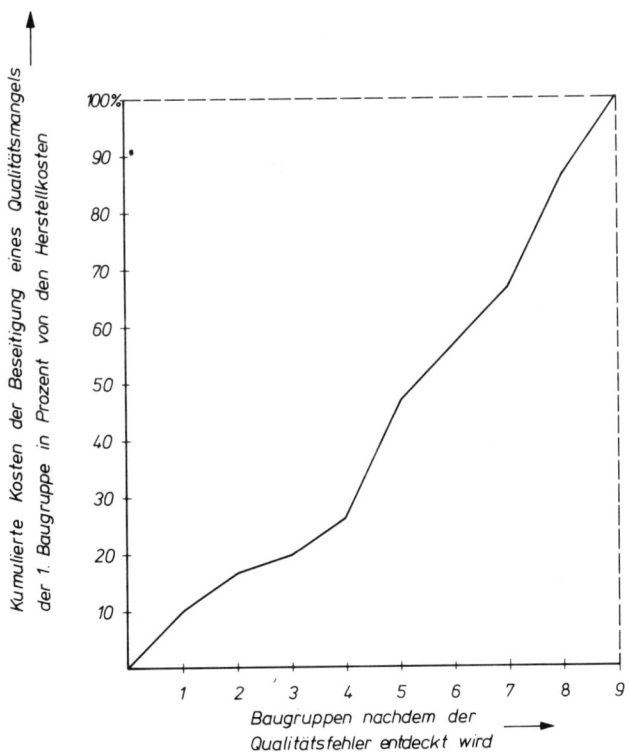

Folgerung hieraus kann nur lauten, Vorkehrungen zu treffen, daß Qualitätsfehler sofort am Ort ihrer Entstehung entdeckt und beseitigt werden können.

Die Kosten der Beseitigung eines Qualitätsmangels können unter Umständen auch ein Vielfaches der Herstellkosten betragen, wenn beispielsweise ein Fehler erst bei der Montage eines Produktes beim Kunden festgestellt wird. Konventionalstrafen und Folgekosten können den Ruin eines Unternehmens zur Folge haben. Die in den letzten Jahren an Bedeutung gewinnende Produzentenhaftung wird nicht nur bei kranken, sondern auch bei kerngesunden Unternehmen die Frage nach der Überprüfung der Qualitätsstruktur der Produkte verstärkt aufwerfen.

8.3 Fertigungszeiten senken

In den meisten Unternehmen, die sich in der Krise befinden, sind viele Vorgabezeiten der Fertigung und der Montage in den Planungsunterlagen zu hoch angesetzt. Die Überprüfung der *Fertigungs-* und *Montagezeiten* bildet daher oft ein Reservoir von Möglichkeiten zur Kostensenkung. Auch hat man bei Montagearbeiten außer Haus mit der Einführung von vorbestimmten Zeiten, beispielsweise mit MTM (Methods Time Measurement), die Montagezeiten beachtlich senken und damit die Wirtschaftlichkeit der Produkte wesentlich erhöhen können. Ein konkreter Fall aus einem zu sanierenden Unternehmen soll deutlich machen, welches Reservoir von Möglichkeiten zur Kostensenkung in den Fertigungszeiten stecken kann. In Tabelle 5 ist ein Kontrollblatt der Abteilung eines Unternehmens der Elektrobranche wiedergegeben, in dem ein Auszug der Fertigungsdaten verschiedener Betriebsaufträge wiedergegeben ist. Spalte 1 enthält die Personalnummern der Mitarbeiter, die an den einzelnen Plätzen arbeiten. Die Spalten 2, 3 und 4 beinhalten das Datum der Durchführung der Arbeitsfolgen, die Lohnart und die Kostenstelle. Die Spalten 5 bzw. 6 geben die Arbeitsplatznummer bzw. die Auftragsnummer wieder. In Spalte 7 und 8 ist die bei der Fertigung gemessene tatsächlich benötigte Zeit, die Ist-Minute und die im Fertigungsplan festgelegte Soll-Minute je Arbeitsgang eingetragen. Aus Spalte 9 ist der *Leistungsgrad* ersichtlich. In Spalte 10 ist schließlich der Zeitpunkt der letzten Zeitaufnahme der einzelnen Arbeitsfolgen eingetragen. Die Spalte 9 ist wesentlich für unsere Sanierungsmaßnahme „Fertigungszeiten senken", denn bei jedem Auftrag mit einem Fertigungsgrad über 130 sollten nach unseren Erfahrungen die Zeiten auf ihre Richtigkeit hin überprüft werden. Allein auf diesem Kontrollblatt sind daher 8 von insgesamt 14 Betriebsaufträgen oder 57 % zu analysieren.

170

Tabelle 5: Auszug aus einem Kontrollblatt von Betriebsaufträgen in einem zu sanierenden Unternehmen

Personal-nr.	Datum	Lohn-art	Kosten-stelle	Arbeits-platz-nr.	Auftrags-nr.	Ist-Mi-nute	Soll-Mi-nute	Lei-stungs-grad	Datum der letzten Zeit-aufnahme
1	2	3	4	5	6	7	8	9	10
1068	76.336	110	300	3381	40712	480	768	160	8.3.72
1672	76.336	110	300	3352	40713	480	631	131	8.3.72
2188	76.336	110	300	3314	40394	480	631	131	5.8.73
2641	76.336	110	300	3376	40700	480	768	160	8.3.72
2656	76.336	110	300	3383	40697	300	540	180	8.3.73
2662	76.336	110	300	3392	40701	120	204	170	10.3.74
2814	76.336	110	300	3336	40375	480	631	131	9.3.73
2844	76.334	110	300	3324	40707	480	600	125	10.7.73
1234	76.338	110	300	3317	40706	180	234	130	5.8.73
1237	76.338	110	300	3310	40715	480	768	160	5.8.72
2641	76.338	110	300	3376	40470	480	768	160	8.3.72
2844	76.338	110	300	3324	40469	480	816	170	10.3.73
2656	76.338	110	300	3383	40405	480	744	155	8.3.74
2662	76.338	110	300	3392	42950	420	546	130	10.3.74

In der Praxis stellt sich bei diesen Arbeiten häufig heraus, daß Verfahrensänderungen am Arbeitsplatz eingeführt und wegen Überlastung der Zeitnehmer die Fertigungszeiten nicht entsprechend korrigiert wurden. Aus Tabelle 5, Spalte 10 wird dies deutlich, wenn jeweils der Zeitpunkt der letzten Zeitaufnahme mit dem Datum dieses Kontrollblattes (6.1.1975) verglichen wird: Viele Zeitaufnahmen sind älter als zwei Jahre. Bei diesem Unternehmen ergab eine Überprüfung der Zeiten im Rahmen einer Sanierungsmaßnahme, daß diese teilweise tatsächlich zu hoch angesetzt waren.

In vielen kranken Unternehmen wird häufig erkannt, daß Leistungsgrade zu hoch sind; leider werden aus diesen Erkenntnissen aber nicht die richtigen Konsequenzen gezogen. Es ist oft eine Ausrede, wenn in diesem Zusammenhang angeführt wird, die Zeitnehmer seien überlastet. Man beschränkt sich auch unter Umständen in solchen Fällen darauf, Arbeitszeiten, die über einen bestimmten Leistungsgrad, zum Beispiel 130 Prozent hinausgehen, nicht mehr zu bezahlen. Eine derartige Reduzierung der Lohnkosten ist nicht nur ungesetzlich, sondern erzeugt auch Unwillen und Unfrieden unter den Mitarbeitern, so daß solche Maßnahmen abzulehnen sind.

8.4 Auf Eigenfertigung übergehen

Sind die Maschinenkapazitäten eines kranken Unternehmens nicht ausgelastet, so sind alle fremd bezogenen Erzeugnisse dahingehend zu überprüfen, ob sie nicht an diesen Maschinen im Haus selbst gefertigt werden können. Meistens wird hierzu von den Mitarbeitern der Produktion entgegnet, bei der Vergabe dieser Aufträge an Unterlieferanten habe die Wirtschaftlichkeitsrechnung eindeutig ergeben, daß der *Fremdbezug* dieser Erzeugnisse billiger sei als *Eigenfertigung*. Bei dieser Argumentation wird aber oft übersehen, daß, seitdem das Unternehmen sich in der Krise befindet, die Voraussetzungen der Rechnung anders sind: Die Maschinenkapazitäten sind weniger ausgelastet, die Struktur der Produktpalette hat sich unter Umständen verschoben, die Auslastung der Fertigung steht im Mittelpunkt und nicht mehr die Maximierung des Deckungsbeitrages. Mit diesen neuen Voraussetzungen sind die ursprünglichen Wirtschaftlichkeitsrechnungen über Eigen- oder Fremdfertigung zu wiederholen und oft ergeben sich neue Konsequenzen.

8.5 Füllaufträge beschaffen

Die Maschinenkapazitäten in der Produktion eines kranken Unternehmens sind oft nicht voll ausgelastet. Durch Hereinnahme von *Lohnaufträgen* für diese stillstehenden oder ungenügend ausgelasteten Maschinen wird die Beschäftigung und damit die Abdeckung der fixen Kosten verbessert. Selbstverständlich sind bei dieser Sanierungsmaßnahme nicht die Vollkosten für die Lohnaufträge anzusetzen, sondern nur die proportionalen Kosten abzüglich eines Teils der fixen Kosten, um möglichst vorteilhafte Preise anbieten zu können, so daß die Beschaffung derartiger Aufträge leichter wird. In solchen Krisenzeiten trägt jede Mark Deckungsbeitrag zur Minderung des Verlustes bei, wenn die fixen Kosten durch diese Füllaufträge nicht erhöht werden. Durch diese Sanierungsmaßnahme dürfen allerdings keine Engpässe für die laufende Produktion entstehen.

8.6 Flexibilität der Produktion erhöhen

In kranken Unternehmen zeigt sich oft, daß die *Flexibilität der Produktion* nicht den Erfordernissen des Marktes genügt. Früher waren viele dieser Unternehmen, die zum Zeitpunkt der Sanierung zwischen 50 und 200 Mio DM Umsatz hatten, handwerkliche Betriebe, die Spezialprodukte herstellten. Ihr großer Vorteil war, daß sie auf viele *Sonderwün-*

sche der Kunden eingehen und deshalb auf Veränderungen des Marktes rasch reagieren konnten. Im Zuge der Expansion wurde die Flexibilität der Produktion solcher Unternehmen immer geringer, weil der Maschinenpark auf Serienfertigung umgestellt wurde und weil man begann, in größeren Stückzahlen wirtschaftlicher zu fertigen. Oft war dabei der Schritt der Expansion des Unternehmens sehr groß ausgefallen, so daß die Produktion zu starr für die bisherige Kundenstruktur wurde. Die Verbesserung der Flexibilität der Produktion kann in solchen Fällen dadurch erfolgen, daß im Rahmen einer Sanierungsmaßnahme „Erhöhung der Flexibilität der Produktion" die Produktionsfeinplanung in kürzeren Zeitabständen durchgeführt wird und Teile oder Baugruppen stärker bevorratet werden, so daß die *Lieferzeit* im wesentlichen nur durch die *Montagezeit* bestimmt wird. Auch eine engere Zusammenarbeit von Vertrieb, Entwicklung und Produktion bringt eine höhere Flexibilität mit sich. Andererseits muß bei jeder Erhöhung der Flexibilität der Produktion bedacht werden, daß sich dadurch oft auch die Kosten erhöhen. Wenn der Markt nicht bereit ist, dafür einen höheren Preis zu bezahlen, dann müssen die Kunden vom Vertrieb entsprechend beeinflußt werden und auf ihre Wünsche verzichten. Eine solche Motivation der Abnehmer ist aber gerade bei Unternehmen, die in der Krise sind, äußerst schwierig, weil die Einkäufer die Not eines Zulieferers meistens ausnutzen. Die Flexibilität eines größeren Unternehmens ist ohne Zweifel geringer als die eines kleineren. Deshalb darf und kann es nicht das Ziel eines Sanierungsteams sein, für das groß gewordene Unternehmen die alte, frühere Flexibilität wieder herzustellen. Anderenfalls müßte das Unternehmen in die frühere Größenordnung zusammengeschrumpft werden, ein Vorgang, der sich sehr selten in die Tat umsetzen läßt. Vielmehr muß in solchen Fällen neben der wirtschaftlich sinnvollen Steigerung der Flexibilität der Produktion untersucht werden, ob die Unternehmenspolitik nicht geändert werden soll, ob die Kundenstruktur noch paßt oder ob nicht neue Vertriebswege sinnvoller sind. Aus diesen Überlegungen zeigt sich, wie sehr diese Sanierungsmaßnahmen mit anderen Bemühungen zur Überwindung der Krise verkettet ist.

8.7 Fertigungssortiment straffen

Ein Sanierungsteam wird häufig feststellen, daß eine zu große Produkt- und Typenvielfalt vorhanden ist. Wenn auch eine Reduzierung dieser vielen Produktvarianten notwendig erscheint, so ist vor jeder Sanierungsmaßnahme im Produktionsbereich in diesem Zusammenhang dennoch zu prüfen, ob der Absatz zumindest mengenmäßig dadurch nicht abnimmt und damit die ohnehin schlechte Ausnutzung des Maschinenparks noch ungünstiger wird. Deshalb kann die Frage nach der *Straffung des Produktionssortimentes* oft erst in der zweiten Phase der Sanierung gestellt werden, wenn nämlich die Fertigung wieder einigermaßen ausgelastet ist. Zur Straffung des Produktionssortimentes benutzt man die *ABC-Analyse,* wobei die monatlich gefertigte Menge in Beziehung zur gesamten im Jahr zu fertigenden Menge gebracht wird. Auch der Deckungsbeitrag je Produkt oder je Produktvariante in Abhängigkeit zum gesamten Deckungsbeitrag aller Produkte oder einer Produktlinie kann eine Grundlage für die Entscheidung sein, welches Produkt aus dem Fertigungssortiment gestrichen werden soll. Für die ABC-Analyse zur Straffung des Produktsortimentes in der Produktion gibt es neben den erwähnten noch weitere Beziehungen, um eine Vorstellung über eine mögliche Verbesserung der Produktpalette zu erhalten und um zu erkennen, welche Produkte aus wirtschaftlichen Überlegungen nicht mehr gefertigt werden sollen. Im folgenden beschreiben wir eine solche ABC-Analyse, die in einem zu sanierenden Unternehmen des Maschinenbaus durchgeführt wurde. In Abbildung 11 ist für einen Zeitraum von einem Jahr die insgesamt in der Produktion gefertigte Menge an Produktvarianten jeweils in Prozenten aufgezeichnet. Aus dieser Darstellung ist beispielsweise zu erkennen, daß 90 Prozent der gefertigten Stücke auf nur 40 Prozent der Produktionsvarianten entfallen. Das bedeutet, daß etwa 60 Prozent der Produkte in nur sehr kleinen Stückzahlen gefertigt werden. Infolge der zahlreichen Umrüstungen war die Produktion zwar

Abb. 11: Zusammenhänge zwischen gefertigten Produktmengen und Produktvarianten

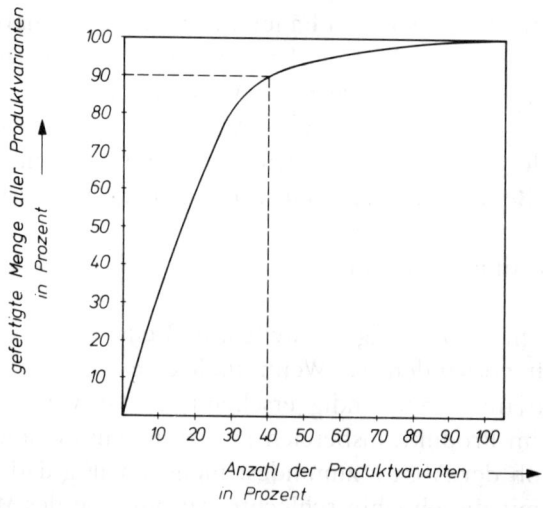

174

ausgelastet, aber durch die höheren *Rüstkosten* trotzdem unwirtschaftlich. Deshalb wurde in diese ABC-Analyse auch der Zusammenhang zwischen Produktmengen und Anzahl der Umrüstungen vorgenommen, die in Abbildung 12 wiedergegeben ist. Aus dieser Kurve ist zu erkennen, daß 90 Prozent der Stückzahlen nur 45 Prozent der Umrüstungen beanspruchen oder anders ausgedrückt, 10 Prozent der gefertigten Menge entsprechen einer Umrüsthäufigkeit von 55 Prozent.

Abb. 12: Zusammenhang zwischen gefertigten Produktmengen und Anzahl der Umrüstungen

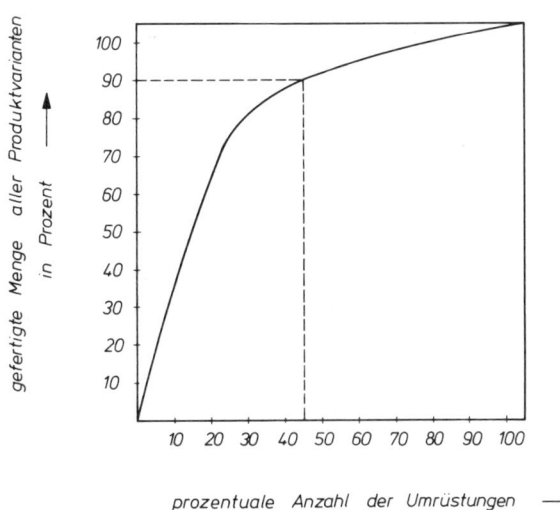

Noch deutlicher wird diese Problematik aus den weiteren Details dieser Fertigung:

1. Im vergangenen Jahr wurden an drei gleichwertigen Maschinenstraßen 50 Umrüstungen pro Maschinenstraße und Jahr durchgeführt.
2. Die durchschnittliche Umrüstdauer betrug fünf Stunden.
3. Acht Mitarbeiter sind in jeder Maschinenstraße beschäftigt.
4. Der durchschnittliche Lohn pro Stunde dieser Mitarbeiter betrug mit Nebenkosten ca. DM 19,–.
5. Der durchschnittliche Deckungsbeitrag der auf den Maschinenstraßen gefertigten Produkten betrug ca. DM 30,– je Produkt.
6. Pro Maschinenstraße werden in der Stunde ca. 90 Einheiten gefertigt.

Unter Zugrundelegung dieser Daten entstanden durch Umrüstungen *DM 114.000,– Lohnkosten.* Während der Zeitdauer des Umrüstens konnte nicht produziert werden. Wenn aber keine Umrüstungen notwendig gewesen wären und stattdessen Produkte gefertigt worden wären, hätte sich ein Deckungsbeitrag in Höhe von DM 2.025.000,— ergeben, vorausgesetzt, daß diese Produkte auf dem Markt abzusetzen gewesen wären. Ausgehend von dieser Erkenntnis wurde beschlossen, die durch das breit gefächerte Produktionsprogramm verursachte Anzahl der Umrüstungen zu senken.

Diese Sanierungsmaßnahme wurde in fünf Schritten vollzogen. Die Zielsetzung war, etwa 60 Prozent der Umrüstungen wegfallen zu lassen. Zugleich wurden Maßnahmen festgelegt, die zum Ziel hatten, die durch den Abbau der Umrüstungen in höherem Umfang zu fertigenden Produkte verkaufen zu können.

In der folgenden Tabelle 6 sind die fünf Schritte dargestellt, in denen das Produktionsprogramm gestrafft wurde. Dabei konnten grundsätzlich zwei unterschiedliche Wege eingeschlagen werden, nämlich: Fremdfertigung, d. h. teilweise Verlagerung der Produktion an preisgünstige Unterlieferanten und Standardisierung der Produkte. Aus Tabelle 6, erste Spalte, geht hervor, daß ursprünglich 153 Produktvarianten im Programm enthalten waren. Nach Abschluß waren es nur noch 93 Varianten. Es wurden also 60 Varianten oder 39 Prozent der Umrüstungen eingespart. Durch das Erreichen des Zieles dieser Sanierungsaktion wurde ein zusätzlicher Deckungsbeitrag von DM 1.215.000,— erwirtschaftet.

Tabelle 6: Straffung eines Produktionsprogrammes durch Fremdfertigung und Standardisierung in 5 Schritten

	Anzahl der Produkte im Produktionsprogramm	Anzahl der Produkte, um die das Produktionsprogramm reduziert wird	% Reduzierung der Anzahl der Produkte bezogen auf ursprünglichen Zustand	kumulierte %-Reduzierungen der Anzahl der Umrüstungen
Ursprünglicher Zustand	153	—	—	—
1. Schritt (Fremdfertigung)	145	8	5	5
2. Schritt (Fremdfertigung)	139	6	9	15
3. Schritt (Standardisierung der Produkte)	112	27	27	40
4. Schritt (Standardisierung)	99	13	35	55
5. Schritt (Standardisierung)	93	6	39	60

8.8 Wertanalysen durchführen

Eine wertvolle Methode zur Kostensenkung in der Produktion eines
kranken Unternehmens ist die *Wertanalyse* der Produkte. Diese Arbeiten zielen darauf ab, unter Einhaltung der von den Kunden geforderten
Merkmale der Produktqualität die Kosten der Produktion zu senken
oder bei gleichen Kosten die Produktqualität zu steigern, falls der Kunde dies im Preis oder bei der Auftragsvergabe honoriert. Sind keine entsprechend geschulten Mitarbeiter für die Durchführung der Wertanalyse
vorhanden, dann sollten sofort nach Beginn der Sanierung Weichenstel-
lungen zur Aus- und Weiterbildung von geeigneten Leuten vorgenommen werden, um eine Produktwertanalyse im weiteren Verlauf der Sanierung vornehmen zu können. Das Team für Wertanalyse sollte aus
Mitarbeitern aller derjenigen Bereiche zusammengesetzt sein, in denen
die wesentlichsten Kosten des Produktes entstehen und in denen die
Qualität „gemacht" wird. Der Vorteil einer Wertanalyse im Rahmen einer Sanierung wird an einem Beispiel aus der Praxis verdeutlicht:

In einem Unternehmen des Maschinenbaus waren die Kosten eines
Produktes im Rahmen einer Sanierungsmaßnahme zu senken, ohne die
Qualität zu mindern. Die einzelnen Baugruppen hatten folgende Herstellkosten: Baugruppe 1 = 54,– DM, Baugruppe 2 = 126,– DM, Baugruppe 3 = 256,– DM und Baugruppe 4 = 192,– DM. Die Montagekosten betrugen 270,– DM. Die gesamten Herstellkosten des Produktes
betrugen 898,– DM. Pro Jahr wurden durchschnittlich 4.000 Stück dieses Produktes gefertigt. Die gesamten Herstellkosten im Jahr beliefen
sich demnach auf 3,592 Mio DM. Nach der Wertanalyse ergab sich in
dem erwähnten Unternehmen folgendes Bild: Die Baugruppen 1, 3 und
4 fielen weg. An deren Stelle wurde eine neue Baugruppe gesetzt, deren
Herstellkosten 328,– DM betrugen. Mit dieser Umkonstruktion konnten auch die Montagekosten auf 166,– DM gesenkt werden. Die neuen
Herstellkosten des Produktes ergaben sich nach der Wertanalyse als
Summe von Baugruppe 1 = 54,– DM, der neuen Baugruppe = 328,– DM
und den Montagekosten von 166,– DM zu insgesamt 620,– DM. Bei
dem jährlichen Produktionsausstoß von 4.000 Stück errechnen sich die
neuen gesamten Herstellkosten pro Jahr zu 2,48 Mio DM. Das bedeutet,
daß durch diese Sanierungsmaßnahme eine jährliche Einsparung von
1,112 Mio DM oder von 31 Prozent erreicht werden konnte.

In diesem Fall hat die Wertanalyse wesentlich zur Verbesserung der
Liquidität und der Minderung des Verlustes dieses Unternehmens bei-
getragen. Solche Erfolge sind nicht immer zu erzielen, insbesondere
dann nicht, wenn das Wertanalyseteam nicht richtig zusammengesetzt

ist und in Unternehmen keine Erfahrung mit dieser Methode der Kostenanalyse eines Produktes vorliegt. Dann sollte ein externer Berater hinzugezogen werden, weil Alleingänge in dieser Hinsicht oft zu falschen Schlußfolgerungen führen und anstelle einer Kostenreduzierung eine Sparversion die Folge ist. Auf diese Problematik wird in 9.3 eingegangen.

9

Entwicklung

9.1 Entwicklungsprojekte durchleuchten

In einem kranken Unternehmen haben die täglichen Geschäfte sowie die geplanten Sanierungsmaßnahmen Vorrang vor Projekten, die erst in einigen Jahren einen Beitrag zum Jahresergebnis erbringen. Das Sanierungsteam muß deshalb im Unternehmensbereich Entwicklung alle Projekte danach untersuchen, in welchem Umfang die einzelnen Entwicklungsarbeiten zur Sanierung und zum Fortbestehen des Unternehmens beitragen. Das Sanierungsteam hat dann zu entscheiden, welche Projekte fortgeführt und welche abgesetzt oder auf Eis gelegt werden. Das Überleben des Unternehmens ist in diesem Fall wichtiger als weit in die Zukunft reichende Entwicklungsarbeiten. Deshalb müssen für alle künftigen *Projekte* entsprechende *Prioritäten* gesetzt werden. Die Entscheidung, welche Entwicklungsprojekte abgesetzt werden, ist unabhängig davon zu treffen, wieviel finanzielle Mittel bereits dafür aufgewandt wurden. In der Praxis wird nämlich oft der Fehler gemacht, daß die bereits ausgegebenen Gelder bei der Entscheidung über die Fortführung einer Entwicklungsarbeit in die Waagschale geworfen werden. Im Verlaufe einer Sanierung spielen einzig und allein die gegenwärtigen und zukünftigen Aufwendungen sowie die erwarteten Erträge eine Rolle. Die frei werdenden Mitarbeiter abgesetzter Entwicklungsprojekte sollten gezielt besonders für Sanierungsmaßnahmen eingesetzt werden, da es sich meistens um hochqualifizierte und erfahrene Experten handelt.

In einem kranken Unternehmen der Elektrotechnik ergab sich bei der Analyse der Entwicklungsprojekte für ein einzelnes folgendes Bild: Die noch aufzuwendenden Kosten bis zum Abschluß der Testserie und die Kosten der Markteinführung einer Produktvariante betrugen 900.000,— DM. Die Fertigstellungs- und Markteinführungszeit wurde auf insgesamt acht Monate geschätzt. Die Maßnahmen des Sanierungsplanes umspannten einen Zeitraum von 24 Monaten. Der erwartete Deckungsbeitrag pro Stück dieser Produktvariante wurde auf 45,— DM geschätzt. Die Fertigung der zu entwickelnden Produkte konnte auf vorhandenen Maschinen erfolgen.

Bei einem Deckungsbeitrag von 45,— DM pro Stück müssen 20.000 Einheiten abgesetzt werden, um die Kosten von 900.000,— DM abzudecken. Die Differenz zwischen der Fertigstellungs- und Markteinführungszeit einerseits und der Zeitdauer des Sanierungsplanes andererseits betrugen 16 Monate (24 Monate ./. 8 Monate). Dieses Projekt hätte also dann zur Sanierung beitragen können, wenn in diesen 16 Monaten mehr als 20.000 Stück oder durchschnittlich 1.250 Einheiten pro Monat hätten verkauft werden können. Der Vertrieb sah aber keine Möglichkeit, im Zeitraum von 16 Monaten 20.000 Stück, sondern höchstens 10.000 Stück zu verkaufen. Das Sanierungsteam entschloß sich deshalb, dieses Projekt einzufrieren und die frei werdenden Mitarbeiter für die Erfüllung von Sonderwünschen der Kunden einzusetzen. Diese Maßnahme wurde unter 8.6 beschrieben. Wäre dieses Projekt nicht gestoppt worden, so wären Mehrkosten während der Sanierung entstanden, die die Gesundung des Unternehmens erschwert hätten. Bei Fortführung dieses Entwicklungsprojektes wären zwar die Produktionskapazitäten besser ausgelastet gewesen, aber die Kosten wären dadurch für die Zeit der Sanierung stärker angestiegen. Stattdessen wurde durch die Erfüllung von Sonderwünschen der Kunden, die erst durch die frei werdenden Mitarbeiter des eingefrorenen Entwicklungsprojektes bearbeitet werden konnten, der Umsatz gesteigert und damit der Verlust verringert.

9.2 Vorteile von Produktänderungen analysieren

Sanierungsteams stellen oft fest, daß Produkte oder Produktvarianten am Markt vorbei entwickelt wurden und dementsprechend keinen oder nur einen geringen Abnehmerkreis finden. Eine der ersten Sanierungsmaßnahmen muß in solchen Fällen darin bestehen, die Produkte besser an den Markt anzupassen. Oft sind nur kleine Änderungen an den Produkten erforderlich, um den Anschluß an den Markt zu finden. Auch zeigt sich, daß für diese Änderungen meistens nicht einmal eine Marktanalyse notwendig ist, sondern es genügt, entweder die Anregungen von Mitarbeitern aus dem Vertriebsbereich gründlicher zu analysieren oder nach einer entsprechenden *Checkliste* bei einer Auswahl von Kunden durch die Mitarbeiter des Vertriebes eine abgekürzte Marktanalyse durchführen zu lassen. In vielen Fällen ging nämlich der Anschluß an den Markt nur deshalb verloren, weil die Vorstände des Entwicklungs- und Produktionsbereiches in den Unternehmensführungen ein zu großes Gewicht hatten und deshalb die Veränderungen des Marktes viel zu wenig berücksichtigt wurden.

In einem Unternehmen, das sich in der Krise befindet, muß auf die Kundenwünsche stärker eingegangen werden, während in gesunden Unternehmen selektiv vorgegangen werden kann und vorwiegend solche Sonderwünsche erfüllt werden, die zur Gewinnoptimierung beitragen. In Krisenzeiten dagegen sollte versucht werden, weitgehend jeden Kundenwunsch zu erfüllen, sofern er den Deckungsbeitrag des Unternehmens erhöht und Fertigungskapazitäten frei sind. Die durch die *Kundenwünsche* erforderlichen Produktänderungen können oft durch solche Mitarbeiter der Entwicklung vorgenommen werden, die durch das

Abbrechen von langfristigen Entwicklungsprojekten frei geworden sind, wie im Beispiel der Sanierungsmaßnahme 9.1 dargestellt.

9.3 Sparversion kann zum Bumerang werden

In den meisten Unternehmen, die in einer Krise sind, werden sogenannte Sparversionen eingeführt, um die Fertigungskosten und damit den Verlust des Unternehmens zu senken. Im Gegensatz zu den Wertanalysenprojekten wird bei diesen Kostensenkungsmaßnahmen die *Qualität* der Produkte vermindert. Bei einer Blechverarbeitung kann beispielsweise die Blechstärke reduziert werden oder es wird generell in der Fertigung ein billigeres aber qualitativ schlechteres oder weniger Material für die Herstellung eines Produktes verwendet.

Diese sogenannten Sparversionen, die nicht aufgrund sorgfältiger wertanalytischer Arbeiten, sondern als Kurzschlußreaktion zur Kostensenkung beschlossen werden, machen sich mittelfristig und erst recht langfristig als unangenehme Rückläufer bemerkbar, da die Kunden die Mängel dieser Sparversion früher oder später erkennen und reklamieren. Ein Beispiel aus einem Unternehmen der Elektrobranche soll die Wirtschaftlichkeit einer Sparversion ad absurdum führen und gleichzeitig zeigen, daß im eigentlichen Sinne eine Sparversion keine Kostenreduzierung, sondern eine Kostenerhöhung mit sich bringt. In diesem kranken Unternehmen herrschte folgende Datenkonstellation: Direkte Herstellkosten pro Stück 1.000,— DM, Einsparung an direkten Materialkosten durch Sparversion 100,— DM, Verkaufspreis pro Stück 1.500,— DM, Absatz 1.000 Stück pro Monat, Reklamationsrate 2 Prozent der Herstellkosten. Dieser Prozentsatz von 2 Prozent umfaßte alle Aufwendungen, die im Durchschnitt durch Reklamationen entstehen.

Zur Entscheidung, ob die Sparversion eingeführt werden soll, wurde vom Management dieses Unternehmens folgende Rechnung aufgestellt:

Deckungsbeitrag ohne Sparversion	500.000,— DM
./. 2 % Reklamationsrate	20.000,— DM
gesamter Deckungsbeitrag netto	480.000,— DM

Der verbleibende Deckungsbeitrag unter Berücksichtigung der Sparversion wurde wie folgt errechnet:

Deckungsbeitrag mit Sparversion	600.000,— DM
./. 2 % Reklamationsrate	18.000,— DM
gesamter Deckungsbeitrag netto	582.000,— DM

Die Reduzierung des Verlustes des kranken Unternehmens bei Einführung der Sparversion betrug nach dieser Milchmädchenrechnung 102.000,– DM pro Monat. Aufgrund dieser entschloß sich das Management zur Überwindung der Krise, diese Sparversion einzuführen. Die Abnehmer dieser Produkte stellten jedoch bereits nach einigen Monaten fest, daß die Qualität sehr zu wünschen übrig ließ. Sie reklamierten deshalb, forderten Ersatz, so daß die Reklamationsrate von 2 auf 27 Prozent sprang. Der ursprünglich verbleibende Netto-Deckungsbeitrag sank deshalb von 582.000,– DM auf 357.000,– DM. Das bedeutete einen Verlust von 243.000,– DM gegenüber der Kostenerlössituation vor Einführung der Sparversion. Diese „Kostensenkung" war wie alle derartigen Kurzschlußreaktionen zum Bumerang geworden. Interessanterweise trifft man in den meisten Unternehmungen, die in der Krise sind, auf derartige Sparversionen, die die Sanierung stark belasten. Die Folgen derartiger Produktänderungen zeigen sich unter Umständen nicht sofort, sondern erst nach Jahren, weil durch Lagerung und spätere Benutzung der Produkte eine zeitliche Verschiebung der Kundenreklamationen eintreten kann. Eine der ersten Aufgaben jedes Sanierungsteams sollte deshalb darin bestehen, die Mitarbeiter des Entwicklungsbereiches nach Sparversionen suchen zu lassen und diese Mängel sofort zu beseitigen, obwohl dadurch die Kosten der Produktion ansteigen. Bei einer Sanierung gilt nämlich der Grundsatz, daß nur qualitativ zufriedenstellende Produkte zur Gesundung eines Unternehmens beitragen können.

9.4 Produkte auf ausländische Spezifikationen ausrichten

Oft stellt das Sanierungsteam fest, daß der Absatz im Export deshalb rückläufig ist, weil die Produkte nur den deutschen Normen und Spezifikationen entsprechen. Obwohl im Raum der Europäischen Gemeinschaft eine Koordination der technischen Normen angestrebt wird, sind heute und wahrscheinlich auch noch in der Zukunft Unterschiede auf diesem Gebiet vorhanden. Im Entwicklungsbereich sollten derartige Anpassungen an *ausländische Normen* immer dann vorgenommen werden, wenn die Angleichung der technischen Daten der Produkte an ausländische Spezifikationen kostenmäßig so erfolgen kann, daß sie dadurch ermöglichten Mehraufträge den Deckungsbeitrag des kranken Unternehmens steigern.

10

Materialwesen

10.1 Lagerbestände abbauen

In den meisten kranken Unternehmen sind die *Lagerbestände* zu hoch und der *Altersaufbau der gelagerten Produkte* ist unwirtschaftlich. Die Überprüfung der Lagerbestände und des Lagersortimentes stellt deshalb eine Sofortmaßnahme bei jeder Sanierung dar; denn durch den Abbau der Läger wird sofort die Liquidität des Unternehmens verbessert und das für die Sanierung zur Verfügung stehende Geldvolumen erhöht. Die Fertigwaren-Lagerbestände können oft nur durch besondere Sanierungsmaßnahmen abgebaut werden, wie beispielsweise unter Punkt 11.3 und 11.8 beschrieben. Oft stellt das Sanierungsteam auch fest, daß ein Teil der Fertigwaren unbrauchbar ist und nur deshalb nicht verschrottet wurde, weil die Bilanz damit beschönigt werden konnte. Beim Abbau des Lagers eines kranken Unternehmens ist deshalb darauf zu achten, daß die Qualität lange gelagerter Produkte nochmals geprüft wird. Aus Erfahrung zeigt sich immer wieder, daß gerade ein notleidendes Unternehmen auf die Güte seiner Produkte besonders achten muß, wenn es gesunden will.

Meistens sind bei sanierungsbedürftigen Unternehmen auch die Läger für Halbfertigfabrikate zu hoch. Das kann viele Gründe haben: Das Management möchte die Fertigung möglichst flexibel gestalten. Auch ein zu hoch gestecktes Ziel der Absatzplanung hat zur Folge, daß die Läger für Halbfertigfabrikate zu hoch sind. Schließlich können sich die Mitarbeiter der Lagerplanung an die hohen Lagerbestände gewöhnt haben, die vor der Krise in Relation zum höheren Umsatz richtig bemessen waren, aber jetzt, bezogen auf das geringere Produktionsvolumen der Krisenzeit zu viel Kapital binden.

Die Maßnahme „Lagerbestände abbauen" half bei vielen Krisen, die finanzielle Not zu mindern und ist oft einer der Eckpfeiler der Sanierung überhaupt. Eines der Ziele mit höchster Priorität muß es deshalb sein, neben dem Lagerbestand an Fertigprodukten den an Halbfertigfabrikaten so weit wie möglich abzubauen, ohne jedoch die Flexibilität der Produktion stärker einzuengen, als der Markt verlangt. Dabei bietet sich als Hilfsmittel wieder die *ABC-Analyse* an. In einer solchen Studie werden alle Halbfertigerzeugnisse nach ihrem Wert in drei Klassen, nämlich A, B und C eingeteilt. Für alle A-Teile, die also einen hohen Wert besitzen, wird eine genaue Bestandsführung durchgeführt. Bestellungen oder Produktionsaufträge für diese Teile werden nur entsprechend dem Auftragseingang getätigt oder wenn der Sicherheitsbestand unterschritten wird. B-Teile, die einen geringeren Wert besitzen, werden in ähnlicher Form, allerdings mit zweiter Priorität behandelt. Bei C-Teilen mit geringerem Wert schließlich wird der Lagerbestand gemäß dem Verbrauch kontrolliert. Eine solche Bestandsüberwachung, die bei gesunden Unternehmen die Regel ist, hat bei Sanierungen die Liquidität oft nachhaltig verbessert.

Schließlich ist auch oft bei kranken Unternehmen das Lager für die Eingangsmaterialien zu hoch. Der Versuch, einen Teil dieser Waren an den Lieferanten zurückzugeben, schlägt in vielen Fällen fehl oder ist unwirtschaftlich. Diese Läger sind daher meistens nur durch eine gesteigerte Auslastung der Produktion zu verkleinern. Die Reduzierung dieser Materialläger vollzieht sich daher oft sehr schleppend, weil in erster Linie das Fertigwarenlager, dann das der Halbfertigfabrikate und erst dann das der Eingangsmaterialien abgebaut werden kann. Als Sanierungsmaßnahme zur Senkung der Lagerbestände für Eingangsmaterialien kann auch vereinbart werden, daß die Lieferanten eine entsprechende Lieferbereitschaft garantieren, so daß die eigene Lagerhaltung minimiert wird.

Die für den Lagerabbau vorgegebenen Ziele sind nur dann zu erreichen, wenn eine geordnete Lagerplanung für die Fertigwaren, für Halbfertigfabrikate und für Eingangsmaterialien praktiziert wird und die Lagerbestände laufend kontrolliert und Abweichungen dem Sanierungsteam sofort berichtet werden.

Falls eine zu optimistische Absatzplanung die Ursache für die zu hohen Lagerbestände war, muß die Planung der Vertriebe und der Produktion marktgerechter gestaltet werden.

Wie unterschiedlich und unwirtschaftlich ein Fertigwarenlager aufgebaut sein kann, soll ein Beispiel aus der Praxis zeigen. In Tabelle 7 sind Werte der Lageranalyse eines Unternehmens mit etwa 80 Mio DM Umsatz aus der Metallbranche wiedergegeben. Die Daten der 2. Spalte ergeben, daß im Verhältnis zum Absatz sehr viele Erzeugnisse länger als 12 Monate im Lager standen. Die Folge davon war, daß ein großer Teil dieser Waren wegen Änderung der Marktstruktur im Rahmen der Sanierungsmaßnahme „Lagerbestände abbauen" nicht mehr abgesetzt werden konnte. Auch erkennt man aus Tabelle 7, daß die Lagerbestände bei einigen Warentypen zu hoch und bei anderen Produkttypen viel zu niedrig waren (Vergleich der Spalte 6 und 10). Ohne auf weitere Konsequenzen der Zahlen von Tabelle 7 einzugehen, zeigt doch der in diesem Beispiel der betrieblichen Praxis wiedergegebene Aufbau eines Fertigwarenlagers, wie unwirtschaftlich die Lagerhaltung gehandhabt wurde. Das ist aber typisch für kranke Unternehmen. In solchen Fällen hilft nur eine Reorganisation des gesamten Lagerwesens, eine ständige Kontrolle aller Bestände und eine laufende Abstimmung der Fertigung mit dem Vertrieb. In vielen Fällen hat es sich auch bewährt, das Fertigwarenlager

Tabelle 7: Auszug aus einem Berichtsbogen über das Fertigwarenlager
eines zu sanierenden Unternehmens

Arti-kel-nr.	Altersaufbau des Lagerbestandes (Stück)				Summe Lagerbe-stand (Stück)	Lager-bestand zu Her-stellko-sten (DM)	Soll-Absatz im verg. Jahr (Stück)	Ist-Ab-satz im verg. Jahr (Stück)	gegenwärti-ger Auf-tragsbe-bestand (Stück)
	größer 12 Mo-nate	6–12 Mona-te	3–6 Mona-te	kleiner 3 Mo-nate					
1	2	3	4	5	6	7	8	9	10
08711	1235	1620	2000	1830	6785	295147	8900	3200	480
08712	–	–	–	1780	1780	70600	19800	21300	13827
08713	–	–	–	2478	2478	109373	13550	7930	4450
08714	722	937	1820	1419	4898	256166	6200	1680	1450
08715	1024	1714	1924	1638	6300	251370	17200	5700	2100
08716	–	–	–	1310	1310	44800	25700	23400	2760
08717	–	1724	1387	2855	5966	346028	12600	5030	270
08718	141	819	–	1478	2438	115320	4780	1100	830
08719	–	–	–	823	823	92380	8300	12700	3680
08720	1183	887	537	1260	3867	192575	12450	6615	1470
08721	1695	1525	881	1324	5825	251165	18200	9854	4310
08722	1221	1320	2170	744	5455	270380	10100	3120	660
08723	1300	2874	1971	537	7682	303439	14300	2087	295

dem Vertrieb zu unterstellen und den kalkulatorischen Zinsaufwand
für dieses Lager dem Vertrieb zu belasten. Wenn der Deckungsbeitrag
eine Basis für die Berechnung der Tantieme der leitenden Herren des
Vertriebsbereiches ist, dann beeinflußt dieses Regulativ nicht nur die
Höhe des Lagerbestandes, sondern ebenso deren jährliche Bezüge. Das
hat zur Folge, daß bei der Planung des Fertigwarenlagerbestandes im
Vertrieb in weit höherem Maße unternehmerisch gedacht wird und eo
ipso der Lagerbestand des Fertigwarenlagers laufend den Bedürfnissen
des Absatzes optimal angepaßt ist. Auf dieses Verfahren wird in Abschnitt 12.31 bei der Darstellung des Nutzens von kybernetischen Regelkreisen näher eingegangen.

10.2 Versandzeiten minimieren

Die Verweilzeiten der Fertigprodukte im Bereich *Verpackung* und *Versand* sind auf dem Papier oft verhältnismäßig kurz. In Wirklichkeit sind
bei kranken Unternehmen gerade die Durchlaufzeiten in diesen Abteilungen sehr hoch und beeinflussen deshalb oft zu stark die gesamte Lie-

ferzeit eines Produktes. Wenn beispielsweise zu einem Auftrag mehrere Produkte oder Teile gehören, so kann er unter Umständen erst dann ausgeliefert werden, wenn alle entsprechenden Positionen vorhanden sind. Eine unübersichtliche Organisation und ein schleppender Ablauf im Versand wird vom Sanierungsteam oft als ein weiterer Grund für die Unzufriedenheit der Kunden entdeckt. Wird ein Produkt erst beim Kunden zusammengebaut, so zeigt sich oft auf der Baustelle, daß nicht alle Teile vorhanden sind. In solchen Fällen entsteht meist zwischen dem Versand- und dem Montagebereich ein Streit darüber, wer die Schuld für diesen Mißstand trägt. Die Folge solcher Zustände ist oft eine Verzögerung der Fertigstellung und unter Umständen eine Konventionalstrafe. Das sind nur einige Beispiele aus der Praxis, wie unvollkommen oft die Versandfunktion in kranken Unternehmen gehandhabt wird. Die Konsequenzen eines solchen Mißmanagements sind Unzufriedenheit der Kunden und ein reduzierter Absatz.

10.3 Qualitätszertifikate vom Lieferanten fordern

Eine wesentliche Möglichkeit zur Einsparung von Kosten im Einkauf hat sich bei Sanierungen dadurch ergeben, daß die Lieferanten gezwungen werden, ein *Qualitätszertifikat* über ihre Produkte jeder Lieferung beizulegen. Dadurch kann die Wareneingangsprüfung sehr stark vereinfacht werden. Die Konsequenz ist nicht nur eine Reduzierung der Kosten der Wareneingangsprüfung, sondern auch eine schnellere Durchlaufzeit der Eingangsmaterialien zur Produktion. Während bei Großbetrieben dieses Verfahren bereits praktiziert wird, ist es bei mittleren Betrieben, insbesondere bei Unternehmen, die in der Krise sind, noch nicht hinreichend bekannt. In solchen Fällen ist es zweckmäßig, wenn ein Mitglied des Sanierungsteams Gespräche mit den Zulieferanten führt, um jeweils Qualitätszertifikate für die gelieferten Waren zu erhalten.

10.4 Lieferkonditionen der Zulieferanten verbessern

Die Preise der *Einkaufsmaterialien* sind bei kranken Unternehmen im Vergleich zu konkurrierenden gesunden oft zu hoch. Das liegt meistens an den Einkäufern, die wegen ihrer Demotivation und Gleichgültigkeit — Verhaltensweisen, die viele Mitarbeiter von kranken Unternehmen zeigen — nicht die Lust verspüren, harte Einkaufsverhandlungen zu führen, um günstige Preise, Rabatte und Zahlungskonditionen in harter Diskussion für das eigene Unternehmen auszuhandeln. Ein weiterer Grund für unvorteilhafte Lieferkonditionen kann auch darin liegen, daß die Zulieferanten nicht entgegenkommen wollen oder sogar Risikozuschläge einkalkulieren, weil sie befürchten, das Unternehmen werde zahlungsunfähig. Es ist deshalb notwendig, daß der Vorsitzende oder ein Mitglied des Sanierungsteams mit den wichtigsten Zulieferanten zusammentrifft, um die Sachlage klarzustellen und dann versucht, die Preise sowie die Zahlungskonditionen günstiger zu gestalten. Zahlreiche Beispiele der Praxis beweisen, daß die Kosten des Einkaufs oft rasch und beachtlich gesenkt werden können.

10.5 Beschaffungsseite unabhängiger machen

Bei Unternehmen, die in der Krise sind, zeigt sich oft, daß die gesamte Beschaffungsseite auf nur wenige Lieferanten abgestimmt ist. Oft wird ein Artikel seit Jahren nur von einem Lieferanten bezogen. Eine solche Situation kann in Krisenzeiten oder in einer Rezession gefährlich für ein Unternehmen werden, denn der Lieferant, auf den man in einem solchen Falle angewiesen ist, kann ebenfalls in Zahlungsschwierigkeiten kommen oder gar in Konkurs gehen und so das zu beliefernde Unternehmen in Not bringen. Stützt man sich jeweils nur auf einen Lieferanten, so erhält man zudem keine echten Vergleichsmöglichkeiten über Preise, Rabatte, Qualität, Lieferbereitschaft, Zahlungsbedingungen usw.

Es ist andererseits ebenso ungünstig, zu viele Lieferanten für einen Artikel zu haben, weil der Auftragsumfang je Zulieferer in diesem Falle kleiner wird. Damit ist oft ein höherer Durchschnittspreis jedes einzelnen Lieferanten verbunden. Die Abhängigkeit der *Beschaffungsseite* ist deshalb nicht zu eng aber auch nicht zu breit zu gestalten. Mit der Suche nach günstigeren alternativen *Einkaufsquellen* ist zwar sofort nach Beginn einer Sanierung anzufangen, aber die Erfolge können oft nur mittelfristig im Sanierungsplan berücksichtigt werden. Bei *neuen Einkaufsquellen* muß nämlich zunächst die Qualität der angebotenen Lieferungen überprüft werden. Erst wenn diese den Anforderungen des Unternehmens entspricht, kann auf eine neue preisgünstigere Einkaufsquelle übergegangen werden. Auch taktieren neue Geschäftspartner oft sehr vorsichtig bei kranken Unternehmen und verzichten eher auf Aufträge als daß sie günstig anbieten. Das ist ebenfalls ein Grund, warum diese Sanierungsmaßnahme erst mittelfristig Erfolge zeigen kann.

10.6 Kostenminimale Verpackungen prüfen

Die *Verpackung* der Produkte ist oftmals nicht kostenminimal. Deshalb ist es gerade auf diesem Gebiet für ein Sanierungsteam leicht möglich, kostensenkende Maßnahmen durchzuführen. Dabei dürfen jedoch keine übereilten Entschlüsse gefaßt werden. Neue Verpackungen müssen im Regelfall sorgfältig in gezielten Tests zumindest auf ihre technische Eignung und auf ihre Wirkung auf die Kunden hin untersucht werden. Eine zu schnelle Entscheidung für eine neue oder andere bewirkt oft keine Kostensenkung, sondern gerade das Gegenteil. Deshalb ist eine Änderung der Verpackung oft keine kurzfristige, sondern eine mittelfristige Sanierungsmaßnahme. Falls die Verpackung noch nicht im Detail in die Planung einbezogen ist, sollte man im Rahmen dieser Sanierungsmaßnahme auch alle Verpackungsarten in die Organisation des *Teileflusses* der Produktion integrieren und entsprechende Vorgaben und Sollwerte für den Verbrauch festlegen.

Wie wichtig es ist, die Kosten der Verpackung von Produkten einer Analyse zu unterziehen, wird an einem Beispiel der Praxis dargestellt. In einem kranken Unternehmen der Elektrotechnik stellte ein Sanierungsteam fest, daß sehr viele Verpackungsarten verwendet wurden. Eine Analyse aller Verpackungen der Erzeugnisse ergab, daß deren Anzahl reduziert und damit 33 Prozent der *Verpackungskosten* eingespart werden konnten. Ausgangs- und Endwerte dieser Sanierungsmaßnahme sind in Tabelle 8 wiedergegeben. Das Ziel der Senkung der Verpackungskosten wurde in diesem Unternehmen in zwei Schritten erreicht. Nach dem ersten Schritt konnten die Verpackungskosten um 25 Prozent, nach dem zweiten Schritt um insgesamt 33 Prozent gesenkt werden. Die gesamte Sanierungsmaßnahme dauerte allerdings zwölf Monate, weil vor jedem Beschluß, eine Verpackungsart wegfallen zu lassen, technische Versuche und Tests bei ausgewählten Kunden durchgeführt werden mußten. Dieses Beispiel aus der betrieblichen Praxis zeigt, daß bei einer derartigen Sanierungsmaßnahme doch größere Kosteneinsparungen zu erreichen sind, als allgemein vermutet wird.

Tabelle 8: Schrittweise Reduzierung der Anzahl der Verpackungsarten im Rahmen einer Sanierung

	Anzahl der Verpackungsarten (in %)	Kosten für Verpackung (in %)	Senkung der Verpackungskosten (in %)
Zustand vor Überprüfung	100	100	–
1. Schritt	78	75	25
2. Schritt	72	67	33

11

Vertrieb

11.1 Absatzmärkte analysieren

Sanierungsteams stellen oft fest, daß das Management kranker Unternehmen keine klare Vorstellung über die *Absatzmärkte* hat. Auch die vorhandenen Unterlagen über die Marktlage des Unternehmens und die Branchensituation sind oft dürftig. Eine Sanierungsmaßnahme muß in diesen Fällen deshalb heißen: Analyse der Absatzmärkte. Die Zielrichtung dieser Arbeit sollte darin liegen, aufbauend auf den Daten der Vergangenheit und Gegenwart ein Bild über die zukünftige Marktlage des Unternehmens zu gewinnen. In den einzelnen Absatzgebieten sind nicht nur die unterschiedlichen Nachfragekräfte zu analysieren, sondern auch die Angebotsstruktur: Welcher Wettbewerb ist vorhanden, wie stark ist die Konkurrenz usw.? Die Erfahrung lehrt, daß gerade in kranken Unternehmen unter 200 Mio DM Umsatz diese Informationen über die Absatzmärkte nicht erhärtet oder statistisch abgesichert sind, und die vorliegenden Daten über die Märkte oft nur Meinungen darstellen. Da die Durchführung einer Marktanalyse mindestens mehrere Monate dauert und zu Beginn einer Sanierung vordringlich gerade der Vertrieb in den Griff genommen werden muß, sollte der Vorsitzende des Sanierungsteams als erste Maßnahme die wesentlichen Kunden besuchen und mit ihnen über die *Marktlage* des Unternehmens sprechen. Solche Gespräche sind nicht nur für eine kurze und vorläufige Marktanalyse interessant, sondern auch für eine Intensivierung der Geschäftsbeziehungen wichtig. Auch die Erfahrung zeigt nicht eindeutig, ob eine Marktanalyse von Mitarbeitern des Unternehmens selbst oder von externen Beratern durchgeführt werden sollte: Einige Sanierer lehnen die Berater ab, andere schwören auf sie. Aus eigener Erfahrung ist dazu folgendes zu sagen: Falls ein externer Berater für die Marktanalyse teilweise eingeschaltet wird oder diese Arbeiten voll verantwortlich durchführt, muß das Sanierungsteam nicht nur die allgemeinen Ziele einer solchen Marktstudie dem Berater vorgeben, sondern auch die Detailfragen vorher festlegen. Nur eine klare und bis ins Einzelne gehende Aufgabenstellung schützt hier vor Enttäuschungen. Denn allgemeine Antworten und Feststellungen über die Absatzmärkte eines kranken Unternehmens nützen dem Sanierungsteam nichts.

11.2 Die Preisgestaltung überprüfen

Bei Firmen, die in Not geraten sind, ist die *Preisgestaltung* oft unklar. Ein Sanierungsteam hat deshalb in solchen Fällen die Aufgabe, als eine der ersten Maßnahmen die Preise und deren Struktur zu analysieren und gegebenenfalls Preiskorrekturen vorzunehmen. Die Voraussetzung für jede Preisanalyse aber ist, daß die Kosten und die Marktkonstellationen hinreichend bekannt sind. Insofern ist diese Aktion mit der Sanierungsmaßnahme 11.1 und 7.13 eng verbunden. Ist in einem kranken Unternehmen das Umsatzdenken vorherrschend, so sind oft die Preise, Rabatte und Zahlungsbedingungen nicht fixe, sondern variable Größen, die von jedem Verkäufer entsprechend dem Druck des Kunden modifiziert werden können. Eine solche Praxis führt oft zum Ruin des Unternehmens. Zur Überprüfung der Preisgestaltung gehört deshalb nicht nur die Analyse des Bruttopreises, sondern ebenso die aller *Preisnachlässe*. Ziel dieser Sanierungsmaßnahme muß es sein, basierend auf den Marktgegebenheiten ein System für alle Preise sowie für alle Arten von direkten und indirekten Zugeständnissen zu finden.

11.3 Sonderverkaufsaktionen durchführen

Um den Absatz zu steigern, können *Sonderverkaufsaktionen* nützlich sein. Bei dieser Sanierungsmaßnahme muß gezielt vorgegangen und eine Auswahl hinsichtlich der Märkte und der Kundengruppen getroffen werden. Priorität sollten solche Zielgruppen haben, bei denen ein Erfolg schnell realisiert werden kann, um die oft große Liquiditätsenge des kranken Unternehmens möglichst bald verbessern zu können.

Diese Sonderverkaufsaktionen dürfen aber nicht zur Folge haben, daß sich das Preisniveau für alle Produkte nach unten senkt; denn es lohnt sich meistens nicht zu versuchen, über eine generelle Preissenkung den Marktanteil oder den absoluten Deckungsbeitrag eines Unternehmens zu erhöhen. Vielmehr muß bei den Sonderverkaufsaktionen mit einem auf einen bestimmten Zeitraum befristeten Bonus gearbeitet werden, um das allgemeine Preisniveau nicht zu beeinflussen. Der Vertrieb des kranken Unternehmens muß also im Markt unmißverständlich klarstellen, daß es sich um einen *Sonderbonus* auf Zeit handelt. Derartigen Aktionen werden aber dann Grenzen gesetzt, wenn bereits allgemein bekannt ist, daß ein Unternehmen sich in einer Krise befindet und nicht sicher ist, ob der Konkurs vermieden werden kann. Die Abnehmer zögern in solchen Fällen oft, von einem kranken Unternehmen noch Artikel zu kaufen, obwohl der Preis vielleicht sehr günstig ist, denn sie befürchten, daß unter Umständen der künftige Service, eventueller Ersatzlieferungen oder Reklamationen in Frage gestellt sind. Es empfiehlt sich, dann mit den Sonderverkaufsaktionen zu warten, bis die ersten Sanierungserfolge sich eingestellt haben und die Abnehmer nicht mehr einen möglichen Konkurs in ihre Kaufüberlegungen einbeziehen. Sonderverkaufsaktionen können einerseits den Verlust mindern und die Liquidität steigern, aber auch gerade das Gegenteil bewirken, wenn das Preisgefüge dadurch verschlechtert wird. Deshalb muß jedes Sanierungsteam diese Vor- und Nachteile gründlich abwägen, bevor entsprechende Entscheidungen getroffen werden.

11.4 Kundenzufriedenheit steigern

Die Kunden eines Unternehmens, das in einer Krise ist, sind oftmals verärgert, weil die Qualität der Produkte nicht ihren Vorstellungen entspricht, verspätet angeliefert wird und der Kundenservice nicht zufriedenstellend ist. Es muß daher das erste Ziel eines jeden Sanierungsteams sein, die Kunden wieder zufriedenzustellen. Dies wird oft erst mittelfristig erreicht, weil in der ersten Phase der Sanierung hierzu erst die Voraussetzungen geschaffen werden müssen, wie eine Verbesserung der Qualität der Produkte, eine termingerechtere Auslieferung, die Verbesserung des Kundenservices. Während in den Fragen der pünktlichen Auslieferung der Produkte und der Verbesserung des Kundenservice relativ rasch Erfolge zu erzielen sind, wird meistens bei Qualitätsmängeln wegen den damit verbundenen oft vielschichtigen Arbeiten nicht so rasch Abhilfe geschaffen werden können.

Normalerweise kann das Sanierungsteam als Maßstab, ob die Aufträge rechtzeitig ausgeliefert werden, ob auch die *Qualität der Produkte* den Kundenanforderungen entspricht, ob der *Kundenservice* hinreichend ist, das Verhalten der Konkurrenz heranziehen. So können beispielsweise Produkte der Konkurrenz getestet und mit den eigenen verglichen werden. Bei der Frage nach der rechtzeitigen *Auslieferung* durch die Konkurrenz muß man sich im wesentlichen auf die Aussagen des Einkaufs der Kunden verlassen. Gerade in den letzten Jahren hat sich aber in diesem Zusammenhang in den Einkaufsabteilungen eine Stimmung breit gemacht, die abträglich für ein offenes und menschliches Zusammenspiel von Lieferanten und Abnehmern ist. Die Einkäufer spielen oft die Zulieferanten untereinander aus und behaupten auf die Frage nach der Liefersituation des Marktes stets, daß ein anderer Konkurrent die Produkte mit besserer Qualität und mit niedrigerem Preis anbietet sowie schneller ausliefern kann. Der Wahrheitsgehalt solcher Behauptungen muß unter Umständen angezweifelt werden. In solchen Fällen ist es für ein Sanierungsteam sehr schwierig, die richtigen Maßstäbe zu erkennen. Beide Fälle — zu hohe Qualität, die der Kunde nicht benötigt und die auch die Konkurrenz nicht liefert und zu hohe Lieferbereitschaft — verursachen überhöhte Kosten, die in einem zu sanierenden Unternehmen nicht zu verkraften sind, es sei denn, der Kunde honoriert dies in irgendeiner Form. Das bedeutet, daß gerade bei der Steigerung der Kundenzufriedenheit ein hohes Maß an Fingerspitzengefühl erforderlich ist, um die optimale Situation herauszufinden.

Die Zufriedenheit der Kunden hängt weiterhin davon ab, ob das kranke Unternehmen auf deren Wünsche hinsichtlich der *Produktgestaltung*, soweit sie wirtschaftlich vertretbar sind, eingeht. In gesunden Un Unternehmen sollte es zur Unternehmenspolitik gehören, nur Aufträge mit möglichst wenig Abweichungen vom Vertriebsprogramm zu akzeptieren, falls das Unternehmen sich nicht auf Sonderfertigungen spezialisiert hat. In Krisenzeiten muß von dieser Vorstellung abgegangen und in höherem Maße auf die *Kundenwünsche* eingegangen werden, um stärkere Verkaufsargumente zu haben. Bei der Realisierung des Zieles, die Zufriedenheit der Kunden zu erhöhen, ist von der Vertriebsleitung auch darauf zu achten, daß der Verkäufer nicht nur an sich denkt und nur solche Produkte verkauft, die ausschließlich aus seiner Sicht vorteilhaft sind. Wird ein Verkäufer beispielsweise danach bewertet und entlohnt, nur Produkte zu verkaufen, die einen möglichst hohen Deckungsbeitrag erbringen, dann beachtet er unter Umständen die Bedürfnisse des Kunden weit weniger als seine eigene Zielvorstellung. Nehmen wir an, der Bedarf eines Kunden könne mit zwei Produkten befriedigt werden, die einen unterschiedlich hohen Deckungsbeitrag besitzen. Das Produkt, das dem Kundenwunsch hundertprozentig entspricht, möge einen kleineren Deckungsbeitrag haben, das andere mit dem höheren Deckungsbeitrag gefällt dem Kunden auch, aber er muß erst eindringlich von seinen Vorteilen überzeugt werden. Ein Verkäufer, der nur in Deckungsbeiträgen denkt, wird den Kunden in erster Linie davon zu überzeugen versuchen, daß das Produkt mit dem höheren für ihn besser ist. Es ist aber möglich, daß der Kunde früher oder später zu der Einsicht gelangt, daß das andere Produkt für seine Zwecke doch besser gewesen wäre und er zum Kauf des anderen überredet worden sei. Solche oft zu späten Erkenntnisse beeinflussen die Kundenzufriedenheit beachtlich und sind für weitere Geschäfte hinderlich. Der Verkäufer sollte also nicht nur versuchen, seine Interessen zu verfolgen, sondern er sollte auch darauf achten, daß der Kunde voll zufriedengestellt wird, und zwar nicht nur im Zeitpunkt des Verkaufs, sondern auch auf Dauer. Ein solches kundenorientiertes Verhalten hat gerade bei Sanierungen zu überraschenden Erfolgen bei der Wiedergewinnung von Kunden geführt.

11.5 Exportchancen überprüfen

In kranken Unternehmen stellt man häufig fest, daß den Inlandsmärkten größere Beachtung geschenkt wird als den Exportmärkten. Bei ausländischen Kunden wird die politische Komponente oft als so unsicher angesehen und das Produktsortiment und dessen Gestaltung viel stärker auf den besser übersehbaren *Inlandsmarkt* ausgerichtet. Nur bei ausgesprochen exportorientierten Unternehmen trifft dies nicht zu. Hier ist dagegen oft die umgekehrte Situation zu beobachten. Bei zu sanierenden Unternehmen, die inlandsorientiert sind, kann man oft den Absatz steigern, wenn die Produkte auch den ausländischen Ansprüchen angepaßt werden. Muß ein Produkt bestimmte ausländische technische Spezifikationen erfüllen, so wird diese Sanierungsmaßnahme erst verzögert Erfolge erzielen, weil derartige Güteprüfungen und die entsprechenden Zulassungen im Ausland oft Monate, wenn nicht gar Jahre erfordern. Anregungen zu diesen Arbeiten müssen zwar vom Export kommen, die Durchführung gehört aber zu den Sanierungsmaßnahmen der Entwicklungsabteilung, die unter Punkt 9.4 in diesem Kapitel beschrieben werden.

In kranken Unternehmen herrscht im Export oft ein ausgeprägtes Umsatzdenken vor. Der Marktanteil in einem Land steht allzu sehr im Mittelpunkt der Betrachtungen. Auch wird häufig zu wenig darauf geachtet, ob die Gewinne aus den entsprechenden Ländern in das Heimatland ohne Schwierigkeiten transferiert werden können. In einem besonders krassen Fall war beispielsweise der Leiter einer Exportabteilung stolz darauf, daß das kranke Unternehmen in einem bestimmten Land 50 Prozent Marktanteil hatte, obwohl der erwirtschaftete Deckungsbeitrag nahezu null war. Eine *ABC-Analyse* des Exportgeschäftes nach Menge, Produkt, Typen, Deckungsbeitrag und Umsatz zeigt oft sehr deutlich die Schwachstellen der Auslandsmärkte und gibt Hinweise, wo Möglichkeiten bestehen, den Gewinn zu erhöhen oder in welchem Land welche Aktivitäten zu stoppen sind. In Verbindung mit den Sanierungsmaßnahmen 11.1, 11.3 und 11.10 leistet die hier beschriebene Maßnahme zur Überwindung der Krise oft einen beachtlichen Beitrag zur Senkung des Verlustes eines kranken Unternehmens.

11.6 Service-Leistungen analysieren

Bei Unternehmen, die in der Krise sind, wird unter Umständen ein ungenügender Service durch Gewährung von *Sonderboni* an reklamierende Kunden wieder wett gemacht. Eine solche Praxis ist abzulehnen. Ein Kunde bleibt nur dann ein zufriedener Kunde, wenn er mit dem Produkt und den Service-Leistungen zufrieden ist. Preisnachlässe für schlechte Dienstleistungen zerstören ein gutes Kunden-Lieferanten-Verhältnis. Deshalb muß das Sanierungsteam die Qualität der Service-Leistungen überprüfen, um gegebenenfalls Maßnahmen zu deren Verbesserung zu ergreifen. Eine solche Analyse muß sich nicht nur auf die Service-Leistungen selbst, sondern auch auf die Organisation des Kundenservice beziehen, da dessen Qualität sowohl die Leistung als auch die zeitliche Verfügbarkeit der Serviceorganisation umfaßt.

11.7 Verkaufsleistung im Außendienst prüfen

Bei vielen Sanierungen zeigt sich, daß die Leistung der Mitarbeiter im Außendienst nicht exakt erfaßt wird. Auch die tatsächliche *Verkaufsleistung* je Mitarbeiter ist oft nicht bekannt. Zu niedrige oder nur globale *Verkaufsvorgaben* ohne Bezug auf die unterschiedlichen Marktpotentiale in den einzelnen Verkaufsregionen haben in vielen kranken Unternehmen dazu geführt, daß Mitarbeiter mit einer relativ geringen persönlichen Verkaufsleitung genauso gut in der Vertriebsstatistik erscheinen, wie Mitarbeiter, die unter schwierigen Verhältnissen mit enormem persönlichem Einsatz das Letzte aus ihrem Verkaufsbezirk herausholen. Die Folge ist, daß viele Marktchancen nicht oder nur geringfügig ausgeschöpft werden. In solchen Fällen muß die Verkaufsleitung je Mitarbeiter oder je Mitarbeitergruppe im Außendienst analysiert und mit der Absatzstruktur ihres Gebietes verglichen, detaillierte Ziele für jeden Mitarbeiter im Verkauf gesetzt und laufende Erfolgskontrollen durchgeführt werden. Die Entlohnung sollte sich ebenfalls an der Erfüllung dieser Ziele orientieren.

11.8 Prämien für Verkäufer ansetzen

Der Absatz kann oft nur durch Vorgabe von *Prämien* für die Verkäufer gesteigert werden. Dabei sollte das Prämiensystem weniger am Erlös als am Deckungsbeitrag je Produkt oder Produktgruppe orientiert werden. Wichtig dabei ist, daß für alle Verkäufer oder Verkäufergruppen beispielsweise durch Ausschreibung von Verkaufswettbewerben eine verstärkte Konkurrenzsituation geschaffen wird. Bei einem solchen Wettbewerb sollten für den oder die Gewinner Preise ausgesetzt werden, die echte Anreize bilden. Der erste Preis sollte deshalb nicht kleinlich, sondern mit einem Wert angesetzt werden, der etwa 20 Prozent des durchschnittlichen Monatsgehaltes eines Verkäufers ausmacht. Als Preise haben sich neben Geldprämien auch Reisen oder Wochenendaufenthalte mit Familie in einem Nobelhotel wertvolle Geschenke wie Schmuck für die Frau oder ähnliches bewährt. Wichtig ist, daß prinzipiell alle Verkäufer an derartigen Wettbewerben teilnehmen, damit die schwachen von den starken Verkäufern mitgerissen werden. Der *Wettbewerb* darf

200

nicht zu lange dauern; im Durchschnitt sollte er ein halbes Jahr nicht übersteigen. Nach etwa 10 Wochen sollte eine Zwischenentscheidung gefällt und bei dieser Gelegenheit bereits ein Preis verteilt werden. Dieser Etappensieg wird die anderen Verkäufer weiter anspornen. Die Erfahrung lehrt, daß an solchen Aktionen die Führungskräfte des Vertriebsbereiches nicht teilnehmen sollten.

11.9 Zahlungsbedingungen beeinflussen

Durch Kürzung des Zahlungszieles kann die Liquidität eines kranken Unternehmens verbessert werden. Im Rahmen einer Sanierungsmaßnahme sind deshalb deren Bedingungen zu überprüfen. Dabei ist verständlicherweise mit einem entsprechenden Fingerspitzengefühl vorzugehen, weil zu ungünstige Zahlungsbedingungen den Verkauf negativ beeinflussen. Bei bereits abgeschlossenen Aufträgen können sie nachträglich nur schwer verbessert werden. Oft müssen die Kunden in solchen Fällen vor die Alternative gestellt werden, entweder dem kranken Unternehmen entgegenzukommen oder zu riskieren, daß der bereits akzeptierte Auftrag nicht ausgeliefert wird, weil der Lieferant Konkurs anmelden muß. Derartige psychologisch schwierige Verhandlungen werden meistens vom Leiter des Sanierungsteams geführt.

11.10 Vertriebswege analysieren

Eine Sanierungsmaßnahme im Vertriebsbereich, die höchstens mittelfristig, wenn nicht sogar erst langfristig Erfolge bringen kann, ist die Änderung der *Vertriebswege*. Durch Schließung von unternehmenseigenen Niederlassungen können beispielsweise die Personalkosten reduziert werden, wobei jedoch zu bedenken ist, daß durch eine solche Maßnahme oftmals wertvolles Know-how verloren geht. Auch wird infolge der dadurch bedingten Konzentration des Verkaufs auf die Hauptverwaltung des Unternehmens die Flexibilität des Vertriebs oft verringert. Es können in diesem Zusammenhang nicht die vielschichtigen Vor- und Nachteile der verschiedenen Vertriebswege aufgezeigt werden, vielmehr soll nur auf die Erfahrung bei Sanierungen hingewiesen werden, wonach eine gründliche Studie über die Vor- und Nachteile aller wirtschaftlich sinnvollen Absatzwege eines kranken Unternehmens oft die Grundlage bildet für eine verbesserte Vertriebskonzeption. Dabei sind sowohl die eingefahrenen Gleise im Vertrieb, wie neue, bisher nicht in Erwägung gezogene Vertriebswege, kritisch zu beleuchten.

11. 11 Absatzseite unabhängiger machen

Eine Ursache für die Krise eines Unternehmens kann darin bestehen, daß dieses auf der *Absatzseite* zu stark von wenigen Abnehmern abhängig ist. Viele Beispiele zeigen, wie gefährlich es ist, ausschließlich oder überwiegend an einen oder nur wenige Auftraggeber gebunden zu sein. Stellt man fest, daß solche starken Abhängigkeiten bestehen, dann kann eine Sanierung nur dann dauerhafte Erfolge bringen, wenn Maßnahmen mit dem Ziel ergriffen werden, das Unternehmen auf der Absatzseite auf eine breitere Basis zu stellen. Im Rahmen einer solchen Strategie, die nicht kurz-, sondern nur mittelfristig bzw. langfristig Erfolge versprechen kann, haben sich *Brain-storming-Sitzungen* über das Thema bewährt, welche Marktsegmente für die Vertriebspalette, für das im Unternehmen vorhandene Know-how interessant sind. Deren Teilnehmerkreis sollte sich zunächst aus kreativen Mitarbeitern des kranken Unternehmens und Mitgliedern des Sanierungsteams zusammensetzen. Später sollten auch ausgewählte Mitarbeiter von Lieferanten und Kunden hinzukommen, um die Gefahr der Betriebsblindheit auszuschalten.

11.12 Vertriebssortiment straffen

Das Sanierungsteam stellt oft fest, daß das *Vertriebssortiment* eines Unternehmens zu breit gefächert ist. In diesen Fällen ist zur Straffung des Vertriebssortiments eine besondere Maßnahme zu planen. Dabei ist allerdings zu beachten, daß mit dieser die Auslastung der Produktion nicht weiter sinken darf. In der ersten Phase einer Sanierung können deshalb bei Unterbeschäftigung des kranken Unternehmens diejenigen Produkte des Vertriebssortimentes gestrichen werden, die im Unternehmen selbst gefertigt werden und deren Deckungsbeitrag positiv ist. In einer weiteren Phase — wenn zum Beispiel kein akuter Liquiditätsengpaß mehr vorhanden ist und weniger das bloße Überleben des Unternehmens als vielmehr die Maximierung des Gewinnes wieder im Mittelpunkt der unternehmerischen Überlegungen steht — kann die Straffung des Vertriebssortimentes durch Streichung von im Unternehmen selbst hergestellten Produkten eine weitere wichtige Sanierungsmaßnahme darstellen, um die Gesundung des Unternehmens weiter abzusichern. Die Frage, ob ein *Handelsprodukt* beibehalten werden soll, entscheidet sich einzig und allein nach den Kriterien des Verkaufs: In welchem Maße sind für dieses Produkt besondere Akquisitionsbemühungen erforderlich; wie wird das Lager durch die Handelsware belastet; wie hoch ist die Reklamationsquote;

inwieweit hängt der Verkauf der Handelsware mit dem Verkauf der übrigen Produkte des Verkaufssortimentes zusammen usw.? Die Ausführungen zur Sanierungsmaßnahme „Straffung des Vertriebssortimentes" werden durch ein Beispiel abgeschlossen, welches verdeutlicht, wie über eine *ABC-Analyse* das Vertriebssortiment und damit die Verluste eines zu sanierenden Unternehmens beachtlich reduziert werden konnten. In Abbildung 13 sind die Deckungsbeiträge in Abhängigkeit der Anzahl von Produktvarianten einer Produktlinie dieses Unternehmens dargestellt. Aus dieser Graphik ist zu erkennen, daß 80 Prozent des Deckungsbeitrages mit nur 25 Prozent der Produktvarianten erzielt wird (erste gestrichelte Linie). Dies bedeutet, daß bei Wegfall nur eines dieser Varianten aus dem Kreis dieser 25 Prozent ein großer Deckungsbeitragsausfall eintritt. Ziel einer Sanierungsmaßnahme sollte es in diesem Falle sein, den Deckungsbeitrag gleichmäßiger auf alle Produktvarianten zu verteilen, um das Risiko einer unvorhersehbaren plötzlichen Reduzierung des gesamten Deckungsbeitrages auszuschalten. In Abbildung 13 ist dieses Vorhaben des Sanierungsteams durch einen Pfeil dargestellt: Die ausgezogene Kurve sollte in Richtung Ideallinie (= strichlierte Linie) verschoben werden, ohne daß ein Verfall der Deckungsbeiträge eintritt.

Abb. 13: Zusammenhang zwischen Deckungsbeitrag und Anzahl der Produktvarianten

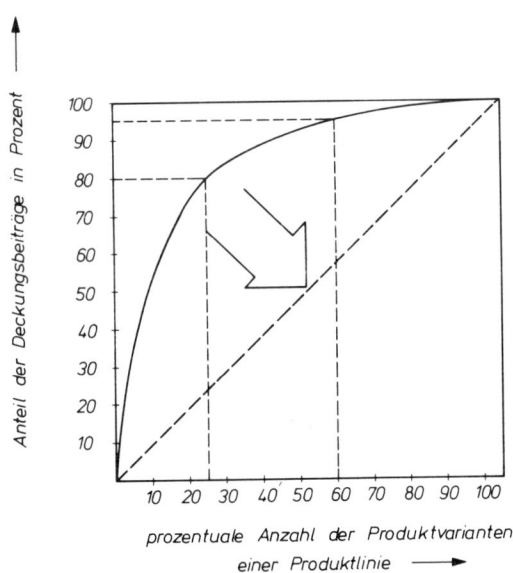

Abb. 14: Zusammenhang zwischen Deckungsbeitrag und Stückumsatz

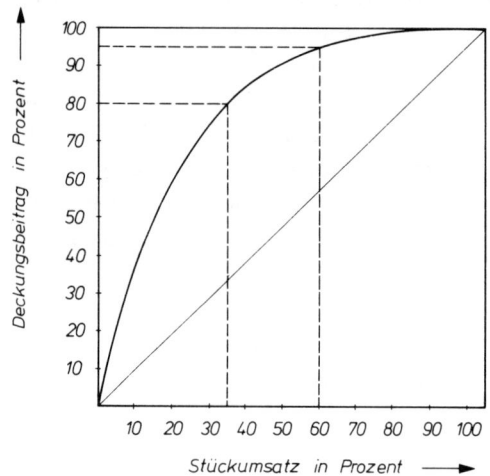

Zur Lösung dieser Aufgabe war die Frage nach der Abhängigkeit des Deckungsbeitrages vom Stückumsatz für diese Produktlinie zu beantworten. In Abbildung 14 ist diese Relation wiedergegeben.

Diese Kurve sagt aus, daß 80 Prozent des Deckungsbeitrages dieser Produktgruppe des zu sanierenden Unternehmens mit etwa 35 Prozent des Stückumsatzes erreicht wird. Dies weist darauf hin, daß eine starke Streuung der Deckungsbeiträge in dieser Produktgruppe des kranken Unternehmens vorhanden ist: Eine große Stückzahl bringt nur einen kleinen Deckungsbeitrag.

Die Straffung dieser Produktgruppe des Vertriebssortimentes wurde vom Sanierungsteam aufgrund der in Abbildung 13 und Abbildung 14 wiedergegebenen Verhältnisse geplant und in drei Stufen durchgeführt. Als Ziel für diese Sanierungsmaßnahme wurde gesetzt, die Anzahl der Produktvarianten dieser Gruppe um 40 Prozent zu reduzieren. Dies hätte zunächst bedeutet, daß nach Abbildung 13 ein Deckungsbeitragsausfall von etwa 5 Prozent eingetreten wäre. Auf der anderen Seite mußte auch untersucht werden, wie der Stückumsatz sich verändern würde. Dies zeigt Abbildung 14: Ein Rückgang von 20 Prozent wäre zu erwarten, wenn die Anzahl der Produktvarianten um 40 Prozent zusammengestrichen werden würde. Um diesen negativen Konsequenzen begegnen zu können, wurden vom Sanierungsteam zwei weitere Zielsetzungen für den Vertrieb festgelegt:

1. Kein Rückgang des Stückumsatzes in dieser Produktgruppe trotz reduzierter Anzahl der Produktvarianten. Mit den verbleibenden Varianten ist ein höherer Stückumsatz zu erreichen, um die Stückzahl der wegfallenden Varianten ausgleichen zu können.
2. Kein Verfall der Deckungsbeiträge.

Als Ergebnis dieser Sanierungsmaßnahme wurde ein Anstieg des absoluten Deckungsbeitrages bei dieser Produktgruppe auf 109 Prozent gegenüber dem Ausgangszustand erreicht. Zugleich ergab sich noch eine weitere Erhöhung des Gewinnes, indem gleichzeitig das Produktsortiment durch die Straffung des Vertriebssortimentes bereinigt wurde: Die Kosten der Produktion wurden automatisch durch die dadurch verringerte Anzahl der Umrüstungen reduziert. Der Ablauf dieser Sanierungsmaßnahme ist in Tabelle 9 wiedergegeben: Vor der Sanierungsaktion umfaßte diese Produktgruppe im Vertriebssortiment 165 Varianten (Zeile 1, Spalte 1). Im ersten Schritt dieses Projektes wurden 23 Varianten (Zeile 2, Spalte 2) ausgesondert. Das ergab eine Verminderung des Deckungsbeitrages dieser Produktgruppe um 1,5 Prozent und eine Absenkung des Stückumsatzes von 5,8 Prozent. Die nächste Phase brachte eine Reduzierung der Anzahl der Produktvarianten um 27 und somit eine kumulative Absenkung des Stückumsatzes von 14,5 Prozent (Zeile 3, Spalte 2 und 4). Im dritten Schritt dieser Sanierungsmaßnahme wurde zwar die Anzahl der Produktvarianten nochmals um 16 Prozent reduziert, aber der Deckungsbeitrag bzw. Stückumsatz ging damit rein rechnerisch um 5 bzw. 20 Prozent zurück (Ziele 4 der Abbildung 9). Durch eine gleichzeitig durchgeführte Steigerung des Verkaufs der anderen Produktvarianten dieser Produktgruppe konnte die Verminderung der Deckungsbeiträge aufgefangen und der Gesamtgewinn des Unter-

Tabelle 9: Schrittweise Reduzierung des Vertriebssortimentes in einem kranken Unternehmen

	Anzahl der Variante einer Produktgruppe	absolute Reduzierung der Produktvarianten	% DB-Absenkung durch Reduzierung	% Absenkung des Stückumsatzes durch Reduzierung
Ausgangssituation	165	—	—	—
1. Schritt	142	23	1,5	5,8
2. Schritt	115	27	3,2	14,5
3. Schritt	99	16	5,0	20,0

nehmens sogar noch verbessert werden. Diese Absatzbemühungen wurden durch Preisnachlässe unterstützt, die deshalb gegeben werden konnten, weil — wie oben beschrieben — die Kosten der Produktion ebenfalls reduziert wurden. Nach Abschluß dieser Sanierungsmaßnahme wurde festgestellt, daß durch die Verringerung der Produktvarianten die Kosten in dieser Produktgruppe nicht nur durch weniger Umrüstungen in der Produktion, sondern auch durch übersichtlichere Planung, Disposition und Lagerhaltung beachtlich gesenkt werden konnten.

11.13 Angebotssortiment ausweiten

Eine weitere Sanierungsmaßnahme im Vertrieb kann darin bestehen, das *Angebotssortiment* des Unternehmens breiter zu gestalten, indem der Handelsumsatz vergrößert wird. In diesem Fall wird das Vertriebssortiment durch Produkte erweitert, die nicht im Unternehmen selbst produziert, sondern zugekauft werden. Eine Erweiterung der Vertriebspalette durch Produkte, die selbst hergestellt werden, ist zumindest in der ersten Phase der Sanierung nicht sinnvoll, weil die Unordnung im Unternehmen durch andere Sanierungsmaßnahmen erst beseitigt werden muß. Auch sind zur Einführung *neuer Produkte* oft nicht unerhebliche Kapitalmittel notwendig, so daß das Sanierungsteam zunächst die Ausweitung des Vertriebssortimentes, vornehmlich mit Handelsware, durchführen sollte. In einer späteren Phase muß allerdings im Rahmen von *Diversifikationsbestrebungen* das Unternehmen durch Einführung neuer Produkte gegen Krisen abgesichert werden.

11.14 Lager- und Auslieferungsfunktionen für andere Firmen übernehmen

Oft stellt das Sanierungsteam fest, daß die Niederlassungen oder Verkaufsbüros nicht ausgelastet sind, weil der Umsatz stark zurückgegangen ist oder die Umsatzplanung zu hoch angesetzt war und deshalb die Kapazitäten dieser Außenstellen zu stark ausgeweitet wurden. Während das Personal im Außendienst durch Kündigungen reduziert werden kann, sind die fixen Kosten, wie Abschreibungen, Mieten usw. oft nicht so rasch zu senken. In solchen Fällen hat es sich bewährt, die Niederlassungen bzw. *Verkaufsbüros* dadurch besser *auszulasten,* indem sie als Lager und *Auslieferungsstellen* für andere Unternehmen arbeiten. Oft können dadurch auch Entlassungen von erfahrenen Mitarbeitern des Vertriebes in diesen Büros vermieden werden.

11.15 Werbeaktionen durchführen

Mit speziellen Werbeaktionen kann der Absatz unter Umständen gesteigert werden, indem bestimmte Zielgruppen über ausgewählte Produkte stärker informiert und umworben werden. Ob eine derartige Sanierungsmaßnahme nachhaltige Erfolge bringt, hängt von den Produkten und der Marktkonstellation des Unternehmens ab. Bei Produkten der Investitionsgüterindustrie ist eine *spezielle Werbeaktion* oft nicht erfolgreich, wohingegen bei Konsumartikeln mit dieser Sanierungsmaßnahme oft beachtliche Erfolge erzielt werden konnten. Besondere Werbeaktionen sind inbesondere dann am Platze, wenn der Fixkostenblock nicht wesentlich abgebaut werden kann und so groß ist, daß nur über eine bessere Auslastung der Fertigungskapazitäten die Gewinnzone erreicht wird. Es ist selbstverständlich, daß im Rahmen der Sanierungsaktionen zugleich versucht wird, den Fixkostenbereich selbst abzubauen, wie bei der Sanierungsaktion 7. beschrieben. Aber hier sind in der Praxis oftmals Grenzen gesetzt, so daß nur Sonderwerbeaktionen dabei mithelfen können, das Verkaufs- und damit das Produktionsvolumen zu erhöhen. Schließlich muß bei Werbeaktionen darauf geachtet werden, daß das Unternehmen auch lieferfähig ist. Gerade in diesem Zusammenhang stellen Sanierungsteams oft folgende Mängel fest: Einerseits werden die Kunden durch die Werbeaktion gereizt, im verstärkten Maß zu kaufen, andererseits können aber die bestellten Waren nicht ausgeliefert werden, weil Schwierigkeiten in der Koordination und im Fertigungsablauf der Produktion bestehen.

11.16 Öffentlichkeitsarbeit überprüfen

Public-Relations-Aktionen sind im Rahmen einer Sanierung erst dann sinnvoll, wenn sich nachweisbare Erfolge durch die Sanierungsmaßnahmen eingestellt haben. Die öffentliche Meinungspflege in der Zeit der tiefsten Krise muß ohne Wirkung bleiben, weil das Vertrauen in das Unternehmen in der Öffentlichkeit meist geschwunden ist. Die Öffentlichkeitsarbeit, die im Gegensatz zur Werbung zwar mit den gleichen Mitteln, aber mit einer anderen Zielrichtung arbeitet, kann eine Sanierung tatkräftig unterstützen, indem nicht nur das angeschlagene Image des Unternehmens in ein besseres Licht gerückt wird, sondern auch die Öffentlichkeit über verbesserte Leistungsprogramme, über geplante Vorhaben und neue Entwicklungen des kranken Unternehmens unterrichtet wird.

12

Allgemeines Management

12.1 Mitarbeiter motivieren

Die Mitarbeiter kranker Unternehmen sind oft demotiviert, entmutigt, enttäuscht und energielos. Eine der wichtigsten Maßnahme zur Überwindung einer Krise besteht deshalb darin, diese Mitarbeiter zu motivieren. *Motivation* im Rahmen einer Sanierung bedeutet nichts anderes, als das besondere Verhalten der Menschen eines kranken Unternehmens zu aktivieren und zu regulieren, indem wirksame Motive angesprochen werden.

Der Begriff „motivieren" wird heute in Theorie und Praxis der Unternehmensführung viel gebraucht. Die Gegner behaupten, Motivation sei zugleich *Manipulation*. Oft wird darunter auch ein Antreiben der Mitarbeiter verstanden. Auf der anderen Seite benutzt man den Begriff der Motivation auch im Sinne einer Beschuldigung, indem gesagt wird, die Mitarbeiter würden vom Management nicht genügend motiviert und leisteten deshalb weniger. Aus der Erfahrung bei der Sanierung kranker Unternehmen wissen wir, daß die Ansatzpunkte der Motivation der Mitarbeiter nicht jede Woche oder jeden Monat gleichartig sind. Mal ist es das Geld, das die Mitarbeiter motiviert, mal ist es ein öffentliches Lob. Dann werden die Mitarbeiter wieder dadurch motiviert, daß die Mitglieder des Sanierungsteams mit Nachdruck daran arbeiten, die zur Zeit unsicheren Arbeitsplätze wieder abzusichern. Schließlich kann die Motivation der Mitarbeiter kranker Unternehmen auch darin begründet sein, daß sie freier arbeiten können, indem ihre Kompetenzen klarer abgegrenzt werden und niemand das Recht hat, in ihrem Verantwortungsbereich hinein zu regieren, eine Angewohnheit, die viele Manager kranker Unternehmen besitzen. Diese Aufzählung von Gründen für eine Motivation, die keineswegs erschöpfend ist, muß hier genügen, um darzutun, wie vielschichtig die Ansätze sein können.

Diese besondere Problematik der Motivation in kranken Unternehmen zwingt den Vorsitzenden und die Mitglieder des Sanierungsteams nicht irgendein Schema bei der Motivation der Mitarbeiter des kranken Unternehmens anzuwenden; sie müssen vielmehr flexibel sein, die persönlichen Umstände der Mitarbeiter berücksichtigen und Zeit für Gespräche haben. Selbstverständlich können die Beteiligten des Sanierungsteams nicht mit allen Mitarbeitern im Rahmen ihrer Motivationsbemühungen in Kontakt treten. In der Praxis handelt es sich meistens um eine überschaubare Anzahl, die mit den Mitgliedern des Sanierungsteams in engen Kontakt kommt. Für diese müssen sich die Mitglieder des Sanierungsteams Zeit nehmen, um die Motivation zu praktizieren, wie in diesem Abschnitt nur angedeutet wurde. Diese Kerntruppe von motivierten Menschen muß dann ihre Begeisterung auf die anderen Mitarbeiter übertragen. Auf diese Weise werden alle Mitarbeiter gleichsam in einer Kettenreaktion mitgerissen. Eine solche Stimmung ist die Grundvoraussetzung für eine rasche und gezielte Sanierung. Diese eigenen Erfahrungen bei der Überwindung von Krisen in Unternehmen, wurden in der Psychologie bestätigt. Nach Werner Correll, ein in Theorie und Praxis bekannter Professor für Psychologie an der Universität Gießen, werden die *Gründe für eine Motivation* auf *fünf Grundbedürfnisse* und damit auf fünf Grundmotivationen zurückgeführt.[3] Wesentlich ist bei diesen Forschungsergebnissen, daß diese *fünf Grundbedürfnisse* nicht statisch in einer Prioritätenskala oder in einer statischen Rangordnung in Erscheinung treten, sondern situationsbedingt einander abwechselnd dominieren. An erster Stelle steht das Grundmotiv, das zum jeweiligen Zeitpunkt am dringendsten befriedigt werden muß und das zu diesem Zeitpunkt das stärkste Bedürfnis bei den Menschen darstellt. Dieser Wechsel in den Prioritäten wurde von Correll in allgemeinen Untersuchungen zur Motivationsforschung festgestellt und nicht bei der Untersuchung des Verhaltens von Menschen in besonderen Situationen, wie etwa in kranken Unternehmen. Bei Menschen, die in einer besonderen Situation leben und arbeiten, wurden diese allgemein gültigen Erkenntnisse hinsichtlich der Veränderung der Rangordnung der Anreize einer Motivation ebenfalls deutlich selbst festgestellt. Daraus ergibt sich auch, daß in solchen Unternehmen, die sich verändernden Ansätze zur Motivation besonders zu beachten sind.

Correll beschreibt die fünf Grundbedürfnisse wie folgt, ohne daß dabei eine feste Prioritätenfolge zum Ausdruck kommt:

1. Das Bedürfnis nach sozialer Anerkennung;
2. das Streben des Menschen nach Sicherheit und Geborgenheit;
3. die Sehnsucht des Menschen nach Anerkennung durch einen bestimmten anderen Menschen, das heißt die Sehnsucht nach Vertrauen;
4. das Bedürfnis nach Selbstachtung;
5. das Bedürfnis nach Unabhängigkeit und Verantwortung.

In dem oben aufgeführten Buch beschreibt Correll, wie häufig die fünf genannten Grundbedürfnisse des Menschen in der Bevölkerung vorhanden sind: Das Grundbedürfnis Nr. 1 ist mit 20 Prozent, das Grundbedürfnis Nr. 2 mit 30 Prozent, das Grundbedürfnis Nr. 3 mit 15 Prozent, das Grundbedürfnis Nr. 4 mit 30 Prozent und schließlich das Grundbe-

---

3 W. Correll, Motivation und Überzeugung in Führung und Verkauf, 1977, München, 2. Aufl.

dürfnis Nr. 5 mit 5 Prozent angegeben. Diese Ergebnisse zeigen, daß trotz der ständigen Verschiebung der Prioritäten dieser fünf Grundbedürfnisse das Streben des Menschen nach Sicherheit und Geborgenheit und das Bedürfnis nach Selbstachtung am häufigsten an erster Stelle stehen und damit sehr oft die wesentlichen Motive für die Begeisterung von Menschen sind. Im folgenden beschreiben wir in Anlehnung an Correll, wie die fünf Grundmotivationen bei den Menschen, die in einem desolaten Unternehmen mitarbeiten, in Erscheinung treten.

Die soziale Anerkennung, das Grundmotiv Nr. 1, ist meistens bei der Anwendung im kranken Unternehmen zunächst auf den inneren Bereich beschränkt. Die Umwelt betrachtet jeden Mitarbeiter eines kranken Unternehmens mit Mitleid, denn keiner möchte im Grunde genommen in einer desolaten Firma arbeiten, bei der man nicht weiß, wann der Konkurs eintritt. In einem späteren Zeitpunkt, wenn sich die ersten Sanierungserfolge eingestellt haben, kann über Public-Relations-Maßnahmen auch die Außenwelt des Unternehmens für die soziale Anerkennung bedeutsam werden.

Das zweite Grundmotiv, Sicherheit und Geborgenheit, ist nicht mehr vorhanden, denn ein Unternehmen, das in einer Krise steckt, kann nicht das Bewußtsein vermitteln, daß die Arbeitsplätze sicher sind. Der Sanierungsplan sowie die einzelnen Sanierungsaktionen und dessen Vorstellung bei den Mitarbeitern sind wichtig für die Schaffung der Voraussetzung für dieses zweite Grundmotiv des Menschen.

Nun zum dritten Grundmotiv: Das Vertrauen. Wir haben schon des öfteren darauf hingewiesen, daß in einem Unternehmen, das in der Krise ist, kein Vertrauensverhältnis mehr gegeben ist. Es zeigt sich in solchen Unternehmen häufig, daß jeder leitende Mitarbeiter dem anderen die Schuld für das Desaster zuschiebt. Diese gegenseitigen Reibereien können soweit gehen, daß Menschen, die früher Freunde waren, sich nun in der privaten und unternehmerischen Sphäre bekämpfen für Vorgänge, die sie meistens gar nicht zu verantworten haben. In einem solchen Unternehmen herrscht oft Mißtrauen von der obersten bis zur untersten Mitarbeiterebene und dokumentiert sich in dicken Protokollen von Sitzungen, in zahlreichen Aktennotizen und in dem aufgeblähten innerbetrieblichen Schriftverkehr. Wenn man den Schriftverkehr, die Protokolle von Sitzungen, die Aktennotizen usw. durchblättert, so zieht sich ein Anliegen der Mitarbeiter wie ein roter Faden durch alle Schriftstücke, nämlich beweisen zu wollen, daß sie an dem einen oder anderen Vorgang nicht schuldig sind.

Die vierte Grundmotivation ist die Selbstachtung. In einem desolaten Unternehmen kann man sehr häufig beobachten, daß es eine Selbstachtung gar nicht mehr gibt, weil alle Mitarbeiter mit dem Zustand des Unternehmens nicht zufrieden sind. Da oft keine Koordination vorhanden ist und eine geordnete Führung fehlt, werden viele konstruktive Anregungen, wie bestimmte Mißstände abgeschafft werden können, nicht aufgegriffen. Das bedeutet, daß eine große Diskrepanz vorhanden ist, zwischen dem, was jeder Mitarbeiter selbst bejaht und entsprechend seiner Norm machen will und dem, was er in der Praxis tun muß. Als Folge verliert er seine Selbstachtung. In einem desolaten Unternehmen hört man oft, man könne es mit seinem Gewissen bald nicht mehr vereinbaren, etwas tun zu müssen.

Jeder Mensch möchte bis zu einem gewissen Grade unabhängig sein und unabhängig arbeiten. Die fünfte Grundmotivation ist deshalb nach Correll das Bedürfnis nach Unabhängigkeit. Die Kompetenzen und die Verantwortlichkeiten sind deshalb in einem zu sanierenden Unternehmen besonders klar abzugrenzen. In diesem festgelegten Bereich soll sich der einzelne Mitarbeiter im Rahmen der vorgegebenen Policy unabhängig bewegen können. Hier muß er seine Persönlichkeit entfalten können. Erfahrungsgemäß werden die fünf Grundmotive in einem kranken Unternehmen häufig nicht befriedigt. Als Folge sinkt die Leistung der einzelnen Mitarbeiter und damit die des gesamten Unternehmens weit unter 50 Prozent ab.

Wie stark die Effizienz von frustrierten Mitarbeitern abnehmen kann, geht aus weiteren Forschungsergebnissen von Correll und Kellner hervor.[4] Es wurde nicht nur festgestellt, daß in einem gesunden Unternehmen etwa 30 Prozent der Mitarbeiter in irgendeiner Weise frustriert sind, sondern daß auch deren Effizienz entsprechend bis zu 60 Prozent ihrer eigentlichen Leistung zurückgeht. Wird die *Frustration* dieser Mitarbeiter nicht durch motivierende Reize aufgehoben, so zeigen diese Menschen nach drei bis vier Monaten neurotische Züge. Dies hat zur Folge, daß bei diesen Mitarbeitern zeitweise der Blutdruck bis auf 220 steigt, die physische Reaktion wie 1 : 9 anwächst und die psychische Reaktion wie 9 : 1 fällt. Eine solche Kampfstimmung ist aber in keiner Weise geeignet, Höchstleistungen oder überhaupt Normalleistungen zu erbringen. In kranken Unternehmen sind die Anlässe zu Frustrationen aber um ein Vielfaches höher als in gesunden. Jedes Sanierungsteam hat es deshalb mit einer Vielzahl von Mitarbeitern zu tun, die zeitweise oder immer in der oben erwähnten Kampfstimmung sind. Die Mitglieder des Sanierungsteams, insbesondere aber sein Leiter, sollten deshalb Erfah-

---

4 W. Correll und H. Kellner, Konfliktbewältigung und Streßtransformation, 1978, Kettwig, 2. Aufl.

rungen bei der Führung solcher Mitarbeiter besitzen, um diesen psychologischen Problemen gewachsen zu sein.

Oft machen Mitglieder des Sanierungsteams den Fehler, daß sie den Mitarbeitern des kranken Unternehmens die positiven Motive einreden wollen. Das ist beispielsweise dann der Fall, wenn sie zum wiederholten Male vor Beginn der Sanierungsmaßnahmen zum Ausdruck bringen, die Arbeitsplätze seien gesichert, jetzt werde alles anders und besser, wobei die Belegschaft doch selbst sehen kann, daß diese Aussagen zunächst Wunschvorstellungen sind. Solche oft grundlosen Versprechungen werden von den Mitarbeitern sehr schnell als hohle, nichtssagende Redewendungen erkannt und bewirken bei Ihnen oft das Gegenteil. Die Mitarbeiter müssen quasi selbst durch die Aktionen des Sanierungsteams erkennen, welcher neue Wind weht, wie es mit den Unternehmen wieder aufwärts geht. Dieses persönliche Erlebnis läßt in ihnen auch Vertrauen und das Gefühl der Geborgenheit wachsen. Sie freuen sich dann über eine Anerkennung im Kreise ihrer Kollegen und erhalten ein neues Gefühl der *Selbstachtung*. Bei diesem Aufbau der Voraussetzung für die Motivation der Mitarbeiter ist auch folgendes zu beachten: Selbst wenn diese versuchen, die mißlichen Zustände, die vor Beginn der Sanierung bestanden haben und die durch die Sanierungsaktionen Schritt für Schritt abgebaut werden, aus ihrem Bewußtsein zu verdrängen, um wieder beruhigt arbeiten zu können, bedeutet dies keinesfalls, daß damit alles vergessen ist. Die *Tiefenpsychologie* hat gezeigt, daß auch die aus dem Bewußtsein verdrängten Motive noch wirksam bleiben. Wenn Mitglieder des Sanierungsteams mit Mitarbeitern eines in die Krise geratenen Unternehmens sprechen, so müssen deshalb nicht nur die an der Oberfläche befindlichen Motive der Mitarbeiter beachtet werden, sondern sie müssen versuchen, auch die unter Umständen verdrängten negativen Motive zu erfahren. Sie sind deshalb oft gezwungen, quasi zwischen den Zeilen zu lesen, um die im Unterbewußtsein befindlichen Reaktionen der Mitarbeiter zu erkennen. Man könnte an dieser Stelle wiederum meinen, es müßten Psychologen herangezogen werden, um das Unternehmen aus der Krise herauszuholen. Wie bereits in Kapitel 2. festgestellt wurde, wäre es falsch, einen Psychologen in das Sanierungsteam zu berufen, bei aller Würdigung der Leistungen der Psychologen und Sozialpsychologen. Dadurch würden die Mitarbeiter des kranken Unternehmens erst recht demotiviert werden, denn sie wissen ganz genau, daß der Grund für ihre Demotivation nicht in ihnen ursächlich begründet ist, sondern in der Führung des Unternehmens. Hier hilft, um die Problematik zu meistern, nur ein Höchstmaß an Fingerspitzengefühl aller Mitarbeiter des Sanierungsteams, eine reiche Erfahrung im

Umgang mit Menschen, die im industriellen Prozeß arbeiten und die Einstellung, daß der Mensch und dessen Arbeitskraft im Mittelpunkt der Sanierung stehen muß. Die Mitarbeiter des kranken Unternehmens verlangen in erster Linie eine gute Führung, um wieder in Ruhe arbeiten zu können. Außerdem wollen sie wieder eine Persönlichkeit an der Spitze des Unternehmens haben, zu der sie aufschauen können. Solche Bedürfnisse kann nur ein Manager befriedigen, der die modernsten Führungstechniken beherrscht und nicht nur Führungsaufgaben souverän löst, sondern auch selbst individuelle Leistungen, die augenscheinlich und meßbar sind, vollbringt. Das bedeutet nicht, daß der Leiter einer Sanierung besser sein muß als beispielsweise der Finanzvorstand, der Produktions- oder Vertriebsvorstand. Die persönlichen Leistungen, die ein Vorsitzender des Sanierungsteams erbringen soll, können ganz spezifisch sein. Im Rahmen von Einkaufsverhandlungen kann er zum Beispiel durch persönlichen Einsatz zeigen, daß er in der Lage ist, die Einkaufspreise durch harte und gezielte Verhandlungen zu senken. Auch die Verhandlungen mit den Banken über ein Stillhalteabkommen sind persönliche Leistungen des *Vorsitzenden des Sanierungsteams.* Er muß insbesondere deshalb persönliche Leistungen, die meßbar sind, erbringen, um im Rahmen der Mitarbeiter-Motivation seine Taten als Beispiele vorweisen zu können. Dann besteht nicht die Gefahr, daß gesagt wird: „Der da oben kann gut anschaffen, weil er die Probleme bei der Durchführung nicht kennt."

Die Erfahrung lehrt weiter, daß es nicht große Vorkommnisse sind, die die fünf Grundbedürfnisse des Menschen in einem kranken Unternehmen ansprechen, sondern viele Kleinigkeiten, wie folgendes Beispiel zeigt: Schriftliche Berichte von Mitarbeitern des kranken Unternehmens an die Mitglieder des Sanierungsteams sollten, sofern sie besonders nützlich sind, ausdrücklich herausgestellt werden. Dies kann dadurch geschehen, daß handschriftlich die Belobigung auf diese Berichte geschrieben wird. Aus der betrieblichen Erfahrung ergibt sich nämlich, daß ein mit der Maschine geschriebenes Belobigungsschreiben nicht die Wirkung hat wie eine persönliche, handschriftliche Notiz. Der Bericht mit den handschriftlichen Bemerkungen von Mitgliedern des Sanierungsteams sollte am besten über die Hauspost an den Verfasser zurückgeschickt werden. Die Sekretärin liest dann die Belobigung und ist stolz auf ihren Chef. Sie erzählt davon wieder in ihrem Kolleginnenkreis. Es spricht sich im Unternehmen herum. Auch ist der Belobigte stolz darauf, eine persönliche Auszeichnung vom Sanierungsteam erhalten zu haben. Wenn er seinen Bericht mit der handschriftlichen Anerkennung nicht seinen Kollegen zeigt, so läßt er dieses Schriftstück oft so sichtbar auf seinem

Schreibtisch liegen, damit dieses Papier auch von seinen Kollegen und Untergebenen im Rahmen eines Gesprächs quasi vollkommen unverhofft entdeckt und gelesen werden kann. Damit steigt sein „Stellenwert" im Unternehmen und stellt für die Anderen einen Anreiz dar, durch Effizienzsteigerung ebenso ein persönliches Lob vom Sanierungsteam zu erhalten. Seine Mitarbeiter sind insbesondere stolz darauf, daß ihr Chef und damit ihre Gruppe vom Sanierungsteam belobigt wurde. Die gesamte Belegschaft des kranken Unternehmens erkennt durch solche Beispiele sehr schnell, daß nicht grundlos, wie oftmals vor Beginn der Arbeiten des Sanierungsteams, sondern begründet belobigt wird. Die Mitarbeiter empfinden, daß man „wieder jemand ist". Eine solche Stimmung ist die beste Grundlage für eine Motivation aller.

Im gesunden Unternehmen gibt es Möglichkeiten einer *Motivationsübersättigung.* Das ist im Rahmen einer Sanierung weniger der Fall. In solchen Situationen sind der Motivation keine Grenzen gesetzt. Im Umbruch vom kranken zum gesunden Unternehmen gibt es eine Vielzahl von vielschichtigen und vielseitigen Anreizen zur Motivation. So kann beispielsweise ein Erfolgserlebnis und damit eine Motivation in der Arbeit selbst liegen. Weiter kann ein Mitglied einer Gruppe dadurch begeistert werden, daß seine Gruppe jetzt wieder etwas leistet, was anerkannt wird. Motivierend wirkt, wenn Mitarbeiter unangenehme Fragen nach dem Wohlergehen des Unternehmens oder vielleicht manchmal hämische Fragen nach dem bevorstehenden Zusammenbruch begründet souverän überhören können, weil die ersten Sanierungsmaßnahmen bereits Erfolge zeigen. In solchen Fällen weisen die Mitarbeiter des kranken Unternehmens mit Stolz darauf hin, daß sie das Unternehmen aus eigener Kraft wieder hochbringen können. Nicht zu vergessen ist auch die aus persönlichen Beziehungen resultierende Motivation in den informellen Gruppen des kranken Unternehmens.

Die beispielhafte Aufzählung von Möglichkeiten der Motivation wird, ohne den Anspruch auf Vollständigkeit zu haben, abgeschlossen und mit einem oft vernachlässigten und vergessenen Motiv: Der Einfluß der Frauen der Mitarbeiter. Es bietet sich an, in diesem Zusammenhang leitende Herren mit ihren Frauen zu einem Konzert oder zu einem Theaterbesuch mit anschließendem Abendessen einzulasen. Der Vorsitzende des Sanierungsteams hält bei solchen Anlässen einen kurzen Vortrag, in dem er offen darlegt, in welcher Situation das Unternehmen ist, welche Sanierungsaktionen im wesentlichen zur Gesundung des Unternehmens durchgeführt werden, um die Arbeitsplätze abzusichern und wie wichtig die Mitarbeit und die Zusammenarbeit der anwesenden Herren ist. Deren Frauen bekommen durch diese persönliche Ansprache ein verstärktes Verständnis dafür, daß ihre Männer nicht nur acht Stunden, sondern oftmals die doppelte Stundenanzahl im Unternehmen sein müssen, um die Sanierungsaktionen mit Erfolg durchzuführen. Die Frauen haben in solchen Situationen Verständnis für den harten Einsatz ihrer Männer. Sie bekommen das Gefühl, daß sie ebenso in der Verantwortung stehen und im Rahmen ihrer Möglichkeiten dazu beitragen können, ihre Männer zu motivieren.

12.2 Effizienz der Mitarbeiter erhöhen

Die Erhöhung der *Effizienz der Mitarbeiter* ist sehr komplex gelagert und hängt mit mehreren anderen Sanierungsmaßnahmen zusammen, wie zum Beispiel „Mitarbeiter motivieren", „Dispositionshilfen schaffen", „Erfolgskontrollen einführen" oder „Sonderverkaufsaktionen einführen". Diese Sanierungsmaßnahme hat zum Ziel, die Arbeitskraft der Menschen in den Mittelpunkt der Betrachtung zu stellen und aus dieser Sicht die Sanierung zu planen. Der Vorteil, die Erhöhung der Effizienz der Mitarbeiter in eine separate Sanierungsmaßnahme zu kleiden, besteht darin, daß ein einziger Verantwortlicher für diese Aufgabe festgelegt wird, der die Ergebnisse und Auswirkungen der mit dieser Maßnahme verketteten anderen Sanierungsaktionen steuert und überwacht.

12.3 Geeigneten Führungsstil einführen

In kranken Unternehmen wird meistens nicht der richtige *Führungsstil* praktiziert. Viele Manager vertreten die irrige Auffassung, daß eine Krise nur überwunden werden kann, wenn ein autoritärer Führungsstil ausgeübt wird. Der Befehlston und das Befehlen ist nicht nur in gesunden Unternehmen, sondern auch in kranken als überholt anzusehen. Nur die Einbeziehung aller Mitarbeiter, eines Unternehmens in einen kooperativen Führungsstil ermöglicht eine rasche und nachhaltige Sanierung. In diesem Zusammenhang wird auf unsere Ausführungen in Punkt 3.3 über den kooperativen Führungsstil verwiesen. Der Mensch muß im Mittelpunkt der Aktionen stehen und dementsprechend muß der Führungsstil geprägt werden, wenn man auf lange Sicht Erfolg haben soll: Das heißt keineswegs, daß die Mitarbeiter des kranken Unternehmens mit Samthandschuhen angefaßt werden sollen: Vielmehr ist ein hartes, zeitlich angemessenes und gezieltes Ringen um die optimale Entscheidung im Rahmen des kooperativen Stils die beste Führungsmethode.

12.4 Geeignete Führungskräfte holen

Bei der Analyse eines kranken Unternehmens wird häufig festgestellt, daß zu wenig geeignete *Führungskräfte* vorhanden sind. Bei der Einstellung neuer Führungskräfte sollte das Sanierungsteam jedoch sorgfältig vorgehen und vorher eingehend prüfen, ob die Krise nicht mit dem vorhandenen Personal zu überwinden ist. Die Erfahrung lehrt, daß es psychologisch unklug ist, in einem kranken Unternehmen alle Führungskräfte grundsätzlich als schlecht anzusehen und zu versuchen, den Führungskader durch neue Kräfte zu ersetzen. Bei der Suche nach neuen Führungskräften vergeht oft kostbare Zeit für die Sanierung. Als weiterer Nachteil ist noch die Dauer der Einarbeitung der neuen Mitarbeiter zu erwähnen, die bis zu einem Jahr dauern kann. Der neue Wind im Unternehmen und das Vertrauen der Mitarbeiter des kranken Unternehmens zum Sanierungsteam sind eine Herausforderung für alle, mit vereinter höchster Kraftanstrengung zu versuchen, das eigene leckgeschlagene Schiff wieder flott zu machen. Dieser Anreiz fehlt oft bei neu eingestellten Mitarbeitern, die den Weg in die Krise nicht mitgegangen sind. Es sollten nur wenige Führungskräfte, wenn überhaupt welche, in der ersten Phase der Sanierung eingestellt werden. Selbst mittelmäßige Mitarbeiter verfügen über gewisse Erfahrungen an ihrem Arbeitsplatz und in ihrem Unternehmen, die für die Sanierung zunächst ausgeschöpft werden müssen. In einer weiteren Phase der Sanierung, wenn die Not des Unternehmens nicht mehr so drückend ist und das Sanierungsteam eine bessere Übersicht über die Qualität aller Mitarbeiter des zu sanierenden Unternehmens gewonnen hat, können, falls erforderlich, neue Kräfte eingesetzt werden. Es ist selbstverständlich, daß diese Ausführungen nicht das Sanierungsteam selbst betreffen: In diesem Team sollte nämlich, wie in Abschnitt 4.1 beschrieben, der Vorsitzende von außerhalb des Unternehmens kommen.

12.5 Gewinndenken einführen

In kranken Unternehmen ist oftmals von einem Gewinnstreben wenig zu spüren; man denkt in Umsätzen. Oft wird eine Steigerung des Umsatzes auch als die einzige Methode angesehen, das Unternehmen wieder gesund zu machen. Das ist nicht selten ein Trugschluß, weil in der Regel die Marktsituation und das schlechte oder angeschlagene Image des Unternehmens eine rasche Umsatzsteigerung erschweren. Im Rahmen einer Sanierungsmaßnahme muß deshalb das Denken der Mitarbeiter umfunktioniert werden: Die Mitarbeiter müssen aufhören, an Verlust und an

Verlustminderung zu denken. Sie müssen, obwohl sie oftmals jahrelang das Wort Gewinn überhaupt nicht mehr gehört und an einen Jahresüberschuß nicht mehr geglaubt haben, sich an diese Größe wieder gewöhnen und sie zur Richtschnur für jegliches Handeln im Unternehmen machen. Der Gedanke muß zu einer Selbstverständlichkeit werden, daß das Unternehmen nur überleben kann, wenn Gewinne gemacht werden. Dieses oft angegriffene Wort „Gewinn" darf allerdings nicht zu eng interpretiert werden, sondern muß so verstanden werden, daß er nicht nur die Maximierung des Geldes als Erfolg für die unternehmerischen Leistungen ist. Vielmehr muß der *Gewinn* in einem größeren Rahmen gesehen werden, wie ihn beispielsweise Professor Klaus Schwab, der Präsident des Europäischen Management Forums ist, in seiner Broschüre "Chancen-Management" anschaulich beschrieben hat[1] : Der Gewinn ist nur als Mittel zum eigentlichen Zweck des Unternehmens — Dienst an der Gesellschaft, am Kunden, am Mitarbeiter, am Aktionär — zu sehen. Nach dieser Definition ist der Gewinn eines Unternehmens eine Größe, die für die Aktionäre, die Belegschaft, die Gesellschaft sowie für die Kunden notwendig und wichtig ist. Der Aktionär muß also für seine Kapitalanlage in seinem Unternehmen nicht nur eine entsprechende Verzinsung, sondern auch ein Entgelt für seine Bereitschaft erhalten, sein Geld im industriellen Prozeß anzulegen. Denn eine solche Kapitalanlage ist mit mehr Risiko behaftet als beispielsweise die Anlage in langfristigen Obligationen. Jeder Mitarbeiter muß nicht nur einen gesicherten Arbeitsplatz und damit ein gesichertes Einkommen haben, sondern er sollte auch am Gewinn beteiligt werden. Die Gesellschaft schließlich profitiert vom Gewinn einer Unternehmung ebenfalls, indem die Qualität der Umwelt angehoben wird. Der Kunde schließlich hat bei einem Unternehmen, das mit Gewinn arbeitet, den Nutzen, daß Forschungs- und Entwicklungsarbeiten finanziert werden können, deren Ergebnisse seine Bedürfnisse besser befriedigen. Wird der Gewinn in diesem erweiterten Rahmen gesehen und nützt er nicht nur dem Aktionär, sondern auch den Mitarbeitern der Gesellschaft und den Kunden, so ist dies in der heutigen Zeit die angemessene und einzig vernünftige Zielsetzung des Erwirtschaftens von Gewinnen.

12.6 Profitcenter einrichten

Um das Gewinndenken aller Mitarbeiter eines kranken Unternehmens anzuregen, ist das Einrichten von sogenannten Profitcentern notwendig.

---

1 Klaus Schwab, Chancen-Management, Düsseldorf 1976.

220

Mit dieser Maßnahme wird ein unmittelbarer Zusammenhang zwischen den Erfolgen dieser organisatorischen Einheiten und dem Gesamterfolg der Sanierung und des Unternehmens deutlich. Auf diese Weise entwickelt sich auch eine positive Konkurrenz zwischen den einzelnen Profitcentern, die sich fruchtbar auf das Gesamtergebnis auswirkt. Indem dem Leiter des Profitcenters und damit den Mitarbeitern dieser Einheit die Verantwortung für den Erfolg übertragen wird, werden sie motiviert, Höchstleistungen zu vollbringen. Dadurch wird auch ein kreativer Wettbewerb innerhalb des kranken Unternehmens geschaffen, der die Sanierung und spätere Absicherung gegen Krisen dynamischer gestaltet.

12.7 Aussagekraft von Informationen überprüfen

Die Informationen, die das Sanierungsteam von den Mitarbeitern des kranken Unternehmens erhält, sind meistens ungenau und statistisch nicht abgesichert. Überspitzt ausgedrückt könnte man auch sagen: Man wird unbewußt angelogen, wenn man mit der Sanierungsarbeit beginnt und Informationen erbittet.

Informationen aus dem Entwicklungs- und Produktionsbereich können relativ leicht und schnell danach getestet werden, ob sie statistisch abgesichert sind, weil die Folge von Falschinformationen aus diesen Unternehmensbereichen oft schnell sichtbar sind. Ist beispielsweise ein Qualitätsmangel aufgetreten, so sind die Mitarbeiter dieser Abteilungen oft schnell in der Lage anzugeben, welche Ursachen zu dem Qualitätsmangel geführt haben. Werden darauf aufbauend entsprechende Maßnahmen zu dessen Beseitigung ergriffen, so kommt es oft vor, daß die Fehlerquelle damit noch nicht beseitigt ist und der Qualitätsmangel trotz dieser Maßnahme wieder auftritt. Denn die von den Mitarbeitern des kranken Unternehmens genannte Ursache war lediglich eine Vermutung und keine statistisch oder analytisch erarbeitete, fundierte Begründung.

Die Erfahrung zeigt, daß solche *unbegründeten Behauptungen* in kranken Unternehmen keine Seltenheit sind und zu falschen Entscheidungen führen. Häufig werden nämlich Detailuntersuchungen über die Ursachen von Qualitätsmängeln aus Zeitnot oder Geldmangel nicht so gründlich durchgeführt, daß eine fundierte, statistisch abgesicherte Aussage über die Ursache möglich ist. Eine solche Absicherung — in einem gesunden Unternehmen eine Selbstverständlichkeit — ist in einem kranken auch oft deshalb nicht üblich, weil das Management häufig zu rasch über die Untersuchungsergebnisse verfügen möchte. Bei der Suche nach der Ursache von Qualitätsmängeln haben dann die Mitarbeiter oft nicht die Zeit, um beispielsweise die nach der statistischen Qualitätskontrolle geforderten Anzahl von Produkten einer Stichprobe zu untersuchen. Wenn derartige Zwangssituationen laufend oder häufig vorkommen, verfallen diese Mitarbeiter in eine Art Lethargie und machen sich nicht mehr die Mühe, ein solches unvernünftiges Management davon zu überzeugen, daß es in der vorgegebenen kurzen Zeit nicht möglich ist, klar begründete Aussagen zu treffen. Dann ist es die Regel, daß mit statistisch nicht abgesicherten Argumenten operiert wird.

Stellt ein Sanierungsteam fest, daß — wie in diesem Beispiel aufgezeigt — im Entwicklungs- und Produktionsbereich es die Regel ist, Informationen nicht fundiert zu begründen, dann ist der Schluß meistens zutreffend, daß dieser Fehler auch in den anderen Bereichen des kranken Unternehmens gemacht wird. In solchen Fällen, die nicht selten sind, ist die Überprüfung der Glaubwürdigkeit von Informationen eine notwendige Sanierungsmaßnahme. Abgesehen davon muß das Sanierungsteam, um Klarheit in dieser Hinsicht zu erhalten, bereits in den ersten Tagen der Sanierung an eindeutigen und abgrenzbaren Fällen demonstrieren, wie wichtig es ist, Aussagen und Informationen hinreichend zu begründen und zu beweisen.

12.8 Aufgeblähte Zahlen reduzieren

Eine der Hauptaufgaben der Unternehmensführung besteht allgemein gesehen darin, aus der gesamten Planung die Sicherheitspolster zu entfernen, um die Zahlen aussagefähiger zu machen. Dieses „Luftablassen" aus den Planzahlen wird in den meisten Unternehmen, die in eine Krise geraten sind, nicht beachtet. Deren Mitarbeiter sind bestrebt, Sicherheiten in die Planzahlen einzurechnen, um später bei der Gegenüberstellung der Soll- und Ist-Zahlen möglichst günstig abzuschneiden. Das ist menschlich verständlich, weil der Ablauf des unternehmerischen Geschehens in ungeordneten Bahnen verläuft und Sicherheitspolster es den Führungskräften erleichtern, in dieser Situation die Budgetzahlen einzuhalten. Wenn schon im gesunden Unternehmen diese aufgeblähten Planungen oft der Grund für den Weg in die Krise waren, so verhindern sie erst recht den Weg aus der Krise. Deshalb ist es eine vordringliche Aufgabe des Sanierungsteams darauf zu achten, daß keine unrealistisch großen Sicherheiten in der Planung enthalten sind. Anderenfalls wird der gesamte Zeitablauf aller Maßnahmen verfälscht und gefährdet. Dagegen sollte das Sanierungsteam für alle unvorhersehbaren Schwierigkeiten einen Sicherheitszuschlag in allen Planungen einrechnen, der aber als globale Größe getrennt von den eigentlichen Planzahlen im Sanierungsplan aufgeführt werden muß.

12.9 Erfolgskontrollen einführen

In kranken Unternehmen haben die Mitarbeiter oft kein Gefühl mehr, ob die eigene Leistung oder die der Kollegen gut oder unzureichend ist. Zwar arbeiten sie häufig den ganzen Tag mit Eifer, aber ein Erfolg ist oft nicht sichtbar, weil die Mitarbeiter in ihrer Arbeit durch neue Anweisungen und Hiobsbotschaften des Managements laufend gestört werden. Aber auch der psychische Druck vermindert — wie in Abschnitt 12.1 ausgeführt — ihre Leistungsfähigkeit. Deshalb ist es bei Beginn der Sanierung wichtig, in einen besonderen Aktion eine Erfolgskontrolle für alle Mitarbeiter einzuführen, um ihnen damit wieder ein Gefühl für Leistung und Erfolg zu vermitteln. Ein solcher Lernprozeß sollte dadurch angeregt werden, daß die Mitarbeiter zu Beginn jedes Tages oder einer Woche die in diesem Zeitraum durchzuführenden Arbeiten und die von ihnen zu deren Durchführung geschätzte erforderliche Zeit in ein Formular eintragen. Weiter sollen sie auf diesem Blatt den Anfang- und Endzeitpunkt der Arbeiten sowie die tatsächlich benötigte Zeit notieren. Solche *Erfolgskontrollblätter* werden von den Mitarbeitern des kranken Unternehmens zunächst meistens als unnötiger Arbeitsaufwand, als Schikane angesehen und nicht selten wird versucht nachzuweisen, daß damit die Arbeitsleistung sinkt. Die Erfahrung lehrt aber, daß die Mitarbeiter bald den positiven Effekt dieser persönlichen Erfolgskontrolle einsehen, weil sie bei der schriftlichen Zusammenstellung der durchzuführenden Arbeiten je Tag oder je Woche eher Möglichkeiten zu einem organisierten Vorgehen bei der Erledigung ihrer Aufgaben erkennen. Auch vermittelt der Vergleich der geplanten mit der tatsächlich für eine Arbeit benötigten Zeit jedem Mitarbeiter ein stärkeres, begründeteres Bewußtsein, was Leistung ist. Im Gespräch über die Abweichung mit seinem Vorgesetzten erhält er weitere Anregungen, wie er seine Arbeit rationeller und mit einer höheren Effizienz durchführen kann. Schließlich erkennen die Mitarbeiter als Ergebnis des Lernprozesses, daß nach mehreren Monaten ihre Zeitschätzung immer genauer wird und sie deshalb viel weniger Begründungen zur Verzögerung der Fertigstellung ihrer Arbeit abgeben müssen als vorher.

12.10 Straffe Organisation einführen

Es zeigt sich immer wieder, daß kranke Unternehmen keine straffe und klare *Organisation* besitzen. Ein Sanierungsteam stellt oft fest, daß es

bei einzelnen Aufgaben nicht klar ist, wer sie im Unternehmen durchzuführen hat. Auch die Kompetenzen der einzelnen Mitarbeiter sind oft
nicht eindeutig. Die Folge dieses Mißstandes ist, daß Arbeiten manchmal überhaupt nicht und manchmal doppelt durchgeführt werden. Auch
berichten oft zu viele Mitarbeiter an einen Vorgesetzten. Bei diesem
span of control kommt es selbstverständlich auf die Führungsebene und
auf die Qualität des Vorgesetzten an. Aber auch tüchtige Top-Manager
in den oberen Etagen eines Unternehmens müssen wissen, daß nicht
mehr als 7 Mitarbeiter an sie berichten sollen. Die Frage nach der richtigen Organisation hängt mit den Unternehmenszielen, dem Führungsstil und den Management-Methoden zusammen, so daß diese Sanierungsmaßnahme wieder verkettet ist mit anderen Aktionen aus unserem Maßnahmenkatalog. Ein Beispiel aus der betrieblichen Praxis soll
zeigen, wie durch die Straffung der Organisation im Vertriebsbereich
die Effizienz eines Unternehmens wesentlich gesteigert werden kann.
In dem betreffenden Unternehmen gab es eine Abteilung Inland Vertrieb und eine Abteilung Export. Während der Vertrieb Inland sich weniger stark in die Verkaufsabwicklung einmischte, war dies im Export
umgekehrt. In diesem Bereich wurden alle die Tätigkeiten durchgeführt,
die dem Berufsbild eines Exportkaufmannes entsprechen, wie Verkaufen, Auftragsabwicklung, Terminverfolgung, Versandbereitstellung, Ex-
portfinanzierung usw. Die Straffung der Organisation wurde nach der
Idee durchgeführt, das Verkaufen total von allen übrigen Funktionen zu
trennen, damit die Mitarbeiter des Inlandsvertriebs und des Exports sich
ausschließlich auf diese Tätigkeit konzentrieren konnten.

Die Verantwortung für die übrigen Funktionen wurde anderen Bereichen wie Finanzen und einer neu geschaffenen Stelle Logistik übertragen. Die allgemeine Aussage in diesem Ausgliederungsprozeß ist in Abbildung 15 wiedergegeben: Von zwei Verkaufsbereichen eines Vertriebes in einem Unternehmen werden alle Funktionen, die nicht das eigentliche Verkaufen betreffen, ausgegliedert und anderen Abteilungen
übertragen. Die neue straffere Organisation im Unternehmen unseres
Beispiels war ein weiterer Schritt in Richtung Arbeitsteilung und deshalb weit effizienter als vorher, weil die Verkäufer nicht laufend durch
andere Arbeiten und Probleme abgelenkt wurden.

12.11 Gezieltes Informationssystem einführen

Das *Informationssystem* eines notleidenden Unternehmens ist in den
meisten Fällen unzureichend oder schlecht: Zu viele Informationen sind
im Umlauf, Daten werden mit anderen Ergebnissen saldiert, so daß sie

Abb. 15: Die Ausgliederung von Funktionen, die mit dem eigentlichen Verkaufen nichts zu tun haben, aus den Verkaufsabteilungen eines Unternehmens

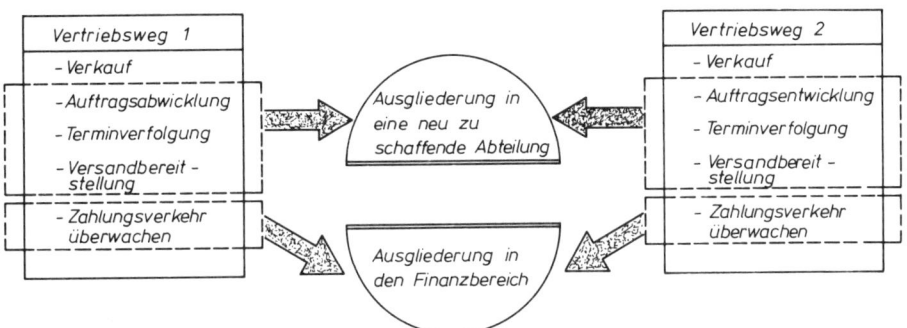

nicht mehr aussagefähig sind, oder es werden Informationen erarbeitet, die falsch sind, weil der Rechengang nicht richtig ist. Auch hört man bei der Analyse des Informationsflusses in kranken Unternehmen oft die Entschuldigung: Das ist eine *Holschuld* oder eine *Bringschuld.* Es ist zwar richtig, daß die Informationen ausgerichtet und geplant fließen müssen; aber wenn eine erwartete Nachricht nicht zum richtigen Zeitpunkt angekommen ist oder wenn außer der Reihe Erkenntnisse zutage treten, dann ist es ein Fehler, wenn ein Mitarbeiter sich auf eine Holschuld beruft und wartet, bis die Mitteilung abgeholt wird. Auch darauf zu hoffen, daß eine Information gebracht wird, ist falsch. Jeder Mitarbeiter ist gleichermaßen für einen optimalen Informationsfluß verantwortlich. Auf dem Höhepunkt der Krise wird meistens eine Vielzahl von Statistiken, entweder über den Computer oder auch manuell, erstellt und man glaubt, unter der Überschrift „Je mehr Informationen desto besser" das Unternehmen effizienter steuern zu können. Viele Sanierungsteams haben festgestellt, daß rund 20 Prozent der gesamten Statistiken und Tabellen in kranken Unternehmen, deren Erstellung eine beachtliche Anzahl von Mitarbeitern erfordert, überhaupt nicht gelesen werden. Hier muß sofort Abhilfe geschaffen werden. Die gesamte Datenflut muß danach analysiert werden, welche Berichte warum benötigt werden, ob alle Informationen pro Bericht notwendig sind, und die Schlüsse, welche die Benutzer aus den Daten ziehen dem Inhalt und der Genauigkeit des Zahlenmaterials angemessen sind? Das Ergebnis einer solchen Analyse ist meistens, daß 20 bis 30 Prozent aller Statistiken und Tabellen nicht gebraucht und damit deren Aufbereitungen eingestellt werden können. Die durch die Straffung des Informationssystems frei werdenden Mitarbeiter können entweder für andere Aufgaben eingesetzt oder müssen entlassen werden.

12.12 Projektsystematik einführen

Bei einer Sanierung sollten alle Aktionen sowie die daraus abgeleiteten Detailmaßnahmen in Form von Projekten geplant und durchgeführt werden. Außerdem hat es sich bewährt, komplexe Aufgaben, die über dem Rahmen des normalen Ablaufs des Unternehmensgeschehens hinausgehen, ebenfalls nach dieser *Projektsystematik* durchzuführen. Die Erfahrung lehrt weiter, daß die Einführung eines solchen Projektmanagements als eine eigene Sanierungsmaßnahme angesehen werden sollte, um sicherzugehen, daß im gesamten Unternehmen die gleiche Systematik benutzt wird.

Was ist nun unter Projektsystematik und *Projektmanagement* in diesem Zusammenhang zu verstehen? Sanierungsmaßnahmen sind in der Regel komplexe Aufgaben, zu deren Lösung mehrere Spezialisten aus verschiedenen Bereichen des Unternehmens zusammenarbeiten müssen und die nicht standardisiert werden können. Dabei ist insbesondere die Koordination der interdependenten Beziehungen eine wesentliche Grundlage für den Erfolg einer solchen Maßnahme. Wenn eine komplexe Arbeit zum Projekt ernannt wird, so besteht insbesondere der Vorteil darin, daß ein einziger Mann, nämlich der Projekt-Manager die Verantwortung für die Erreichung eines genau formulierten Zieles hat, obwohl Sachbearbeiter aus verschiedenen Bereichen des Unternehmens daran mitarbeiten. Bei der Schilderung in Abschnitt 4.2, wie ein Sanierungsplan aufgestellt wird, haben wir bereits bei Beschreibung der Arbeitsblätter in Abbildung 2 bis 5 prinzipiell gezeigt, wie ein derartiges Projekt abläuft: Für die Sanierungsmaßnahme oder nach dieser Vorstellung für das Sanierungsprojekt ist eine Aufgabenbeschreibung anzufertigen. Dann ist ein Verantwortlicher für das Sanierungsprojekt festzulegen, schließlich ist es in Subprojekte und in Detailaktivitäten zu untergliedern, wobei wiederum für die einzelnen Arbeiten eigene Verantwortliche bestimmt werden. Für jede dieser einzelnen Aktivitäten sind Anfang- und Endtermine festzulegen. Wenn diese zeitlich zu weit auseinanderliegen, sind Zwischentermine festzulegen, um sinnvoll Zwischenkontrollen durchführen zu können. Häufige Kontrollen sind notwendig, um die Mitarbeiter des kranken Unternehmens in diese Projektsystematik besser einarbeiten zu können. Der Verantwortliche für das gesamte Projekt und die Projektmanager für die Einzelaktivitäten haben zu jedem Zwischen- und Endtermin einen Bericht über den Stand der Arbeiten zu erstellen, damit das Sanierungsteam sofort eingreifen kann, sobald Schwierigkeiten auftreten. Diese knappe Schilderung muß genügen, um das Wesentliche dieser Projektsystematik bei einer Sanierung darzu-

226

stellen. Ansonsten wird auf die einschlägige Literatur zu dieser Planungs- und Ablaufmethodik verwiesen.[1]

Es wird im folgenden noch über einige Erfahrungen bei der Einführung der Projektsystematik bei kranken Unternehmen berichtet: Es ist unbedingt auf eine exakte Termineinhaltung zu achten, selbst wenn sich die Voraussetzungen für das Projekt geändert haben. Das übt einen Zwang auf den Verantwortlichen aus. Das Sanierungsteam ist auch sofort zu informieren, wenn ein Zwischentermin deshalb nicht eingehalten werden kann, weil sich eine Prämisse der Planung geändert hat.

Da bei einer Sanierung die Ausgangsdaten oft unklar sind und die Ziele ebenfalls häufig nicht so realistisch festgelegt werden können wie in einem gesunden Unternehmen, treten bei der Realisierung der festgelegten Projekte oftmals *Planabweichungen* auf, mit denen sich das Sanierungsteam im starken Maße beschäftigen muß. Die Erfahrung zeigt jedoch, daß sich die vielen positiven und negativen Abweichungen oft aufheben, so daß die große Linie der Sanierung doch wieder stimmt: Das ist insbesondere dann der Fall, wenn im Rahmen der gezeigten Projektsystematik bei Planabweichungen rasch eingegriffen wird. Die Erfahrung bei Sanierungen zeigt weiterhin, daß vornehmlich die Projektverantwortlichen sich mit der Frage beschäftigen müssen, in welchen Teilbereichen ihrer Projekte Schwierigkeiten auftreten können. Diese *Gefahrenbereiche* müssen bereits im Stadium der Planung besonders herausgestellt werden. Das kann dadurch geschehen, daß beispielsweise in den Arbeitsbögen der Projektlisten alle diejenigen Positionen mit einem großen Punkt bezeichnet werden, die sich im Laufe der Durchführung der Sanierungsmaßnahme als kritisch erweisen können. Zu diesen vermuteten *Schwierigkeiten* kommen oft noch solche hinzu, die man von vornherein nicht einmal erahnen konnte. Werden Mitarbeiter bereits bei der Planung von Projekten auf zu erwartende Schwierigkeiten hingewiesen, dann werden sie beim tatsächlichen Auftreten des Dilemmas nicht entmutigt und geben ihre Hoffnung auf dieGesundung des kranken Unternehmens nicht sofort auf. Mit der Einbeziehung der Schwierigkeiten in die Planung und der Offenlegung der kritischen Punkte sind die Mitarbeiter praktisch jeden Tag darauf gefaßt, daß Schwierigkeiten auf sie zukommen werden. Deren Herausstellung in der Projektplanung hat auch den Vorteil, daß bei Zwischenberichten der Verantwortliche nicht versuchen wird, irgendwelche Probleme zu vertuschen. Vielmehr wird er darauf hingewiesen, daß diese, mit denen

---

1 Es wird hier insbesondere auf die Arbeiten und Veröffentlichungen des bekannten Professors für Systemtechnik, Herrn Prof. Dr. Draeger, Gesamthochschule Siegen, hingewiesen.

man zu Beginn der Sanierungsaktionen bereits rechnete, tatsächlich eingetreten sind; er wird zugleich Vorschläge zur Beseitigung parat haben. Der Projektmanager wird auch unter Umständen darauf hinweisen, daß neue Komplikationen auftauchten, die bei der Planung noch nicht vorhersehbar waren. Dieses Herausstellen von Schwierigkeiten gibt dem Projektverantwortlichen und den beteiligten Mitarbeitern das Gefühl der Herausforderung; sie werden motiviert, noch stärker und härter an der erfolgreichen Realisierung dieses Sanierungsprojektes zu arbeiten.

Am leichtesten und schnellsten läßt sich die Projektsystematik im Bereich der Produktion und Entwicklung einführen, da in diesem Unternehmensbereich die Mitarbeiter mit einer solchen Denkweise zum Teil schon in irgendeiner Form vertraut sind. In anderen Unternehmensbereichen, beispielsweise im Finanzwesen oder im Vertrieb ist dies oft nicht der Fall. Es empfiehlt sich deshalb, zunächst in den Bereichen der Produktion und Entwicklung mit der Einführung der Projektsystematik zu beginnen. Zu einem späteren Zeitpunkt, wenn die Mitarbeiter dieser Bereiche die Vorteile dieser Systematik erkannt haben, und wenn ihre Begeisterung auf die Kollegen in anderen Bereichen übergegriffen hat, dann kann auch dort diese Projektsystematik eingeführt werden.

12.13 Terminüberwachung einführen

Ein Sanierungsteam stellt immer wieder fest, daß in kranken Unternehmen die Durchführung von Entscheidungen und Planungen nur unzureichend terminlich überwacht wird. Die Konsequenzen sind laufende Terminverschiebungen und dadurch bedingt höhere Kosten. Es ist deshalb notwendig, im Rahmen einer Sanierungsmaßnahme eine Terminüberwachung im kranken Unternehmen einzuführen. Insbesondere ist darauf zu achten, daß Terminsetzungen, wie „möglichst bald", „Mitte des Jahres", „Mitte des Monats" usw. abzulehnen sind, weil solche unscharfen Angaben Schwierigkeiten in der Kontrolle und in der Koordination ergeben. Die Erfahrung lehrt, daß trotz aller Unsicherheiten Tagestermine bei jeder Aktion zur Überwindung der Krise die einzig richtigen Zeitangaben sind, um die Sanierung klar und übersichtlich kontrollieren und steuern zu können.

12.14 Planungs- und Dispositionshilfen schaffen

Das Sanierungsteam stellt häufig fest, daß die Prämissen der Planung und Disposition zwar in den Köpfen der Mitarbeiter existieren, aber nicht schriftlich niedergelegt sind. Auch der Ablauf der Planung und die

Praxis der Disposition werden oft umständlich und unübersichtlich gehandhabt. Dadurch lassen sich nicht nur Fehler in der Berechnung von Planzahlen schwer entdecken, sondern Planänderungen werden zu schwierigen Transaktionen.

Neben einem klaren Aufbau der Planung sind deshalb im Rahmen einer Sanierungsmaßnahme für die praktische Durchführung der Planung und Disposition besondere Hilfen einzuführen, mit denen diese Arbeit leichter, schneller und übersichtlicher durchgeführt werden kann. Diese sind nicht nur genormte Arbeitsblätter, mechanische Vorrichtungen, der Einsatz von Datenverarbeitungsanlagen, sondern auch mathematische Gleichungen und Funktionen, in denen die Zusammenhänge von betrieblichen Größen des Unternehmens festgelegt sind. So können beispielsweise die Aufwendungen für die Werbung in Relation zum Umsatz oder der Anstieg der Verwaltungskosten in Abhängigkeit von der Steigerung der betrieblichen Leistung abzüglich eines Abschlages für rationelleren Ablauf vorgegeben werden, damit nur die Abweichungen von diesen mathematischen Beziehungen bei der Diskussion der Planzahlen besprochen werden müssen.

Es kann hier nicht auf die Vielzahl von *Organisationshilfsmitteln* eingegangen werden, die in der Planung und Disposition der Arbeit einfacher und übersichtlicher machen und ein Höchstmaß an Flexibilität gewährleistet. Es soll hier nur die Erfahrung wiedergegeben werden, daß eine Sanierungsmaßnahme mit dem Ziel, solche Hilfen einzuführen, die Überwindung einer Krise wesentlich unterstützt. Es ist sicherlich nicht abfällig, wenn man einen „idiotensicheren" Aufbau und Ablauf bei der Planung und Kontrolle fordert.

12.15 Disposition flexibel gestalten

Eine ungenaue *Disposition* in einem Unternehmen erzeugt viel Leerlauf und vermehrt die Planänderungen. Da gerade in kranken Unternehmen diese wichtige Funktion oft nicht richtig praktiziert wird, sollte jedes Sanierungsteam entsprechende Maßnahmen zur Beseitigung dieses Mißstandes ergreifen. Im besonderen ist darauf zu achten, daß die drei unternehmenstragenden Dispositionsstellen im Vertrieb, in der Produktion und im Einkauf mit starken Persönlichkeiten besetzt und mit den entsprechenden Vollmachten ausgestattet werden. Es ist zudem notwendig, daß Dispositionsplanungen und deren Kontrollen sowohl im Vertrieb als auch in der Produktion und im Einkauf durchgeführt werden. Gerade in kranken Unternehmen zeigt es sich, daß die Disponenten oft unflexibel und hilflos sind, wenn Störungen im Ablauf auftreten und Umdispositionen vorzunehmen sind. Das Sanierungsteam muß dann dafür sorgen, daß die Disponenten lernen, sich auf *Umdispositionen* einzustellen und schneller, beispielsweise mit den Lieferanten in Kontakt treten, wenn das Material nicht termingemäß mit der erforderlichen Qualität eingetroffen ist. Eine Umdisposition auf der Absatzseite muß sofort nicht nur an die Produktion weitergegeben, sondern auch auf der Beschaffungsseite registriert werden; Selbstverständlichkeiten, die sehr häufig in zu sanierenden Unternehmen nicht beherrscht werden.

12.16 Prioritäten für alle Arbeiten festlegen

Eine der wichtigsten Aufgaben bei der Sanierung ist die Festlegung von Prioritäten, da nicht alle Aktivitäten gleichzeitig ablaufen können und eine ausgewogene Struktur zwischen Parallel- und Sequenzablauf gefunden werden muß. Die besten Vorschläge verpuffen, wenn sie alle zur gleichen Zeit realisiert werden sollen. Auch die zur Verfügung stehenden knappen Mittel zwingen zu der Festlegung einer *Rangordnung* der Sanierungsmaßnahmen. Die Systematik der Einführung von Prioritäten sollte aber nicht auf die Maßnahmen zur Überwindung der Krise beschränkt bleiben, sondern alle Arbeiten der betrieblichen Praxis umfassen. Das ist gerade bei kranken Unternehmen schwierig, weil die Mitarbeiter oft verlernt haben zu entscheiden, was wichtig und was weniger bedeutsam ist. Die Prioritäten sollten selbstverständlich nicht nur nach quantifizierbaren Größen festgelegt werden, sondern im Rahmen einer solchen Nutzen-Aufwandsbetrachtung sind auch nicht quantifizierbare zu berücksichtigen.

12.17 Mechanisierung von Routinen durchführen

Es hat sich bewährt, alle Abläufe und Entscheidungen, die bei einem kranken Unternehmen routinemäßig durchgeführt werden können, zu mechanisieren. Dabei sollte nicht sofort an den Einsatz von teuren, komplizierten Maschinen gedacht werden, sondern oft wird eine solche Mechanisierung auch durch billige und einfache Methoden erreicht. So können beispielsweise durch Rechenvorschriften, Formulare, standardisierte Netzpläne usw. in der betrieblichen Praxis viele Routinen mechanisiert werden. Eine typische *Routineentscheidung* ist beispielsweise eine zur Investition, bei der die Pay-back-Periode kleiner als ein Jahr ist. Wenn bei einer derart hohen Wirtschaftlichkeit das obere Management eines Unternehmens sowieso positiv entscheidet, dann kann für solche Fälle ein abgekürzter oder automatisierter Entscheidungsprozeß festgelegt werden. Ein weiteres Beispiel aus dem Maschinenbau oder bei der Projektierung von Aufzugs- und Notstromaggregaten: Ein Großteil der umfangreichen Arbeiten für ein Angebot kann standardisiert werden, so daß nicht nur der Zeitaufwand, sondern auch die Fehlermöglichkeit sinkt und der Mitarbeiter sich auf die Abweichungen von der Norm konzentrieren kann. Diese Beispiele mögen genügen, um den Sinn der Sanierungsmaßnahme „Mechanisierung von Routinen durchführen" zu verdeutlichen. Die Erfahrung bei Sanierungen hat gezeigt, daß es dazu viel mehr Möglichkeiten gibt als angenommen wird. Gerade in vielen kranken Unternehmen wird der Kompetenzbereich vieler Führungskräfte eingeschränkt, indem die Anzahl der Unterschriften auf Anweisungen, die Ausgaben zur Folge haben, erhöht wird. Das Management glaubt in solchen Fällen oft, die Kontrolle der Kosten dadurch besser im Griff zu haben. In Wirklichkeit wird mit dieser Maßnahme der Ablauf komplexer, unflexibler, und jede Routine wird zu einem Sonderfall.

Die Sanierungsmaßnahme „Mechanisierung von Routinen durchführen" muß alle Bereiche des kranken Unternehmens umfassen, so daß nicht nur das Management, sondern auch alle Mitarbeiter sich bei ihrer Arbeit auf die Abweichungen von den Routinen konzentrieren können. Diese Arbeitsweise erhöht die Effizienz des Unternehmens und bildet die Grundlage einer Unternehmensführung nach dem Prinzip Management by Exceptions, eine Methode, die sich seit Jahren in der Praxis bewährt hat. Die Erfahrung bei Sanierungen lehrt auch, daß die Mechanisierung von Abläufen unter Umständen auf Kosten der Genauigkeit geht. In vielen Fällen der betrieblichen Praxis ist aber keine hundertprozentige Genauigkeit erforderlich, sondern es genügen oft 80 bis 90 Prozent. Auf der anderen Seite fallen mit dieser Sanierungsmaßnahme viele Vorteile an wie das Wegfallen von unnötigen Diskussionen, Wartezeiten, Unterschriften, so daß diese Vorteile die unter Umständen sich ergebende Ungenauigkeit um ein Vielfaches aufwiegen.

12.18 Teambeziehungen verbessern

In jedem Unternehmen gibt es Arbeitsgruppen, die — je nach Themenstellung — aus Mitarbeitern eines oder mehrerer Unternehmensbereiche zusammengesetzt sind. Der interdependente Informationsfluß zwischen diesen Arbeitsgruppen einerseits und zu den Abteilungen und Bereichen im Unternehmen andererseits ist in kranken Unternehmen meistens so unvollkommen, daß die Effizienz solcher Arbeitsgruppen nur gering ist. Häufig haben sich diese Teams im Höhepunkt der Krise völlig abgekapselt und isoliert, weil das Management ihre Empfehlungen übersah, ihr Aufgabengebiet laufend geändert hat oder sie für Vorgänge geradestehen mußten, die sie nicht beeinflussen konnten. Diese Sanierungsmaßnahme zielt darauf ab, in erster Linie zu prüfen, ob diese oft zahlreichen Arbeitsgruppen überhaupt notwendig sind. Der Informationsfluß von und zu den noch verbleibenden muß so festgelegt werden, daß die Ergebnisse dieser Teamarbeiten an den richtigen Stellen des Unternehmens ausgewertet werden können. Oft zeigt es sich auch, daß die Beziehungen zwischen den Arbeitsgruppen und den entsprechenden Stellen im Unternehmen nur dann verbessert werden können, wenn die Teams neu besetzt und umorganisiert werden.

12.19 Zielorientierung einführen

Das Sanierungsteam ist oft gezwungen, als erstes die Definition und Festlegung von Zielen vorzunehmen. Auch müssen Mitarbeiter des kranken Unternehmens oft erzogen werden, Ziele anzuerkennen und Kontrollen nicht als Mißtrauensvotum, sondern als Mittel zur *Zielerreichung* anzusehen. Für die Mitarbeiter ist es oft schwierig, Ziele für ihre Arbeit realistisch selbst festzulegen, weil sie in der Krise oft keine klare Linie mehr im Unternehmen erkennen können. Deshalb ist es im ersten Jahr der Sanierung notwendig, daß das Sanierungsteam alle Ziele des Unternehmens, auch die der untergeordneten Ebene, selbst festlegt. Im zweiten Jahr können die Mitarbeiter, die dann mit der Problematik der Festlegung etwas vertrauter sind, anfangen, ihre Ziele selbst zu bestimmen, wobei als Richtschnur die Zielsetzungen des Sanierungsteams für das gesamte Unternehmen dienen.

Ohne auf die Problematik der Festlegung von Zielen einzugehen, die in zahlreichen Veröffentlichungen bereits beschrieben worden ist, wird hier noch kurz auf eine Erfahrung hingewiesen: Nicht alle Ziele und *Unterziele* können von Mitarbeitern eines Unternehmens selbst festgelegt werden. Normalerweise wird bei der zielorientierten Unternehmensführung oder, wie die Amerikaner sagen, beim *Management-by-Objectives*-System davon ausgegangen, daß die Geschäftsführung ihre Zielsetzung aus der Unternehmenspolitik ableitet und in diesem Rahmen die an die Geschäftsführung berichtenden Mitarbeiter ihre Unterziele selbst festlegen. Diese Festlegung von Zielen und Unterzielen wird bis zum Abteilungsleiter und dem einzelnen Sachbearbeiter nach diesem Schema folgerichtig durchgeführt. In einem kranken Unternehmen muß allerdings das Sanierungsteam zusätzlich zu dieser persönlichen Zielsetzung bestimmte Ober- oder Unterziele festlegen, die nur aus der übergeordne-

Abb. 16: Zielvorgaben durch das Sanierungsteam für die Geschäftsführung und zur Beseitigung besonderer Engpässe

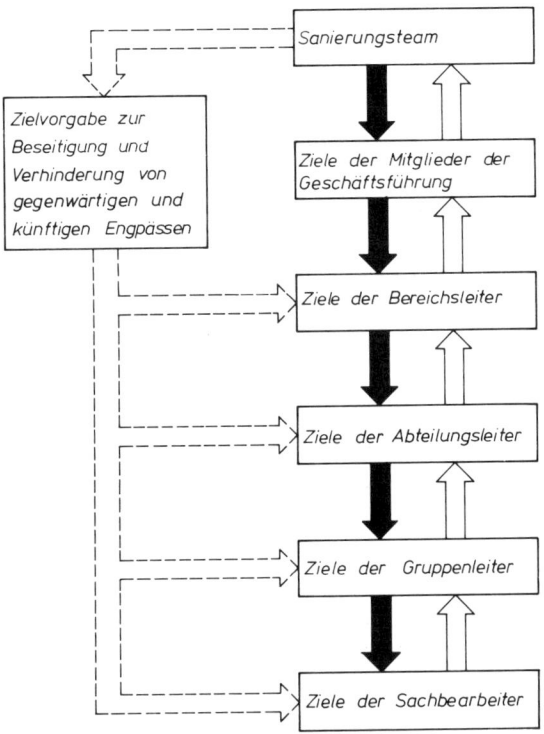

ten Schau und Einsicht in die weitere Entwicklung des Unternehmens zu begründen sind. Das ist insofern eine Änderung des allgemeinen Prinzips, daß die Ziele von Mitarbeitern selbst festgelegt werden sollen. Diese Erfahrung der Festlegung von Zielen bei der Durchführung einer Sanierung ist in Abbildung 16 dargestellt. Das Sanierungsteam legt die Ziele für das Unternehmen fest, die zugleich Vorgabe für die Geschäftsführung sind. Die Mitglieder dieser obersten Stufe der Hierarchie legen ihrerseits persönliche Ziele fest. Die ausgefüllten bzw. nicht ausgefüllten durchgezogenen Pfeile auf der rechten Seite in Abbildung 16 stellen diese Interdependenz der Vorgabe und der Festlegung von persönlichen Zielen in der Hierarchie eines Unternehmens dar: Die Gesamtheit aller Zielvorstellungen der Geschäftsführung ist wieder für die nächste Führungsebene der Rahmen zur Festlegung ihrer persönlichen Ziele. Dieser in der betrieblichen Praxis bekannte Prozeß muß — wie beschrieben — bei der Sanierung ergänzt werden durch direkte Zielvorgaben an die entsprechenden hierarchischen Stufen unterhalb der Geschäftsführung.

Dies ist in Abbildung 16 durch strichlierte Pfeile dargestellt, die parallel zu dem beschriebenen Informationsfluß in die Führungsebenen fließen, in denen aus der übergeordneten Sicht des Sanierungsteams gegenwärtige und künftige Engpässe beseitigt oder verhindert werden müssen. Der Struktur von persönlich erarbeiteten Zielsetzungen müssen also Detailziele des Sanierungsteams überlagert werden, um die Gesundung des Unternehmens besser in den Griff zu bekommen.

12.20 Rationalisierung in allen Unternehmensbereichen

Ein Sanierungsteam stellt immer wieder fest, daß in vielen Abteilungen des Unternehmens unrationell gearbeitet wird. Am augenscheinlichsten zeigt sich dies meistens im Produktionsbereich. In solchen Fällen müssen entsprechende Sanierungsmaßnahmen mit dem Ziel festgelegt werden, die Produktion rationeller und damit wirtschaftlicher zu gestalten. Aber auch in den anderen Unternehmensbereichen sind zahlreiche Möglichkeiten zur *Rationalisierung* zu finden. Es ist daher die Aufgabe des Sanierungsteams, unter der Überschrift „Rationalisierung in allen Bereichen des Unternehmens" die wesentlichen Abläufe in Unternehmen untersuchen zu lassen. Dessen *Projektmanager* ist für alle Arbeiten auf dem Gebiet der Rationalisierung verantwortlich. Es ist nicht zu empfehlen, für jeden Bereich einen unabhängigen Verantwortlichen zu bestimmen, da es erstens besser ist, wenn die Koordination dieser von der Thematik her gleichartigen Projekte in einer Hand liegt und weil es zweitens psychologisch gesehen geschickter ist, wenn die Mitarbeiter des kranken Unternehmens wissen, daß alle Bereiche gleichermaßen von dem Druck des „Rationalisierungsmanagers" betroffen sind. Es steht außer Zweifel, daß die Verantwortung für solche einzelnen Aufgaben, beispielsweise im Bereich der Produktion und Entwicklung, an entsprechende Fachleute delegiert wird, aber die Planung und Koordination aller Rationalisierungsvorhaben sollte in einer Hand zusammengefaßt werden.

Alle *Rationalisierungsprojekte* im kranken Unternehmen sind entsprechend der *Projektsystematik* zu planen und durchzuführen, wie in Abschnitt 12.12 unseres Maßnahmenkataloges beschrieben. Für alle ist außerdem eine Wirtschaftlichkeitsrechnung zu erstellen. Während das Streben nach einer rationellen Fertigung im Bereich der Produktion eines Unternehmens üblich ist, wird Rationalisierung in der Verwaltung — abgesehen vom Einsatz von Datenverarbeitungsanlagen — meistens klein geschrieben. Das liegt oft darin begründet, daß Vereinfachungen von Arbeitsabläufen in der Verwaltung häufig nicht deutlich sichtbar sind. Deshalb wird im folgenden über Erfahrungen berichtet, wie im Rahmen

einer Sanierung Rationalisierungsmöglichkeiten in der Verwaltung aufgedeckt wurden; der nächste Schritt, die Arbeitsabläufe und Arbeitsplätze rationeller zu gestalten, war dann eine einfache Sache. Obwohl der
Verwaltungsbereich des Unternehmens dieses Beispiels vor Einsatz des
Sanierungsteams bereits personell reduziert worden war, wurde trotzdem
versucht, die Verwaltungskosten durch Rationalisierung noch weiter zu
senken. Der Gedanke an eine *Multimomentaufnahme* lag nahe. Man wuß-
te zugleich, daß aus den Ergebnissen einer solchen Studie keine konkreten Rationalisierungsmöglichkeiten sichtbar gemacht werden konnten.
Deshalb entschloß man sich, die übliche Multimomentaufnahme mit einer Arbeitsvereinfachungsanalyse oder, wie die Amerikaner sagen, mit
einer Work-Simplification zu verbinden.

Bei der Vorbereitung zur Multimomentaufnahme wurde deshalb
nicht nur lediglich die vorkommenden Tätigkeiten der Mitarbeiter erfaßt, sondern zugleich ein Arbeitsablaufbogen erarbeitet, wie er bei
Work-Simplification üblich ist. Bereits aus diesen graphischen Darstellungen wurde deutlich, wie verworren einzelne Arbeitsabläufe waren.
Nachdem diese verschachtelten Aufgaben etwas einfacher gestaltet waren, wurden auf dieser Basis die eigentlichen Arbeitsblätter für die Multimomentaufnahme festgelegt. Diese Formulare waren nicht, wie bei einer üblichen Momentaufnahme, Strichlisten, sondern anstelle eines Stri-
ches sollte die Tätigkeitsmethode notiert werden. Deshalb wurden die
einzelnen Aktivitäten wie prüfen, telefonieren, schreiben, ablegen usw.
mit Codenummern gekennzeichnet. Mit dieser erweiterten Multimomentaufnahme wurde nicht nur statistisch ermittelt, wie oft Mitarbeiter
bestimmte Tätigkeiten im Monat durchführten, sondern es wurde zugleich ersichtlich, wie häufig eine Tätigkeitsmethode angewandt wurde.
In den Auswertungsbogen dieser Studie wurden die absoluten und relativen Häufigkeiten sowohl der Arbeitsarten als auch der Tätigkeitsmetho-
den erfaßt. Auch die Selbsteinschätzung der Mitarbeiter hinsichtlich ihrer Arbeit nach Art und Methode wurde zum Vergleich herangezogen.
Aufgrund dieser Erkenntnisse war es nicht mehr schwer, unrationelle
Arbeiten und Möglichkeiten einer Verbesserung der Arbeitsabläufe
festzustellen. Diese Rationalisierung der Verwaltung eines kranken Unternehmens brachte eine Reduzierung der Mitarbeiter um 10 Prozent,
obwohl, wie eingangs festgestellt, vor Beginn dieser Aktion bereits ein
Schrumpfungsprozeß stattgefunden hatte.

12.21 Konferenzwesen verbessern

In den meisten kranken Unternehmen wird viel zu viel diskutiert; die
Konferenzen dauern zu lange und ziehen sich oft bis in die Nachtstun-

den hin. Es ist deshalb notwendig, dafür einen neuen Stil und neue Techniken einzuführen und die Mitarbeiter, insbesondere die leitenden mit einer straffen und gezielten Konferenzführung vertraut zu machen. Auch ist der Konferenzplan einer kritischen Prüfung zu unterziehen. Besonders ist dabei zu beachten, daß die Konferenzen zeitlich limitiert werden, und nur die Mitarbeiter daran teilnehmen, die von der jeweiligen Thematik der Tagungspunkte unmittelbar betroffen sind. Die Teilnahme an einer Konferenz darf nicht prestigefördernd sein. Eine Beschränkung der Teilnehmerzahl ermöglicht dann mit einer höheren Effizienz zu arbeiten. Häufig macht ein Sanierungsteam die Erfahrung, daß Mitarbeiter, die einmal zu einer Konferenz eingeladen wurden, damit automatisch ständiges Konferenzmitglied blieben. Deshalb sind im Rahmen dieser Sanierungsmaßnahme die Teilnehmer an Konferenzen daraufhin zu überprüfen, ob sie tatsächlich einen konstruktiven Beitrag leisten.

12.22 Begeisterung dämpfen

Wenn die Sanierungsmaßnahmen Erfolge zeigen und das Unternehmen wieder Gewinn macht, muß verhindert werden, daß die Begeisterung darüber überschäumt. In einer solchen Phase wird die Sanierung oft wieder dadurch gefährdet, daß noch kein Maß für die Beziehung zwischen Aufwand und Ertrag vorhanden ist und nach allen Kräften das mühsam erarbeitete Geld wieder ausgegeben wird. Auch nimmt die Effizienz der Mitarbeiter in dieser Situation wieder ab. Wird diese überschäumende Begeisterung nicht rechtzeitig erkannt und werden keine entsprechenden Dämpfungsmaßnahmen eingeleitet, dann kann sich rasch wieder eine Liquiditätsenge einstellen. In dieser Phase ist nämlich die Sanierung noch lange nicht abgeschlossen. Dieses Phänomen des Überschäumens der Begeisterung, das in fast allen halbwegs sanierten Unternehmen zu beobachten war, muß deshalb frühzeitig erkannt und durch eine besondere Maßnahme konstruktiv auf das Ziel der Sanierung hin positiv ausgewertet werden.

12.23 Katalog der tausend Kleinigkeiten

In dieser Maßnahme werden alle Möglichkeiten der Verlustminderung oder Gewinnerhöhung und Liquiditätsverbesserung zusammengefaßt, die einzeln nicht in ein Projekt gekleidet werden können, da der Umfang des jeweiligen Arbeitsaufwandes zu gering ist. Der Verantwortliche für diese Sanierungsmaßnahme arbeitet praktisch anhand einer

236

Checkliste, in die er die in Gesprächen und Sitzungen erkannten kleinen Störungen und Mißstände einträgt, die Beseitigung des Mangels festlegt und die einzelnen Punkte abhakt, wenn eine Erfolgsmeldung hierüber vorliegt. Der Katalog der tausend Kleinigkeiten ist eine fortlaufende Liste, in der Punkte gestrichen werden, andere kleine Pannen wieder aufgenommen werden. Die Auswirkung der Beseitigung einer einzigen kleinen Störung ist oft nicht bedeutsam und wird deshalb meistens vergessen. Aber die Gesamtheit aller „tausend Kleinigkeiten" trägt erstaunlicherweise viel zum Sanierungserfolg bei.

12.24 Mach-es-besser-Programm

Nachdem sich die ersten Erfolge der Sanierungsaktionen eingestellt haben, kann die Vermeidung von Fehlern als ein Sonderprogramm in Angriff genommen werden. Bleiben diese Aktionen auf den Produktionsbereich beschränkt, dann nennt man diese Sanierungsmaßnahme „Verminderung des Ausschusses". Aus Erfahrung hat sich eine zeitliche Konzentration derartiger Sonderaktionen bewährt, weil anderenfalls die laufenden Anstrengungen zur Absicherung der Qualität gestört und die Mitarbeiter in dieser Hinsicht immun werden. Meistens werden diese Maßnahmen auf einen Monat beschränkt, man spricht dann von einem „*Qualitätsmonat*".

Während eines solchen Sonderprogramms werden alle Augen im Produktionsbereich auf die Möglichkeit der Entstehung von Qualitätsmängel gelenkt. Alle derartigen Fehler, auch der kleinste, werden in besonderen Arbeitsgruppen analysiert; es wird eine Prämie für diejenige mit den geringsten Fehlern ausgesetzt; das Qualitätsbewußtsein aller Mitarbeiter wird in Schulungen und Vorträgen gestärkt. Während dieses „Qualitätsmonats" wird an jedem Tag und praktisch an jeder Stelle des Produktionsbereiches und der mit der Qualitätssicherung verbundenen Bereiche schwerpunktmäßig die Qualität in den Mittelpunkt der allgemeinen Aufmerksamkeit gestellt.

Man darf sich jedoch bei solchen Sonderprogrammen zur Vermeidung von Fehlern nicht nur auf den Bereich der Produktion beschränken, sondern es empfiehlt sich, alle Bereiche des Unternehmens in diese Aktion einzuschließen. Dann kann man allerdings nicht mehr von einem „Qualitätsmonat" sprechen, weil die Qualität der Arbeiten in anderen Bereichen oft nicht so klar gemessen werden kann. Deshalb redet man in diesem Zusammenhang von einem „*Nullfehlermonat*" oder von einem „Nullfehler-Programm" und versteht darunter nicht nur die Vermeidung von Qualitätsfehlern, sondern auch das Beheben aller Arten von Fehlern, wie beispielsweise falsche oder zu spät kommende Informationen, Rechenfehler, falsche Planungen, falsche Prämissen usw. Das Wort „Nullfehler-Programm" ist aus dem amerikanischen übersetzt und hieß ursprünglich "zero-defect-program". Da aber überall, wo Menschen arbeiten, Fehler gemacht werden und zu hoch gesteckte Ziele ihre Wirkung verfehlen, sollte man anstelle eines Nullfehler-Programmes vielmehr von einem „Mach-es-besser-Programm" sprechen. Das Ziel dieser Aktion ist nicht mehr, keine Fehler zu machen, sondern mit Nachdruck die Qualität jeglicher Arbeit besser zu gestalten. Der Monat hat sich als Zeitspanne für solche Programme nicht nur in der Produktion, sondern überall im Unternehmen bewährt, weil dieser Zeitraum abrechnungstechnisch sinnvoll ist.

„Mach-es-besser-Monate" sind in jedem kranken Unternehmen individuell und gleichsam maßgeschneidert auszuarbeiten. Zur Intensivierung des Strebens, jegliche Arbeit besser zu machen, sind während eines solchen Monats besondere Anreize zu schaffen, wie zum Beispiel öffentliche Belobigungen, Preise für geringste Fehleranzahl usw., um das Bewußtsein der Mitarbeiter zu stärken, möglichst Pannen zu vermeiden. Die Führungskräfte sollten bei solchen Aktionen keine Prämien erhalten, sondern ihr Ziel muß es sein, daß in ihrem Verantwortungsbereich möglichst viele Mitarbeiter Belobigungen oder Prämien erhalten.

12.25 Sensitivitätsanalysen durchführen

Um zu erkennen, wie Ungenauigkeiten oder Veränderungen von Einflußgrößen einer Planung sich auf deren Ergebnisse auswirken, haben sich insbesondere bei Sanierungen Sensitivitätsanalysen bewährt. Aus diesen Arbeiten geht hervor, welche Risiken und Möglichkeiten in den Ergebnissen der Pläne eines kranken Unternehmens stecken, wenn sich die Prämissen, die bei der Aufstellung der Planung angenommen wurden, nicht mehr zutreffen. Diese Maßnahme muß vornehmlich von den Mitgliedern des Sanierungsteams, die Erfahrung mit dieser Rechenmethode haben, durchgeführt werden, um sicherzustellen, daß die Größenordnung möglicher Abweichungen von Einflußgrößen weitgehend der Wirklichkeit entspricht. Die meisten Mitarbeiter von kranken Unternehmen haben nämlich kein Gefühl mehr für wahrscheinliche Abweichungen, weil sie seit Jahren zu große Überraschungen mit Planabweichungen erlebt haben. Wenn aber zu unrealistische *Abweichungen von Einflußgrößen* in die Sensitivitätsanalyse eingehen, so klaffen die alternativen Auswirkungen in der Planung so weit auseinander, daß der Erfolg der Sensitivitätsanalyse dadurch sehr gemindert, wenn nicht infrage gestellt wird.

Wie wichtig im Rahmen einer Sanierung die Sensitivitätsanalyse ist und wie gefährlich es sein kann, diese Variation der Zahlen zu unterlassen, geht aus folgendem Beispiel der betrieblichen Praxis hervor. In einem kranken Unternehmen beträgt der Planumsatz 200 Mio DM. Zu Erfüllung dieser Leistung werden 40 Mio DM proportionale Löhne, 80 Mio DM proportionale Materialkosten und 80 Mio DM fixe Kosten vorausgeschätzt. In Tabelle 10 ist für dieses Beispiel eine vereinfachte Sensibilitätsanalyse dargestellt.

Folgende Variationen wurden in diesem Fall aus der betrieblichen Praxis angenommen: Bei der Variation Fall 1 und 2 wurde die Annahme getroffen, daß der Umsatz bei gleicher Kosten- und Erlösstruktur um ± 10 Prozent von der ursprünglichen Planung abweicht. Im Fall 3 wurde ein Umsatzrückgang von 15 Prozent angesetzt, wobei die Kosten- und Erlösstruktur der ursprünglichen Planung entsprach. Dann wurde gegenüber der Planung eine Steigerung der Materialkosten von 5 Prozent angenommen (Fall 4). In der 5. Variation ließ man die proportionalen Fertigungslohnkosten um 3 Prozent und die fixen Kosten um 4 Prozent ansteigen. Schließlich war im Fall 6 eine Erlösverfall von 5 Prozent gegenüber der ursprünglichen Planung angenommen worden.

Tabelle 10: Die Sensibilität des Gewinnes in einem Unternehmen in Abhängigkeit der Veränderung wesentlicher Einflußgrößen

	Planung	Variation 1	Variation 2	Variation 3	Variation 4	Variation 5	Variation 6
Umsatz (Mio DM)	200	180	220	170	200	200	190
Proportionaler Fertigungslohn (Mio DM)	40	36	44	34	40	41,2	40
Proportionale Materialkosten (Mio DM)	80	72	88	68	84	80	80
Fixe Kosten (Mio DM)	80	80	80	80	80	83,2	80
Gewinn (Mio DM)	0	-8	+8	-12	-4	-4,4	-10

Die Ausgangsdaten der einzelnen Variationen und die Auwirkungen sind in dieser Tabelle 10 eingetragen: Man erkennt, daß der mögliche Gewinn zwischen -12 Mio und +8 Mio DM schwanken kann, entsprechend den Veränderungen der Bestimmungsgrößen dieser Planung. Diese Sensibilitätsanalyse ist normalerweise nicht so einfach wie hier dargestellt, sondern breiter angelegt. Es werden nicht nur mehr detailliertere

Beziehungen variiert, sondern auch die Wahrscheinlichkeiten der Gründe für eine Veränderung der Erlöse und Kosten werden in die Rechnung einbezogen. Zur Darstellung der Problematik genügt aber dieses einfache Beispiel.

12.26 Unternehmensfunktionen streichen

Die Schwere der Krise kann ein Sanierungsteam dazu zwingen, bestimmte Unternehmensfunktionen vorübergehend zu streichen. Dabei muß allerdings sehr behutsam vorgegangen werden, weil der Rotstift zur Einsparung der entsprechenden Kosten schnell gezückt ist, die negativen Folgen aber oft erst später sichtbar werden. In diesem Zusammenhang werden in kranken Unternehmen oft die Abteilungen Werbung und Öffentlichkeitsarbeit gestrichen und deren Mitarbeiter entlassen. Welche Funktionen in einem zu sanierenden Unternehmen vorübergehend eingestellt werden können, richtet sich ausschließlich nach der Schwere und Struktur der Krise. Wenn möglich, sollte man von einer solchen Kostenreduzierung absehen. Es gibt allerdings Beispiele, insbesondere aus der Investitionsgüterindustrie, die zeigen, daß bei Sanierungen die Funktionen Werbung, Messebesuch, Öffentlichkeitsarbeit vorübergehend gestrichen wurden, ohne daß negative Folgen aufgetreten sind.

12.27 Unternehmensstrategie festlegen

In vielen kranken Unternehmen ist eine *Unternehmensstrategie* nicht vorhanden. Es liegen zwar oft viele Daten, Vorstellungen und Auffassungen über die Zukunft des Unternehmens vor, aber es fehlt eine systematische Zusammenstellung aller dieser Informationen. Strategie bedeutet nämlich, die langfristige Vorschau des Geschehens im und um das Unternehmen in einem System, ausgerichtet auf das unternehmerische Ziel, zusammenzufassen. Diese Konzeption umschließt also die Planung aller Bereiche von der Forschung und Entwicklung über die Technik, den Vertrieb bis zum Finanz- und Personalwesen. Der Schwerpunkt dieser Vorschau liegt weniger im Detail als in globalen Größen und Relationen. Im Gegensatz dazu beinhaltet die Unternehmensplanung die Details der Gegenwart und Zukunft.

Bei kranken Unternehmen werden im Rahmen einer derartigen *Systemplanung* — wenn sie überhaupt gemacht wird — nicht nur die oben erwähnten Fehler gemacht, sondern es sind oft keine klaren Vorstellungen vorhanden, ob diese Planung vom Top-Management oder von den nachgeschalteten Führungsebenen aus aufgebaut werden soll. In den meisten Fällen ist die strategische Unternehmensplanung aus-schließlich eine Aufgabe des Top-Managements.[1] Dabei werden häufig die gegenwärtigen Entwicklungstendenzen unterschätzt. Wenn die mittlere oder die untere Ebene diese strategische Planung aus der Erfahrung „vor Ort" im wesentlichen beeinflußt, dann wird andererseits der Fehler gemacht, daß kurzfristige Störungen überbewertet werden. Nach diesem Erfahrungsbericht muß zwar die Unternehmensstrategie von der obersten Unternehmensleitung aufgrund der ihr vorliegenden verdichteten Informationen über gegenwärtige und zukünftige Entwicklungen erarbeitet werden, aber dieses Gerippe muß von den nachgeschalteten Führungsebenen mit „Fleisch" ausgefüllt werden. Dabei stellt sich logischerweise oft heraus, daß „weiße Felder" entstehen, die nicht mit „Fleisch" ausgefüllt werden können, da zu diesem Zeitpunkt noch keine Ideen vorliegen, wie diese Teile der strategischen Planung in die Tat umgesetzt werden sollen. Dieses Herausarbeiten solcher weißer Flecken in den Führungsebenen macht vielen Stellen im Unternehmen bewußt, daß das kranke Unternehmen nur dann in der Zukunft sich behaupten kann, wenn neue Ideen geboren und praktiziert werden. Dieses Zusammenarbeiten vieler Stellen bei der Erarbeitung dieser Zukunftsschau hat auch den Vorteil, daß die strategische Planung nicht als Hirngespinst der „Oberen" abgetan, sondern als Planungsgebäude betrachtet wird, in dem jeder eine Rolle spielt. Diese Sanierungsmaßnahme „Unternehmensstrategie festlegen" war in allen Krisenfällen durchzuführen, die diesem Erfahrungsbericht zugrunde liegen und bildete die Basis für die Absicherung des Unternehmens gegen weitere Krisen. Es ist selbstverständlich, daß diese Maßnahme mit einer Reihe anderer Aktionen unseres Maßnahmekataloges verkettet ist.

12.28 Unternehmenskonzeption überprüfen

In kranken Unternehmen ist oft die *Unternehmenskonzeption* veraltet, nicht klar formuliert oder zu „großartig" angelegt. Deshalb muß im Rahmen einer Maßnahme, deren Verantwortung der Vorsitzende des Sanierungsteams übernehmen sollte, die Konzeption des zu sanierenden Unternehmens neu durchdacht werden. Diese Aktion ist eng mit der Sanierungsmaßnahme 12.27 — Unternehmensstrategie festlegen — verbunden, die ebenfalls vom Verantwortlichen für die Sanierung zu bearbeiten ist. Allerdings bilden bei der Festlegung einer neuen Konzeption

---

1 Eine zusammenfassende Darstellung einer praxisorientierten „Strategischen Unternehmensführung" wurde von Gerhard Kienbaum unter dem Titel Strategische Unternehmensführung, München 1977, veröffentlicht.

für ein krankes Unternehmen oft die Finanzkraft und der „schwache Atem" des Unternehmens beachtliche Begrenzungen. Deshalb ist es zweckmäßig, daß das Unternehmen zunächst wieder durch andere Aktivitäten in Schwung gebracht wird, bevor die Konzeption endgültig festgelegt wird.

12.29 Unternehmensplanung verbessern

In vielen kranken Unternehmen ist zwar eine *Unternehmensplanung* vorhanden, aber diese ist meistens sehr ungenau oder sogar falsch, so daß eine entsprechende Sanierungsmaßnahme in allen Fällen, die diesem Erfahrungsbericht zugrunde liegen, durchgeführt werden mußte. Im Gegensatz zur Unternehmensstrategie, in der die globalen Größen und Berechnungen des Unternehmens der Gegenwart und Zukunft zusammengefaßt sind, enthält die Unternehmensplanung die Details dieser Vorschau. Sie umfaßt alle Bereiche des Unternehmens, so daß diese Sanierungsmaßnahme in Forschungs- und Entwicklungsplanung, Vertriebsplanung, Produktionsplanung, Finanzplanung usw. aufgefächert werden muß, die als Unterprojekte zu definieren sind. In kranken Unternehmen soll zunächst das Sanierungsteam die Methodik und die wesentlichen Daten der Planung festlegen. Dann können wesentliche Arbeiten der Unternehmensplanung delegiert werden, wobei die Koordination zunächst beim Sanierungsteam, später im Finanzbereich liegen sollte. Aufgrund der breiten Aufgabenstellung dieser Sanierungsmaßnahme ist diese mit einer Reihe anderer Maßnahmen aus unserem Aktionskatalog, Tabelle 9, verkettet.

12.30 Kooperation zwischen den Unternehmensbereichen verbessern

Im Zuge der Sanierung ist die Kooperation zwischen den einzelnen Unternehmensbereichen auf allen Ebenen so optimal wie möglich zu gestalten. Dieser komplexe Aufgabenkreis, der in diesem Projekt zusammengefaßt wird, kann nur mit einem hohen Maß an Fingerspitzengefühl erfolgreich gelöst werden. Die tiefe Kluft, die oft zwischen den Bereichen eines kranken Unternehmens besteht und auch in persönlichen Feindschaften zwischen den Ressortleitern zum Ausdruck kommt, kann nur schrittweise beseitigt werden. Meistens übernimmt der Vorsitzende des Sanierungsteams die dafür notwendige Verantwortung, da zur Lösung dieser Aufgabe ein hohes Maß an Erfahrung in der praktischen Betriebspsychologie vorhanden sein muß. Die Verbesserung der Kooperation zwischen den einzelnen Unternehmensbereichen bedeutet noch lange nicht, daß nunmehr dort keine Spannungen mehr bestehen sollen. Auch in einem gesunden Unternehmen muß eine konstruktive Konkurrenz zwischen den Abteilungen und Bereichen, beispielsweise zwischen dem Vertrieb, der Produktion und dem Finanzbereich herrschen, da jeder Bereich eigene Vorstellungen und Ziele entwickeln und aus seiner Sicht entsprechende Wege gehen muß, um seinen Beitrag zur Erreichung des Gesamtzieles des Unternehmens leisten zu können. Diese ohne Zweifel fruchtbare Konkurrenz, die keineswegs beseitigt werden darf, wird in einem kranken Unternehmen von zusätzlichen destruktiven Spannungen überlagert, die abgebaut werden müssen, weil sie die Effizienz des Unternehmens nicht fördern, sondern hemmen und vermindern. Diese unfruchtbaren Reibereien sind Folge der Krise und der Not, in der sich das Unternehmen befindet.

12.31 Kybernetische Regelkreise einführen

Im fortgeschrittenen Stadium einer Sanierung ist es sinnvoll, *kybernetische Regelkreise* in die betrieblichen Abläufe einzubauen. Diese Maßnahme hat zum Ziel, durch selbstregelnde Informationseinflüsse Fehler im Unternehmen noch weiter zu reduzieren, den Mitarbeitern ein unternehmerisches Mitdenken beizubringen und das Unternehmen flexibler zu machen. Die Frage ist ohne Bedeutung, ob dieser Regelkreislauf manuell oder mit Einsatz von Computern ablaufen soll. Es kommt vielmehr auf das Prinzip des Denkens und Arbeitens in der Form von kybernetischen Regelkreisen an. Dessen grundsätzlicher Ablauf wurde in Kapitel 4, Absatz 44 unter der Überschrift: „Wie setze ich den Sanierungsplan in die Tat um?" bereits beschrieben.

Im folgenden wird ein Beispiel wiedergegeben, wie in einem kranken Unternehmen die Sanierungsmaßnahme „Kybernetische Regelkreise einführen" in einem Teilbereich mit nachhaltigem Erfolg verwirklicht wurde: In diesem Fall der betrieblichen Praxis wies die Jahresabsatzkurve starke Schwankungen auf. Es war nicht möglich, die Minimierung dieser Schwankungen während eines Jahres exakt und eindeutig vorzugeben, denn die Mitarbeiter des Vertriebsbereiches waren nicht in der Lage, entsprechende detaillierte Angaben für die Lagerplanung zu machen. Zur Lösung dieses Problems wurde ein kybernetischer Regelkreis durch folgende Maßnahme in Gang gesetzt: Dem Vertriebsbereich wurde das Fertigwarenlager unterstellt. Der Deckungsbeitrag des Vertriebsbereiches wurde mit dem kalkulatorischen Zinssatz des in diesem Lager gebundenen Kapitals multipliziert mit einer Gewichtungsgröße belastet. Dieser Multiplikator war notwendig, weil die durch die Lagerhaltung entstehende Zinslast zu klein war, um den Deckungsbeitrag des Vertriebes wesentlich zu beeinflussen und somit als fühlbares Regulativ zu wirken. Da die Jahresbezüge der Mitarbeiter des Vertriebes vom Sanierungsteam am Deckungsbeitrag orientiert wurden, mußte in diesem Bereich ständig ein kybernetischer Denkprozeß ablaufen: Die Zielfunktion aller Mitarbeiter des Vertriebsbereiches war Maximierung des gesamten Deckungsbeitrages. Wenn das Lager zu hoch angesetzt wurde, verminderte sich dieser durch die hohe Zinsbelastung. Plante man den Lagerbestand zu niedrig, so konnten unter Umständen Kunden nicht beliefert werden, so daß der Umsatz und damit der Deckungsbeitrag zurückging. Als Folge dieses laufenden gedanklichen Durchspielens eines kybernetischen Regelkreises verhielten sich die Mitarbeiter des Vertriebsbereiches wie Unternehmer: Sie planten den Lagerbestand an Fertigprodukten gerade so, daß ein Optimum an Deckungsbeitrag erreicht wurde und zugleich nicht alle, aber die meisten Kundenwünsche mit einem relativ minimalen Lagerbestand erfüllt werden konnten. Die Einführung dieser kybernetischen Regelkreise brachte in diesem Unternehmen für die Mitarbeiter des Vertriebes nicht nur höhere Jahresbezüge, sondern der Ärger mit der Produktion wurde wesentlich reduziert.

12.32 Lernprozesse beobachten

In der betrieblichen Praxis hat sich die Einbeziehung der *Lernprozesse* der Mitarbeiter in die Planung und Kontrolle bewährt. Mit der Anwendung des Lernkurvenkonzeptes kann, wie in Abschnitt 2.3 beschrieben, die gesamte Planung eines Unternehmens um ein Vielfaches genauer gestaltet werden. Auch für die Führung und die Kontrolle eines Unternehmens sind Lernkurven von besonderer Bedeutung, weil in Fällen, in denen Lernkurven in den Ist-Daten nicht sichtbar werden, oft Führungs- und Dispositionsfehler vorliegen. Häufig zeigt sich nämlich, daß ein Lernprozeß deshalb nicht ablaufen kann, weil in einer Abteilung beispielsweise die Mitarbeiter laufend umgesetzt werden, der Informationsfluß zwischen Fertigung und Arbeitsvorbereitung unzureichend ist oder das Fertigungsmaterial in der Produktion nicht zur rechten Zeit in der geforderten Qualität vorhanden ist.

Lernkurven werden in den USA in verstärktem Maße angewandt, während in der Bundesrepublik ihr Nutzen nur in wenigen Unternehen erkannt ist. Oft besteht die Meinung, derartige Lernkurven seien nur für die Theorie interessant. Man übersieht dabei, daß diese Lernkurven aus der Praxis und für die Praxis geschaffen wurden. Die Einführung des Lernkurvenkonzeptes in einem kranken Unternehmen ist keine Sanierungsmaßnahme der ersten Stunde, sondern kann frühestens ein Jahr danach erfolgen. Welche Vorteile die Anwendung dieses modernen Verfahrens der Unternehmensplanung hat, geht aus den Ausführungen in Kapitel 2 über Planungsfehler hervor. Gerade in den späteren Phasen der Sanierung, wenn es nicht mehr um das reine Überleben des Unternehmens, sondern um die weitere Absicherung geht, ist die Anwendung des Lernkurvenkonzeptes von Bedeutung. Welche Hinweise auf Mißstände in der Führung, Planung und Disposition eines Unternehmens sich aus der Beobachtung der Lernprozesse in der Praxis ergeben können, wird aus Abbildung 17 deutlich. In dieser sind Punkte miteinander verbunden, welche den Zusammenhang zwischen den aufgewandten Stunden für die Fertigung eines elektromechanischen Produkts und der kumulierten Stückzahl in einem Unternehmen der Fertigungsindustrie wiedergeben. Wir erkennen, daß in diesem Beispiel ein Lernprozeß nicht sichtbar ist. Das Sanierungsteam war dennoch der Meinung, daß in dieser Fertigung ein Lernprozeß ablaufen müßte und ließ untersuchen, ob die Voraussetzungen des Lernens in der industriellen Produktion[5] überhaupt vorhanden waren. Dabei ergab sich, daß die Arbeitspapiere für diese Fertigung ungenau waren, die Fertigungssteuerung die Betriebs-

Abb. 17: Graphische Darstellung des Zusammenhangs von Fertigungsstunden und kumulierter Produktion eines elektromechanischen Erzeugnisses

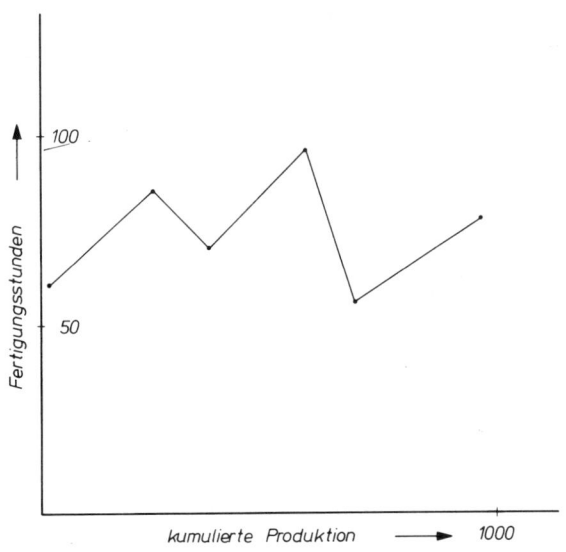

5 W. Baur, Lerngesetz der industriellen Produktion, in: Handwörterbuch der industriellen Produktionswirtschaft, Hrsg. W. Kern (in Vorbereitung).

Abb. 18: Lernkurve der Produktion eines elektromechanischen Erzeugnisses, für das in Abb. 17 der ursprüngliche Zusammenhang von Fertigungsstunden und kumulierter Produktion wiedergegeben ist

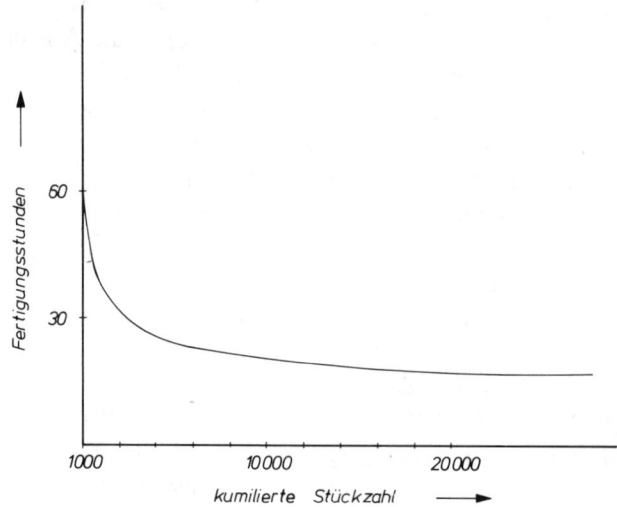

aufträge oft umdisponierte und das innerbetriebliche Transportwesen völlig unzureichend war. Auch reagierte der Einkauf auf Umdispositionen viel zu träge. Nach Beseitigung eines Großteils dieser Mißstände waren die Voraussetzungen für das Lernen gegeben; es entwickelte sich ein Lernprozeß, wie er in der Abbildung 18 graphisch dargestellt ist. Beim Vergleich der beiden graphischen Darstellungen ist allerdings zu beachten, daß der Lernprozeß erst mit der kumulierten Stückzahl 1000 anfängt, das heißt, erst bei dieser Stückzahl waren die Mißstände beseitigt und die Basis für die individuellen wie kollektiven Lernprozesse geschaffen.

12.33 Standortfragen stellen

Diese langfristige Sanierungsmaßnahme bedeutet eine Veränderung des *Standortes* von einzelnen Unternehmensbereichen oder des gesamten Unternehmens in Betracht zu ziehen. Bevor eine solche schwerwiegende Entscheidung getroffen wird, müssen selbstverständlich vielschichtige Analysen über die relevanten Standortfaktoren angestellt werden. Solche Untersuchungen sind oft erst dann sinnvoll, wenn die Existenz des Unternehmens nicht mehr unmittelbar bedroht ist. Die Erfahrung bei Sanierungen zeigt, daß wegen der komplexen Fragen des Personal- und

246

Know-how-Transfers bei Verlagerungen von Unternehmensteilen eine Krise meistens nicht allein durch einen Standortwechsel erfolgreich überwunden werden kann. Wenn auch eine Zusammenlegung von Unternehmensteilen in einem kranken Unternehmen oft verlockend ist, so wirken sich doch diese Maßnahmen auf die Senkung der Kosten oft spät, manchmal zu spät aus. Deshalb empfiehlt es sich, diese Überlegungen zwar im Auge zu behalten, aber zunächst andere, schneller wirksam werdende Methoden zu benutzen, mit denen die Krise schneller und gezielter in den Griff zu bekommen ist. In einer späteren Phase der Sanierung sollte aber mit Nachdruck diese Frage gestellt und positiv oder negativ beantwortet werden, um auch aus dieser Sicht das Unternehmen gegen künftige Krisen besser abzusichern.

12.34 Innovationen einführen

Ein Sanierungsteam stellt oft fest, daß viele Abläufe in technischer und wirtschaftlicher Hinsicht nicht dem Erkenntnisstand gesunder Unternehmen entsprechen. Im Rahmen von Sanierungsaktionen ist in diesen Fällen das technische und wirtschaftliche Niveau entsprechend anzuheben. Außerdem sind über den bekannten Wissensstand hinaus Neuerungen einzuführen, um das Unternehmen gegen Krisen besser abzusichern. Diese Anstrengungen werden in der Sanierungsmaßnahme „Innovation einführen" zusammengefaßt. Aus der Erfahrung bei der Durchführung dieser vielschichtigen Arbeiten ergibt sich, daß sie nur dann Erfolg bringen können, wenn vorher die im Unternehmen vorhandenen Kräfte mobilisiert und Schwachstellen beseitigt sind. Das trifft sowohl für gesunde, aber insbesondere für kranke Unternehmen zu. Bevor man sich also stärker mit der Innovation befaßt, muß jedes Management untersuchen, ob bereits schon alle *Kraftreserven* im Unternehmen mobilisiert sind. Diese Vorarbeit wird in vielen Fällen der betrieblichen Praxis vergessen. Es ist dann nicht verwunderlich, wenn mitten im Verlauf eines Innovationsprozesses durch eine Störung oder Krise im Unternehmen andere Aufgaben dringlicher zu lösen sind und deshalb der Innovationsprozeß verzögert oder gestoppt werden muß. Solche Umdispositionen haben meistens zur Folge, daß das in diesen Projekten bereits verbrauchte Geld umsonst ausgegeben wurde. Um dies zu vermeiden, muß also diese Sanierungsmaßnahme „Innovation einführen" an den Schluß der Sanierung gestellt werden, wenn viele der in unserem Maßnahmenkatalog angeführten möglichen Schwachstellen analysiert und bereits beseitigt sind.

Neben diesen allgemeinen Erfahrungen auf dem Gebiet der Innovation ist noch eine weitere Erkenntnis aus der betrieblichen Praxis in diesem Zusammenhang bedeutsam: Aus der Emperie ergibt sich, daß viele Schwierigkeiten, insbesondere im Produktionsbereich entstehen und zu beseitigen sind, wenn Patente eines neuen Produktes gekauft werden und lediglich mit diesen Informationen eine neue Produktlinie aufgebaut wird. Der einfachere und schnellere Weg ist, daß man die Patente und das dazugehörige Know-how erwirbt. Das bedeutet, daß Teile eines anderen Unternehmens gekauft und diese in die eigene Unternehmenskonzeption integriert werden oder man sich an anderen Produktionen finanziell beteiligt. Ein solcher Schritt ist aber oft erst dann möglich, wenn die Sanierung fast abgeschlossen ist, so daß die Finanzkraft des Unternehmens wieder stark genug ist. Bei Sanierungen hat sich in diesem Zusammenhang deshalb oft folgender Ausweg als sinnvoll erwiesen: Bankrotte oder mit Verlust arbeitende Unternehmen, die sehr billig sind, werden teilweise übernommen und mit den im eigenen Unternehmen gesammelten Erfahrungen saniert. Wir haben bereits früher auf die Erkenntnisse hingewiesen, daß die Ursachen für ein bankrottes Unternehmen meistens nicht in einer unwirtschaftlichen Produktpalette, sondern im Management begründet liegen. Der Kauf von Patenten und Know-how über den Erwerb von Teilen anderer Unternehmen hat daher in solchen Fällen zur Folge, daß zunächst die Management-Probleme dieser bankrotten Einheit gelöst und deren Integration in das Mutterunternehmen durchgeführt werden muß. Nach unseren Erfahrungen können solche Transaktionen in einem Zeitraum von etwa zwei Jahren durchgeführt werden, wenn die erforderliche Erfahrung bei der Sanierung von Unternehmen vorhanden ist. Außerdem muß zumindest ein Teil der Produkte marktgängig sein oder marktgängig gemacht werden können; denn der Sinn und Zweck dieser Maßnahme ist es ja, die Produktpalette des Mutterunternehmens zu erweitern. Da aber gerade in einem Unternehmen mit einer fast abgeschlossenen Sanierung fundierte Erfahrungen, wie man eine Krise überwinden kann vorliegen, ist die beste Voraussetzung gegeben, daß der gekaufte und eingegliederte fremde Unternehmensteil schnell wieder gesundet. Schwierigkeiten ergeben sich in diesem Zusammenhang in der Regel bei der Entscheidung, welches und wieviel Personal, das als Sanierungsteam im neuen Unternehmensbereich arbeiten soll, vom Mutterunternehmen abgezogen werden kann, ohne die letzten Schritte der Sanierung zu gefährden. Nach erfolgreichem Abschluß dieser Aktion hat dann das aufnehmende Unternehmen ein neues Bein und über die hinzugekommenen Mitarbeiter das Know-how, die neuen Produkte ohne übermäßige Schwierigkeiten zu fertigen und zu vertreiben.

13

Wie verhindere ich die Krisen?

Im Kräftespiel zwischen einem Unternehmen und seinen Märkten treten Spannungen, Entspannungen, Phasen voller Optimismus und voller Pessimismus auf, die Engpässe, Hindernisse, Schwierigkeiten und Krisen im Unternehmen bewirken können. Unternehmerisch tätig zu sein bedeutet also, von vornherein damit rechnen zu müssen, daß das Unternehmen in Schwierigkeiten, in *Krisen* geraten kann. Durch vorbeugende Maßnahmen können sie jedoch auf ein erträgliches Maß reduziert werden.

Die Frage jedoch, wann ein Unternehmen — objektiv betrachtet — in der Krise ist, läßt sich allerdings nicht immer eindeutig beantworten. Zwar herrscht allgemein Klarheit darüber, daß Zahlungsunfähigkeit, Arbeiten mit Lieferantenkrediten oder negative Deckungsbeiträge bei wesentlichen Produkten eines Unternehmens als Kriterien einer *Notlage* angesehen werden müssen. Im Grundsatz handelt es sich jedoch um eine subjektive Einstellung des jeweiligen Verantwortlichen, ob ein Engpaß, ein Rückgang des Gewinns, ein Rückgang des Umsatzes als gefährlich oder als harmlos angesehen werden.

Aus unseren Erfahrungen, über die wir in diesem Buch berichten, wissen wir, daß man sich bei der Frage: Krise oder nicht, auf keinerlei Spekulation einlassen, sondern jede prekäre Situation in einem Unternehmen bereits als solche auffassen sollte. Eine solche Einstellung hat den Vorteil, daß rechtzeitig Maßnahmen zur Beseitigung der Schwierigkeiten eingeleitet werden, um jede größere Krise bereits im Keim zu ersticken.

Darüber hinaus sollte erst gar nicht gewartet werden, bis Anzeichen von Krisen sichtbar werden. Es muß vielmehr das Bestreben sein, durch *präventive Maßnahmen* von vornherein keine derartigen Situationen aufkommen zu lassen. Das bedeutet, daß *Schwachstellen* im Unternehmen aufgespürt und mit geeigneten Aktionen beseitigt werden müssen. Natürlich genügt es nicht, nur einmal eine solche Schwachstellen-Untersuchung vorzunehmen, sondern diese sollte laufend erfolgen, weil die im und um das Unternehmen herrschende Dynamik ständig neue Schwachstellen entstehen oder den Schwerpunkt der Engpässe verlagern läßt. Bei dieser Arbeit, der *Verhütung von Krisen*, soll dieser Erfahrungsbericht ebenfalls helfen und nicht nur als Lehrbuch dienen, wie Krisen überwunden werden können. Der *Maßnahmenkatalog* in Kapitel 5 ist nämlich nicht nur eine Zusammenstellung der häufigsten Sanierungsmethoden, sondern weist zugleich auf die häufigsten Schwachstellen im Unternehmen als Ursachen für Krisen hin. Diese Tabelle kann daher auch in gesunden Unternehmen als Checkliste dienen, um Schwachstellen aufzudecken und zu beseitigen.

Da in diesem Buch nicht nur die Beseitigung von schweren Mängeln und Krisen beschrieben, sondern auch die in solchen Situationen besonders akzentuiert hervortretenden Ursachen, Begleitumstände und insbesondere die sozialpsychologischen Hintergründe dargestellt werden, können mit diesen detaillierten Einsichten die Anzeichen von Krisen nun leichter entdeckt werden. Eine Voraussetzung dazu ist allerdings, daß die Verantwortlichen in Unternehmen sich selbst gegenüber ehrlich sind und die Anzeichen von Krisen nicht herunterspielen. In der betrieblichen Praxis zeigt sich nämlich, daß krisenhafte Erscheinungen oft nicht ernst genommen, sondern verniedlicht und bagatellisiert werden. Eine wesentliche Ursache für dieses Verhalten liegt darin, daß kein Manager und kein Kapitalseigner eines Unternehmens gerne von einer Krise oder von einer Sanierung spricht; denn mit diesen Begriffen ist oft eine Geringschätzung des Managements und des Unternehmens verbunden. Das kann im Grundsatz nicht widerlegt werden, aber auf solche psychologischen Momente kann keine Rücksicht genommen werden, wenn es darum geht, ein einstmals blühendes Unternehmen vor dem Ruin zu bewahren. Es ist immer noch besser, die Dinge beim Namen zu nennen und rechtzeitig gegenzusteuern, als eine Art Vogel-Strauß-Politik zu betreiben.

Bei der Übertragung der in diesem Buch beschriebenen Erfahrungen bei der Sanierung von Unternehmen auf Maßnahmen zur Verhütung von Krisen sind selbstverständlich einige *Modifikationen* notwendig. So sollte das Sanierungsteam in einem solchen Fall besser als Krisenteam bezeichnet werden. Es sollte im Rahmen der Organisation des Unternehmens nicht der Geschäftsführung gleichgestellt werden, sondern als Stabsstelle fungieren. Im übrigen sei nochmals darauf hingewiesen, daß alle hier beschriebenen präventiven Maßnahmen an jedes Unternehmen und an seine spezifische Situation angepaßt werden müssen.

Die Beseitigung von Schwachstellen und von möglichen Ursachen kleiner und großer Krisen ist auch eine Voraussetzung für eine erfolgreiche Arbeit auf dem Gebiet der Innovation. Wie in Abschnitt 12.34 beschrieben wird, lehren unsere Erfahrungen, daß die Bedingungen für einen erfolgreichen Innovationsprozeß eine abgeschlossene Mobilisierung aller Kraftreserven im Unternehmen ist. Diese Erkenntnisse treffen nicht nur für kranke, sondern auch für gesunde Unternehmen zu. Auch aus diesem Grund muß das Studium von Erfahrungen, wie man Fehler beseitigt und Krisen überwindet, der Ausgangspunkt für die Analyse und Beseitigung von Schwachstellen im Unternehmen sein. Innovationen unter Bedingungen einzuführen, die unzureichend und mit Fehlern behaftet sind bedeutet, den Vorteil von neuen Impulsen zu minimieren.

14

Nachwort von Prof. Dr. E. Zwicker

Technische Universität Berlin

Von George Bernhard Shaw stammt die bissige Bemerkung, daß die Verfasser von Büchern mit Titeln: „Wie werde ich Millionär" gezwungen werden sollten, statt eines Vorworts ihre Einkommenssteuererklärung zu veröffentlichen. Dieser hämische Hinweis folgt aus der Erkenntnis, daß in vielen Lebensbereichen die erfolgreich Tätigen nur selten mit den Autoren identisch sind, die anwendungsorientierte Bücher über diese Bereiche schreiben. In dem Spruch: „Wer's kann, betreibt's, wer's nicht kann beschreibt's" steckt sicher ein Körnchen Wahrheit.

Die Tatsache, daß auch im Bereich der Unternehmensführung so wenig Arbeiten von erfolgreichen Unternehmensleitern zu finden sind, hat einen klar ersichtlichen Grund. Fragt man einen an der Spitze eines großen Unternehmens Stehenden, ob er nicht daran interessiert sei, seine Erfahrungen und Kenntnisse literarisch niederzulegen, so erhält man fast nur die einleuchtende Antwort: „Ich täte dies sehr gern, aber wo soll ich bei einem Zwölfstundenarbeitstag die Zeit hernehmen?"

Arbeiten, die in manchen Fällen dann im Ruhestand geschrieben werden, haben nicht mehr den Charakter problemnaher Erfahrungsberichte, sondern laufen stärker auf eine philosophisch durchwirkte Lebensbilanz hinaus. Heute besteht jedoch vielfach der Bedarf nach direkten Erfahrungsberichten, die den Forderungen des Tages zu dienen vermögen. „Welche Erfahrungen hat man mit Planbilanzen gemacht?" oder „Wie wurde das Berichtswesen verbessert?" sind ganz konkrete Fragestellungen, deren Bedeutung und Gewicht im Rahmen der umfassenden Führung eines Unternehmens nur von denen beantwortet werden kann, die sich im täglichen Nahkampf mit diesen Fragen auseinandersetzen.

Schon die Führung eines florierenden Unternehmens ist eine schwere alle Kräfte fordernde Aufgabe, die Führung eines von Krisen erschütternden verlangt dagegen extreme Qualitäten und unermüdliche Einsatzbereitschaft. Der von Baur vorliegende Erfahrungsbericht über die Sanierung von Betrieben ist deswegen so anregend und informativ, weil in derartigen Krisensituationen von einer Unternehmensführung die letzte Ausschöpfung aller Methoden und Ressourcen verlangt wird.

Baurs Arbeit ist das Ergebnis einer erfolgreichen Krisenbewältigung in mehreren Unternehmen. Es handelt sich nicht um ein Buch, das aus der beschaulichen Atmosphäre eines Altersruhesitzes oder der ruhigen Distanz einer akademischen Studierstube stammt: Es wurde unter Druck geschrieben, bei ständig anfallenden Verpflichtungen als Unternehmensleiter.

Baur entwickelt kein geschlossenes System mit einer konsistenten unanfechtbaren Begriffsapparat; dies ist auch nicht seine Absicht, ihm geht es vielmehr darum, aus seiner vielfältigen Erfahrung rein subjektiv die Einsichten und Verfahren zu beschreiben, die sich bewährt haben. Obgleich es sich um Einzelfallbeschreibungen handelt, dürften die von Baur gewonnenen Erfahrungen übertragbar und verwertbar sein.

Überraschend und instruktiv ist die Feststellung, daß Baur in großem Umfang analytische Verfahren zur Unternehmenssteuerung einsetzte und zu einer positiven Einschätzung gelangt. Planbilanzen, ABC-Analyse, Deckungsbeitragsrechnung und Regelkreiskontrollstrukturen sind für ihn Instrumente, die sich bewährt haben und denen er einen hohen Stellenwert einräumt. Seine Ausführungen zeigen jedoch auch deutlich, daß diese analytischen Instrumente nur dann zur vollen Entfaltung gelangen können, wenn der entsprechende psychologische Nährboden vorhanden ist. Die Führung von Unternehmen und namentlich von krisenbehafteten bedarf eines Führungsmanagements, welches sich mit Leidenschaft, Augenmaß und Verantwortungsbewußtsein den anstehenden Aufgaben widmet. Unternehmensführung verlangt zwar einen klaren Blick und einen kühlen Verstand, doch gedeihen diese Qualitäten erst auf dem Boden einer von der Aufgabe her bestimmten Einsatzfreude. Baurs Arbeit macht eins sehr deutlich: Rückhaltloser Einsatz der ganzen Person ist die Vorbedingung einer erfolgreichen Unternehmensführung.

Äußerungen, daß die Mitarbeiter durch persönliches Vorbild „mitgerissen" werden müssen und daß ein sechzehnstündiger Arbeitstag für das Führungsteam keine Seltenheit ist, sind daher keineswegs als Bramarbasieren anzusehen, sondern als Dokument des inneren Engagements.

Die Absicht des Gabler-Verlages, eine Reihe zu begründen, in welcher erfahrene Führungskräfte zu Wort kommen sollen, ist sehr begrüßenswert und verdienstvoll. Der direkte Zugang zum Erfahrungsbereich kompetenter Praktiker erweist sich angesichts der heutigen „Theorielastigkeit" vieler betriebswirtschaftlicher Publikationen als ein notwendiges und fruchtbares Gegengewicht. Es wäre zu wünschen, daß die vorliegende Veröffentlichung zu ähnlichen Arbeiten anregen würde.

Prof. Dr. Eckart Zwicker

Stichwortverzeichnis

Prof. Dr. Rolf Hofmann

Bilanzkennzahlen

Industrielle Bilanzanalyse und Bilanzkritik

4. neubearbeitete Auflage

419 Seiten — ISBN 3 409 63574 2

Zum Buch:

Bilanzen informieren — Bilanzen verschleiern. Man muß sie lesen können um daraus Informationen zu gewinnen. Bilanzkennzahlen orientieren schnell und zuverlässig über das inner- und außerbetriebliche Geschehen, sowie über die Schwächen und Stärken eines Unternehmens, auch im Vergleich zu konkurrierenden Unternehmen.
Den Schwerpunkt des vorliegenden Buches bildet die Analyse von deutschen Aktiengesellschaften aus sieben bedeutenden Industriezweigen. Bei den Unternehmen handelt es sich um Spitzenfirmen der jeweiligen Branche.
Die Untersuchung erstreckt sich im wesentlichen auf einen Zeitraum von 10 bis 15 Jahren und umfaßt 60 wichtige Kennzahlen von Obergesellschaften und Konzernen.
Dr. Rolf Hofmann ist Direktor bei der BASF und Honorarprofessor an der Universität HEIDELBERG. Praktische Tätigkeit in den Industriezweigen Bergbau, Eisen und Stahl, Elektro, Steine und Erden, Zement, Maschinenbau und Chemie.

Betriebswirtschaftlicher Verlag Dr. Th. Gabler KG, Postfach 1546, 6200 Wiesbaden 1

Prof. Dr. Joachim Süchting

Finanzmanagement

Theorie und Politik der Unternehmensfinanzierung

2. Auflage

464 Seiten — ISBN 3 409 37154 0

Zum Buch:

„Dies ist ein Buch, das nicht gleich mit großen Theorien anfängt, sondern zunächst das Handwerkszeug des Finanzmanagers vorstellt, die Quellen und Instrumente der Finanzierung." . . .

„Was bietet also das Buch den Praktikern? Wenn Sie Zeit und Interesse aufbringen, können auch Bankpraktiker nicht wenig daraus lernen, vor allem das Durchschauen von komplexen finanziellen Zusammenhängen . . ."

Bankinformation, 5/77

„. . . Während das Buch für den Studenten eine umfassende Ein- und Weiterführung in den Bereichen der Finanz- und Investitionsplanung sowie auch der Finanzkontrolle bietet, bringt für die in der Praxis tätige Führungskraft das weitgespannte Kapitel über Vermögens- und Kapitalstruktur das Wesentliche nach dem gegenwärtigen Stand der Literatur . . ."

Literaturberater-Wirtschaft, 2/77

„Das Buch von Süchting erlaubt dem Leser, rasch über alle zentrale institutionellen Fragen und Entscheidungsprobleme der Finanzwirtschaft ein Bild zu gewinnen, dies insbesondere wegen des relativ knappen Buchumfangs. Darüber hinaus bieten zahlreiche Übungsaufgaben, verknüpft mit Lösungshinweisen, dem Leser die Möglichkeit, sein Wissen zu überprüfen. Deswegen ist derjenige, der sich mit finanzwirtschaftlichen Problemen befaßt, gut beraten, wenn er dieses ‚Finanzmanagement' studiert."

ZfbF 29/1977, S. 591/592